U0637930

中国社会科学院重大课题
国家"十五"重点出版项目

格洛里厄斯群岛

科摩罗尼
MORONI
米察米乌利
大科摩罗岛
Grande Comore I.
丰博尼 Fomboni
莫埃利岛
Mohéli I.
COMOROS
科摩罗
摩洛哥
锡马
儒昂岛 Anjouan l.
穆泰穆杜 Mutsamudu
阿南布岛
热塞里浅滩
帕曼齐岛
藻德济
班代莱
马约特岛
I. Mayotte
新胡安岛

昂布尔角
安齐拉纳纳
Antsiranana
安蓬比安坦布
安伊努
安尼武拉努
努西贝岛
安比卢贝
Ambilobe
索马夫
安齐拉纳纳省
ANTSIRANANA
阿布尼菲亚
安东加
安班扎
Ambanja
马鲁梅措鲁山
2876
贝纳拉库拉库纳
帕内费纳
阿鲁曼迪亚
阿鲁曼茨拉纳
Bealanana
杜阿拉
桑巴瓦
Sambava
拉瓦纳纳
安齐拉纳纳雨林
阿纳拉拉瓦
安楚希希
Antsohihy
安达帕
Andapa
安塔拉哈
Antalaha
贝富德里亚纳
北贝凡德里亚纳
Befandriana Avaradra
曼德里察拉
Mandritsara
安布希特腊拉纳
马哈赞加省
里莫尔
马哈赞加
Mahajanga
苏阿拉拉
Soalala
木里米
马里亚罗努
曼皮孔尼
Mampikony
马鲁昂塞
Maroantsetra
马增贝
Mitsinjo
马苏阿拉角
Avaratra
纳马基亚
MAHAJANGA
贝帕卡
安齐拉努武
安库杜卡
阿埃瓦坦纳纳
Maevatanana
米里里诺
Miarinarivo
苏阿尼埃拉-伊武金
Soanierana-Ivongo
贝萨兰皮
Besalampy
马哈赞
图阿马西纳省
布尔哈岛 Nosy Boraha
安贝卢博
安迪拉梅纳
Andilamena
安布迪富图贝
安雷武-拉苏哈卢
安迪拉梅纳
图阿马西纳省
阿努齐巴武-阿齐纳纳纳
Fenoarivo Atsinanana
富尔潘特
坦布胡拉查
贝雅兰
阿德瓦胡
安巴图因扎
贝萨兰皮
阿科兹贝
安巴通德拉查卡
Ambatondrazaka
安巴图因扎
塔那那利佛省
努齐阿里武
安巴图兰皮
安迪拉诺托比 Andilanatoby
图阿马西纳
TOAMASINA
马巴卡朱
阿尼武拉努
安齐拉贝珀拉王国
齐鲁阿农曼迪
Tsiroanomandidy
努西阿瓦
马鲁塞拉纳纳
ANTANANARIVO
亚齐法尔齐加山
2643
安巴图兰皮
阿尼兹拉武
图瓦门德里
Vatomandry
米昂德里瓦祖
Miandrivazo
安齐拉贝
塔那那利佛省
ANTANANARIVO
安齐拉贝 Antsirabe
马哈努罗
Mahanoro
马达加斯加岛
Madagascar
安齐拉贝
努西梅卢卡
Masomeloka
马哈布
Mahabo
马拉莫迪
安布西特拉
Ambositra
安巴图菲南德拉哈纳
Ambato Finandrahana
努西瓦里卡
Nosy Varika
穆隆达瓦
Morondava
曼德鲁苏菲纳
安帕西南布
马南扎里
Mananjary
安比希马哈苏阿
Ambohimahasoa
卡尔拉图武尼
伊洛希卡比
伊洛希克
伊法纳迪阿纳
Ifanadiana
穆鲁曼加
菲亚纳兰楚阿省
FIANARANTSOA
菲亚纳兰楚阿
Fianarantsoa
安巴拉沃
马纳卡拉
Manakara
图利亚拉省
TOLIARA
扎扎富齐
Zazafotsy
伊瓦希
Ihosy
伊沃希贝
Ivohibe
万加因德拉努
Vangaindrano
安卡扎奥博
Ankazoabe
拉希拉
Ranohira
法拉凡加纳
Farafangana
马哈布布卡
Mahaboboka
萨卡拉哈
Sakaraha
贝纳贝
万加因德拉努
Vangaindrano
安巴拉武
北贝蒂米萨拉卡
米栋济
Midongy Atsimo
贝福塔卡
Befotaka
图利亚拉
(图莱亚尔)
Toliara
通古里里
贝特鲁卡
Betroka
亚库拉
安泰尼纳
安基利米拉
贝基利
Bekily
南米查拉
安基利米
安祖贝利亚蒙
努伦
贝基利
Bekily
安邦达拉武
安布文皮
安布文比
Ambovombe
贝库
Beloha
安卡兹阿博
贝洛哈
安坦吉
Itampolo
西贝阿拉武
福卡普
圣玛丽角

马达加斯加行政区划图

米察米乌利
Mitsamiouli
大科摩罗岛
Grande Como

# 列国志

GUIDE TO THE WORLD STATES

中国社会科学院《列国志》编辑委员会

马达加斯加

● 王建 编著

社会科学文献出版社
SOCIAL SCIENCES ACADEMIC PRESS (CHINA)

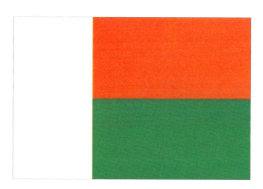

马达加斯加国旗

马达加斯加国徽

中部高原的传统红砖民居

马哈赞加海滨

水稻梯田

乡村公路

机场

旅游胜地诺西贝岛

民间舞蹈

集市

民间艺人在演奏

身着盛装的女子

猴面包树

▲

贝马拉哈自然保护区的石针林

▼

狐猴

# 前　言

　　自 1840 年前后中国被迫开关、步入世界以来，对外国舆地政情的了解即应时而起。还在第一次鸦片战争期间，受林则徐之托，1842 年魏源编辑刊刻了近代中国首部介绍当时世界主要国家舆地政情的大型志书《海国图志》。林、魏之目的是为长期生活在闭关锁国之中、对外部世界知之甚少的国人"睁眼看世界"，提供一部基本的参考资料，尤其是让当时中国的各级统治者知道"天朝上国"之外的天地，学习西方的科学技术，"师夷之长技以制夷"。这部著作，在当时乃至其后相当长一段时间内，产生过巨大影响，对国人了解外部世界起到了积极的作用。

　　自那时起中国认识世界、融入世界的步伐就再也没有停止过。中华人民共和国成立以后，尤其是 1978 年改革开放以来，中国更以主动的自信自强的积极姿态，加速融入世界的步伐。与之相适应，不同时期先后出版过相当数量的不同层次的有关国际问题、列国政情、异域风俗等方面的著作，数量之多，可谓汗牛充栋。它们

对时人了解外部世界起到了积极的作用。

当今世界，资本与现代科技正以前所未有的速度与广度在国际间流动和传播，"全球化"浪潮席卷世界各地，极大地影响着世界历史进程，对中国的发展也产生极其深刻的影响。面临不同以往的"大变局"，中国已经并将继续以更开放的姿态、更快的步伐全面步入世界，迎接时代的挑战。不同的是，我们所面临的已不是林则徐、魏源时代要不要"睁眼看世界"、要不要"开放"问题，而是在新的历史条件下，在新的世界发展大势下，如何更好地步入世界，如何在融入世界的进程中更好地维护民族国家的主权与独立，积极参与国际事务，为维护世界和平，促进世界与人类共同发展做出贡献。这就要求我们对外部世界有比以往更深切、全面的了解，我们只有更全面、更深入地了解世界，才能在更高的层次上融入世界，也才能在融入世界的进程中不迷失方向，保持自我。

与此时代要求相比，已有的种种有关介绍、论述各国史地政情的著述，无论就规模还是内容来看，已远远不能适应我们了解外部世界的要求。人们期盼有更新、更系统、更权威的著作问世。

中国社会科学院作为国家哲学社会科学的最高研究机构和国际问题综合研究中心，有 11 个专门研究国际问题和外国问题的研究所，学科门类齐全，研究力量雄厚，有能力也有责任担当这一重任。早在 20 世纪 90 年代初，中国社会科学院的领导和中国社会科学出版社就提出编撰"简明国际百科全书"的设想。1993 年 3 月 11 日，时任中国社会科学院院长的胡绳先生在科研局的一份报告上批示："我想，国际片各所可考虑出一套列国志，体例类似几年前出的《简明中国百科全书》，以一国（美、日、英、法等）或几个国家（北欧各国、印支各国）为一册，请考虑可行否。"

中国社会科学院科研局根据胡绳院长的批示，在调查研究的基础上，于 1994 年 2 月 28 日发出《关于编纂〈简明国际百科全书〉和〈列国志〉立项的通报》。《列国志》和《简明国际百科全书》一起被列为中国社会科学院重点项目。按照当时的计划，首先编写《简明国际百科全书》，待这一项目完成后，再着手编写《列国志》。

1998 年，率先完成《简明国际百科全书》有关卷编写任务的研究所开始了《列国志》的编写工作。随后，其他研究所也陆续启动这一项目。为了保证《列国志》这套大型丛书的高质量，科研局和社会科学文献出版社于 1999 年 1 月 27 日召开国际学科片各研究所及世界历史研究所负责人会议，讨论了这套大型丛书的编写大纲及基本要求。根据会议精神，科研局随后印发了《关于〈列国志〉编写工作有关事项的通知》，陆续为启动项目

拨付研究经费。

为了加强对《列国志》项目编撰出版工作的组织协调，根据时任中国社会科学院院长的李铁映同志的提议，2002年8月，成立了由分管国际学科片的陈佳贵副院长为主任的《列国志》编辑委员会。编委会成员包括国际片各研究所、科研局、研究生院及社会科学文献出版社等部门的主要领导及有关同志。科研局和社会科学文献出版社组成《列国志》项目工作组，社会科学文献出版社成立了《列国志》工作室。同年，《列国志》项目被批准为中国社会科学院重大课题，新闻出版总署将《列国志》项目列入国家重点图书出版计划。

在《列国志》编辑委员会的领导下，《列国志》各承担单位尤其是各位学者加快了编撰进度。作为一项大型研究项目和大型丛书，编委会对《列国志》提出的基本要求是：资料翔实、准确、最新，文笔流畅，学术性和可读性兼备。《列国志》之所以强调学术性，是因为这套丛书不是一般的"手册"、"概览"，而是在尽可能吸收前人成果的基础上，体现专家学者们的研究所得和个人见解。正因为如此，《列国志》在强调基本要求的同时，本着文责自负的原则，没有对各卷的具体内容及学术观点强行统一。应当指出，参加这一浩繁工程的，除了中国社会科学院的专业科研人员以外，还有院外的一些在该领域颇有研究的专家学者。

　　现在凝聚着数百位专家学者心血，共计 141 卷，涵盖了当今世界 151 个国家和地区以及数十个主要国际组织的《列国志》丛书，将陆续出版与广大读者见面。我们希望这样一套大型丛书，能为各级干部了解、认识当代世界各国及主要国际组织的情况，了解世界发展趋势，把握时代发展脉络，提供有益的帮助；希望它能成为我国外交外事工作者、国际经贸企业及日渐增多的广大出国公民和旅游者走向世界的忠实"向导"，引领其步入更广阔的世界；希望它在帮助中国人民认识世界的同时，也能够架起世界各国人民认识中国的一座"桥梁"，一座中国走向世界、世界走向中国的"桥梁"。

《列国志》编辑委员会

2003 年 6 月

# CONTENTS

# 目　录

# CONTENTS

# 目　录

# CONTENTS

# 目　录

# CONTENTS

# 目 录

# CONTENTS

# 目　录

# CONTENTS
# 目　录

# CONTENTS

# 目　录

# 序　言

　　马达加斯加共和国（Republic of Madagascar，简称马达加斯加）由马达加斯加岛及附近岛屿构成。马达加斯加岛是镶嵌在西南印度洋上的一颗璀璨明珠，隔莫桑比克海峡与非洲大陆相望，是世界第四大岛，被称为印度洋上的"小大陆"。

　　马达加斯加岛上的主体民族是马达加斯加人，但关于马达加斯加人的民族起源，至今在国际学术界尚无定论。根据人类学、语言学及文化传统的研究，现在可以肯定的是，马达加斯加民族是由若干迁徙到马达加斯加岛的外来民族长期融合而成的，主要是来自亚洲的马来—玻利尼西亚人和非洲大陆的黑人，还有阿拉伯人、波斯人等。马达加斯加人既有类似印度尼西亚人的亚洲型，皮肤呈浅褐色，体态纤小，头发长而直，又有类似非洲大陆黑色人中的黑人类型，皮肤为黑色，嘴唇肥厚，鼻子扁塌，更多的是混合类型。现代马达加斯加语属于马来—玻利尼西亚语系，其基本词汇的94%有明显的印度尼西亚语特征。班图语词汇大量存在于马达加斯加语的各种方言中，对马达加斯加语的词汇构成影响明显。马达加斯加人的农耕方法、服装服饰、房屋建筑等兼容了马来文化和非洲大陆文化的传统。

　　在外来移民到达之前，马达加斯加岛上是否有土著居民，学术界尚无定论。马来—玻利尼西亚人迁徙到马达加斯加岛可能有两次高潮，但具体迁徙时间，说法不一。第一次移民高潮有公元

前 10 ~ 公元前 6 世纪之说，有公元前 3 ~ 公元前 2 世纪之说；第二次移民高潮有公元 2 ~ 10 世纪之说，有公元 8 ~ 13 世纪之说。但有一点学术界是公认的，即马来—玻利尼西亚移民与从西亚迁徙来的阿拉伯人、波斯人、印度人和从非洲大陆迁徙来的班图人融合为了"马达加斯加人"，他们讲的是"马达加斯加语"。先后迁徙到马达加斯加岛上的各族人民，保持着部落组织，部落间经常为争夺土地而爆发战争。随着社会经济的发展，各族间的交往不断增加，逐渐趋于融合，在文化、习俗等方面，尤其是语言上，逐渐趋同，形成了在全岛通用的马达加斯加语，虽然有部落方言，但差别不大。最终，肤色不同、人种不同的各族移民融合成了包括诸多部落的"马达加斯加人"。

到 19 世纪初，马达加斯加岛上基本形成了统一的国家——马达加斯加王国。在统一进程中，马达加斯加人民与西方殖民主义者进行了英勇顽强的斗争，多次击败殖民者的入侵。在西方列强瓜分殖民地的狂潮中，马达加斯加于 1896 年沦为法国殖民地。

1960 年 6 月 26 日，马尔加什共和国独立，迄今两度更改国名，从马尔加什共和国到马达加斯加民主共和国，再到马达加斯加共和国，简称都是马达加斯加。需要说明的是，"马尔加什"一词是法文 Malgache 的中文音译，它在法文中是"马达加斯加"一词的形容词词形。在马尔加什共和国（République Malgache）时期，中文根据法文的不同词形，将名词译为"马达加斯加"、形容词译为"马尔加什"，故马尔加什共和国的简称为"马达加斯加"，不能用"马尔加什"；习惯上称马尔加什人民、马尔加什政府等，而不用马达加斯加人民、马达加斯加政府等。进入马达加斯加民主共和国时期以及后来的马达加斯加共和国时期，简称与全称统一了，为了适合汉语的习惯，避免造成混乱，中文一律译为"马达加斯加"，如："马达加斯加政府"、"马达加斯加人民"。"马尔加什"在法文中有时也作为名词使用，意为"马尔加什人"或"马尔加什语",翻译成中文也统一译为"马达加斯加人"或"马达加斯加语"。①

马达加斯加是传统的农业国,但独立后农业发展缓慢,贫困人口有增无减,是最不发达国家。近年来,在以减贫为核心的社会经济发展目标指导下,政府大力推进经济自由化和私有化,加强引进外资,重视农业发展。经济形势渐有起色。

马达加斯加岛上的矿产资源和旅游资源丰富,矿产品开发和旅游业已成为马达加斯加近年来拉动经济发展的支柱产业。

独特的地理位置和气候条件,形成了马达加斯加岛独具特色的动植物种群。根据世界自然基金会的统计,马达加斯加岛上近98%的陆地哺乳动物、92%的爬行动物和80%的植物为其所独有。② 动植物种群的唯一性为马达加斯加提供了极具特色的旅游资源,使之成为生态旅游的胜地。

独立以来,马达加斯加数次爆发政治危机,每一次政权更迭都伴随着政治危机,甚至是流血冲突,从齐腊纳纳到拉齐拉卡,从拉齐拉卡到拉瓦卢马纳纳,莫不如此。每一次政治危机都带来严重的经济危机,国内生产总值严重下滑,国际援助停止,通货膨胀、失业率大幅上升,阻碍了马达加斯加经济社会的正常发展。如何稳定政局,保证经济的长期稳定增长,是摆在马达加斯加政府和人民面前的重要课题。

马达加斯加长期以来以法语为官方语言,但国内有关马达加斯加的资料以中英文为主,加之笔者不谙法文,故本书的资料以

---

① 《人民日报》1976 年 2 月 19 日。目前国内在翻译中仍有使用"马尔加什人"和"马尔加什语"的情况。为避免混乱,本书遵循外交部的译法,使用"马达加斯加人"、"马达加斯加民族"和"马达加斯加语"等,只是在涉及专有名词、政党组织名称和引用学者著述时,为保持一致性,使用"马尔加什",如"马尔加什革新民主运动"、"马尔加什共和国"等。

② http://news.sina.com.cn/o/2009-03-22/121915348217s.shtml.

中英文为主。尽管笔者力求做到资料翔实，评论客观，但限于水平，书中难免会有不准确之处，恳请广大读者提出批评和建议。

本书初稿完成后，《列国志》书稿审读和鉴定专家陈公元先生仔细审阅了全部书稿，提出了宝贵的修改意见。西亚非洲所《列国志》课题主持人温伯友研究员对书稿进行了最终审定和文字润色。西亚非洲研究所图书资料室全体同仁对作者查阅资料提供了极大帮助。马达加斯加驻华使馆为本书提供了精美图片。社会科学文献出版社的责任编辑对本书稿进行了细致的文字加工，并使之顺利出版。在此，对诸位专家学者和同仁深表谢意。

王　建

2010 年 7 月 31 日于北京

_____ 第一章

# 国土与人民

## 第一节  自然地理

### 一  地理位置

马达加斯加共和国是一个风光旖旎的岛国，位于非洲大陆以东 390 公里的西南印度洋上，在南纬 12°~25°、东经 43°~51°之间，隔莫桑比克海峡与非洲大陆相望。国土由马达加斯加岛及周围岛屿组成，总面积 590750 平方公里。[①]

马达加斯加岛是世界第四大岛，南北长约 1600 公里，东西宽 370~580 公里，海岸线长 5000 余公里，是环绕非洲海岸航线和从印度洋通往大西洋航线的要冲，地理位置极为重要。

### 二  行政区划

1960 年 6 月 26 日，马达加斯加（时称马尔加什共和国）独立，全国分为 6 个省，省下设县，县下分镇。6 个省是：塔那那利佛省（Antananarivo）、菲亚纳兰楚阿省（Fianarantsoa）、马哈赞加省（Mahajanga）、图阿马西纳省

---

[①]  http：//www.fmprc.gov.cn/chn/pds/gjhdq/gj/fz/1206_31/.

*1*

（Toamasina）、图利亚拉省（Toliaia）、安齐拉纳纳省（Antsiranana）。①

1977 年，马达加斯加民主共和国全国人民议会将省改称为法里塔尼（Faritany），全国分 6 个法里塔尼。后又改回称省。

1998 年 3 月 15 日，马达加斯加共和国全民公决通过宪法修正案，规定地方政权实行自治，建立 6 个自治省，自治省拥有自主的行政管理权和立法权，中央有权对自治省的权力实行监督。

2007 年 4 月 4 日，全民公决再次通过宪法修正案，自 2007 年 4 月 1 日起，在马达加斯加共和国的行政体制中，原设定的 6 个自治省被取消（过渡期为 30 个月），改由中央政府直接领导 22 个行政大区，全国划分为 22 个行政大区、116 个县（区）、1549 个乡（镇）和 17222 个村（居委会）。②

## 三　地形特点

马达加斯加岛在地质结构上是非洲古大陆的一部分，在白垩纪末就是一个岛了，古老的结晶岩和变质岩基底是其地质构造的主要特征，基底现在出露面积占全岛 2/3。③ 全岛地势复杂，地形多样，平原、高原、低地、丘陵、山脉分别占陆地总面积的 0.3%、3.8%、20.2%、31.0% 和 44.7%。④ 从空中俯瞰马达加斯加岛，可清晰地看到全岛地势由东北向西南倾斜，明显分为三部分。

---

① 本书采用中国地图出版社 2008 年版《实用世界地图集》的地名名称。马哈赞加省和马哈赞加市原根据法文分别译为马任加省和马任加市（Majunga），图阿马西纳省和图阿马西纳市原根据法文分别译为塔马塔夫省和塔马塔夫市（Tamatave），安齐拉纳纳省和安齐拉纳纳市原根据法文译为迭戈—苏亚雷斯省和迭戈—苏亚雷斯市（Diégo-Suarez），图利亚拉省和图利亚拉市原分别译为图莱亚尔省和图莱亚尔市（Tuléar）。

② http：//mg. mofcom. gov. cn/aarticle/ddgk/zwshoudu/200807/20080705651276. html.

③ G. 巴斯蒂昂：《马达加斯加：地理及经济研究》，商务印书馆，1978，第 2 页。

④ 世界银行：《2009 年世界发展报告》，清华大学出版社，2009，第 344 页。

　　中部是纵贯南北 1160 公里的地垒式高原地带，海拔 1000～
2000 米，最宽处约 380 公里，由结晶岩和变质岩构成，部分地
带有火山灰覆盖。高原上河流众多，亿万年的河水切割和地质变
化，形成了今日崎岖的地貌。北部的察拉塔纳纳山的最高峰——
马鲁穆库特鲁山峰海拔 2880 米，是全岛最高点。

　　高原东侧是以一级或两级阶梯陡落至沿海的带状低地，多断
崖峭壁。两个阶梯之间分布有一些较宽阔的平地，如阿劳特拉湖
盆地和曼古鲁河谷地。岛的东部沿海低地宽度仅 16～80 公里。
第四纪沉积物在东部低地形成的深厚冲积平原，利于垦殖。

　　高原西侧是向莫桑比克海峡缓慢倾斜的西部平原，由宽约
100～200 公里的沿海平原和海拔 200～500 米的高平原组成。

　　四　河流和湖泊

　　**马**达加斯加岛上的河流大多是发源于中部高原地区，
部分发源于各大湖泊，向四方奔流，注入印度洋和
莫桑比克海峡。东部河流一般较短，流入印度洋，受地势影响
落差大，水流湍急，水力资源丰富，主要有马纳纳拉河、曼古
鲁河。西部地区的河流相对较长且平缓，便于航运，流入莫桑
比克海峡，主要有贝齐布卡河、曼戈基河、马尼亚河和马哈瓦
维河等。

　　马达加斯加岛上湖泊众多，阿劳特拉湖是最大湖泊，位于中
部高原北部的图阿马西纳省，面积 900 平方公里。阿劳特拉湖及
其周边的湿地面积共有 7225 平方公里，是野生动物的重要栖息
地。阿劳特拉湖流域是马达加斯加重要的水稻种植区。

　　五　气候特征

　　**南**回归线横穿马达加斯加岛的南部，全岛属热带气候。
由于四面环海，且受印度洋东南信风和赤道暖流的影

响，加之岛上地势复杂，全岛各地气候略有差异。

东南沿海低地和平原地带因面对东南信风，又处在中部高原的迎风面，全年高温多雨，属热带雨林气候。年平均气温24℃左右，最凉月份平均气温亦在20℃以上。年降雨量2000~3000毫米，是非洲多雨地区之一。2~3月是降雨高峰期，9~11月偏少。这一地区河流纵横，水力资源极为丰富。每年1~4月常受印度洋飓风的袭击，对农业生产破坏较大。

西部平原位于背风面，属热带草原气候，以干热和季节变化显著为特征。2月平均气温可超过30℃，7月平均气温21℃左右。年降水量由北部的1000毫米降至南部的750毫米，4~10月的旱季降雨很少。最南端的马哈法利平原年降水量仅350毫米，是马达加斯加的主要牧区，人烟稀少。

中部高原属热带高地气候，凉爽宜人，气温和降水量的年内变化比较明显。2月平均气温26℃~27℃，7月平均气温可低于14℃。年降水量1000~1800毫米，10~3月为雨季，4~9月为旱季。宜人的气候使这里成了马达加斯加全国人口最集中的地区，也是全国经济最发达的地区。首都塔那那利佛位于高原中部。

## 第二节　自然资源

一　矿产

达加斯加矿业资源丰富，主要有石墨、铬铁、铝矾土、石英、云母、金、银、铜、镍、锰、铅、锌、煤等。其中石墨储量居非洲首位。近年，在近海发现石油，并已实施开采。

马达加斯加是世界上宝石蕴藏最丰富的国家之一，已发现

40 多处宝石矿，出产红宝石、海蓝宝石、祖母绿、蓝宝石等 70
多种宝石、半宝石。马达加斯加是世界上少数几个出产蓝宝石的
国家之一，宝石品质上乘，在世界上享有盛誉，马达加斯加人因
此将马达加斯加岛称为"宝岛"。

二 动物

**马**达加斯加岛上没有大型野生动物，珍稀野生动物主
要有：30 多种狐猴、20 多种变色龙、10 多种龟和
一些不分泌毒液的蛇，生活在岛上的 250 多种鸟类中有 106 种
是岛内原生。在马达加斯加岛，最富特色和观赏性的动物非狐
猴莫属。

三 植物

**马**达加斯加的树种以针叶林为主，也有红木、紫檀、黑
木及巴里桑等名贵树种。属热带雨林气候的东南沿海
低地和平原地带，热带植被生长茂盛。最南端的马哈法利平原是
一望无际的美丽草原。马达加斯加岛上 80% 的植物都为该岛独
有，尤其以"猴面包树"和"旅人蕉"最为著名。

# 第三节 居民与宗教

一 人口

**独**立以后，马达加斯加人口快速增长。1959 年人口统
计为 528.7 万人，1969 年上升为 701.2 万人，1976
年达到 880.13 万人，1999 年为 1510 万人。[①] 1975～2001 年，年

---

① 参见《世界知识年鉴》相关年份资料和 EIU 资料。

均人口增长率 2.8%。① 2007 年的人口总数为 1970 万。② 根据联
合国人口基金会的统计，2000～2005 年年均人口增长率为
2.8%，其中城市增长率为 3.6%。预计 2005～2010 年年均人口
增长率为 2.6%，城市增长率为 3.5%③，2050 年总人口将达
4350 万。④ 育龄妇女生育率从 1970～1975 年的 6.7 个孩子降至
2000～2005 年的 5.3 个孩子。⑤

马达加斯加的经济以农业为主，农业人口比重高。独立初
期，农业人口占总人口的 92%。随着经济结构的变化，农村人
口大量流入城市，城市人口比例上升，1970 年城市人口占总人
口的 14%⑥，2007 年上升到 22%，约 407 万；农村人口占 78%，
约 1443 万。⑦ 据估计，2050 年城市人口比率将升至 50%～
60%。⑧

马达加斯加全国 20 岁以下的人口占总人口的 55.9%，60 岁
以上的人口占总人口的 4.4%。男性和女性公民的性别比为
49.2∶50.8。⑨

马达加斯加农牧渔业部 2006 年进行的农村抽样调查显示，
20 年来农村人口增长率为 2.4%，95.5% 的农业人口从事农业种
植。农村人口中男性占 48.2%，女性占 51.8%。农村人口年龄
结构偏低，15 岁以下农村人口占总数的 48.6%，15 岁至 59 岁

① 联合国开发计划署：《2003 年人类发展报告》，中国财政经济出版社，2003，第 256 页。
② EIU：Country Profile, Madagascar, 2008, p. 18.
③ EIU：Country Profile, Madagascar, 2007, p. 13.
④ http：//mg. mofcom. gov. cn/aarticle/jmxw/200707/20070704855506. html.
⑤ EIU：Country Profile, Madagascar, 2008, p. 11.
⑥ EIU：Country Profile, Madagascar, 1996 - 1997, p. 8.
⑦ http：//mg. mofcom. gov. cn/aarticle/ddgk/zwrenkou/200807/20080705651258. html.
⑧ http：//mg. mofcom. gov. cn/aarticle/jmxw/200707/20070704855506. html.
⑨ http：//mg. mofcom. gov. cn/aarticle/ddgk/zwjingji/200807/20080705652437. html.

人口占 47.2%。[①]

　　马达加斯加的人口密度为每平方公里约 31.8 人。塔那那利佛和菲亚纳兰楚阿两个前自治省集中了全国 50% 的人口,北部安齐拉纳纳省人口最少,仅占 8.6%。[②] 首都塔那那利佛是主要的移民流入城市,独立时人口不到 25 万人,1975 年为 38 万人,2000 年达到 120 万人,2006 年增加到 170 万人。

　　全国居民中 98% 属于马达加斯加人,其余为科摩罗人、印度人、巴基斯坦人、法国人以及大约 5 万人的华侨和华裔。[③]

　　二　民族

　　**马**达加斯加人占马达加斯加总人口的 98% 以上,由 18 个部族组成,部族语言、文化、风俗习惯大体相同。较大的部族有:麦利那人(占总人口的 26.1%)、贝希米扎拉卡人(14.1%)、贝希略人(12%)、希米赫特人(7.2%)、萨卡拉瓦人(5.8%)、安坦德罗人(5.3%)和安泰萨卡人(5%)等。

　　在马达加斯加,人们习惯上又以高原族和海岸族两大部族划分族群,居住在塔那那利佛和菲亚纳兰楚阿地区的麦利那人统称为高原族,其他沿海部族统称为海岸族。

　　三　语言

　　**独**立后,法语为国家官方语言。2007 年 4 月 4 日全民公决通过的宪法修正案,将英语列入官方语言。目前,法语和英语同为官方语言。民族语言为马达加斯加语(属马来—玻利尼西亚语系)。

---

① http://mg. mofcom. gov. cn/aarticle/jmxw/200609/20060903056322. html.

② http://mg. mofcom. gov. cn/aarticle/ddgk/zwrenkou/200807/20080705651258. html.

③ http://mg. mofcom. gov. cn/aarticle/ddgk/zwrenkou/200807/20080705651258. html.

### 四　宗教

在 马达加斯加的偏远农村居民中，主要信奉带迷信色彩、没有组织的传统宗教，约占总人口的52%。城镇居民多信奉基督教（天主教和新教），教徒占总人口的41%；北部和东南沿海部分地区有少量居民信奉伊斯兰教，约占5%。基督教会组织严密，全国各地建有教堂。①

## 第四节　民俗与节日

### 一　民俗

马 达加斯加人的物质文化和精神文化有其独具的特征，它是马来文化和非洲各族人民文化交融的结果，马达加斯加岛复杂的地理条件又让其在内容和形式上具有多样性。

#### 1. 牛之国

牛在马达加斯加有着特殊的地位，马达加斯加人视牛为财富和地位的象征，对牛有一种近乎狂热的崇拜。牛像孩子一样要接受洗礼，一个星期中的某一天不能强迫牛去干活。马达加斯加人每逢婚丧嫁娶等重大事件，都要宰牛设宴，宰杀牛的头数则显示主人的身份和地位。重要建筑物上摆放完整的牛头以示尊贵，公路两旁画有牛头标志的路牌随处可见。如果汽车与牛群在公路上相遇，汽车要为牛群让路。

过去，偷牛被马达加斯加人看成是勇敢和智慧的体现，谁偷的牛越多，越证明谁的本领强大，就会得到姑娘的青睐。偷牛一般在夜间进行，而被偷者会拼命保护牛群，常常引发械斗，胜者

---

① 　http：//mg. mofcom. gov. cn/aarticle/ddgk/zwrenkou/200807/20080705651258. html.

就会赢得尊重。因此，偷牛成为青年男子向姑娘求婚的重要条件。尽管偷牛会被判坐牢，但坐牢的次数越多越被看成勇敢的人，成为姑娘心中的偶像。

由于偷牛逐渐成为马达加斯加的严重社会问题，甚至发展到持枪抢牛，危害社会安定，政府采取措施引导人们改变偷牛的习俗，并收到显著效果，偷牛求婚的风俗已渐渐远离年轻人。

**2. 戏耍新郎**

戏耍新郎是麦利那人的重要婚礼习俗。历史上，麦利那人为避免其在岛上处于领先地位的水稻种植技术外流，实行族内通婚。婚礼开始时，新郎要送给新娘彩礼，新娘家也有陪嫁，新娘的父亲还要认新郎为"儿子"，新郎则以"儿子"的身份承认新娘父亲在家庭中的权力与地位。婚礼中，新娘的娘家人或亲朋好友要戏耍新郎，用各种方式迫使其向新娘求饶讨好。

当迎亲队伍到达新娘家时，须敲三下门方可进入。当新娘家将接亲人迎入屋内后，接亲者就承担起保护新郎不被戏耍和讨好新娘的重任。如果接亲者和新郎在言语中有犯忌的地方，或者表现不能使新娘家人满意，新娘家就会让一个不懂事的3岁女孩来代替新娘，以耍弄新郎，算是对新郎的一次"处罚"。

**3. 祖先崇拜**

马达加斯加人认为祖先的灵魂是永存的，永远与生者在一起，为生者赐福或降灾，因而他们对祖先十分崇拜，甚至是敬畏，定期为逝者举行祭祀仪式。对祖先的崇拜使马达加斯加人非常看重逝者的葬礼，葬礼仪式非常隆重，不仅要杀牛祭奠，还要把牛头放在坟前，立一块雕刻精美的木牌。如果逝者的家人以后遇到天灾人祸或其他不测，或者梦到逝者，都被看做不吉祥的征兆，要对逝者进行重葬，以表达生者对逝者的崇敬之

情。

### 4. 奇特丧葬

为永远都能得到祖先的保护和恩赐，马达加斯加人往往是几代人合葬在一起。普通人家将先辈的遗骨安放在一个岩洞内，分几层，然后按辈分一层一层地整齐排列。富裕人家则修筑宽敞豪华的墓室，以显示其富有。墓室一般用大条石砌成，墓穴中央为四方形，三面用大石板垒成壁柜的样子，分上、中、下三层，每层为一对夫妇的位置。遗体要先清洗干净，然后用白布包裹起来，按辈分大小放置，长辈在上层，依次往下，一般是三辈人共用一个墓室。

马达加斯加允许一夫多妻制存在，但只有原配夫人可葬入家族墓穴，妾室则葬回娘家。孩子只有年满周岁方可葬入家族墓室，未满周岁的孩子死后只能埋在家族墓室旁边。

马达加斯加人的葬礼仪式非常隆重，尤其是受人尊敬的长者的葬礼尤为隆重。唱歌、跳舞和大摆筵宴是葬礼必不可少的内容，追悼活动有时要延续一个月。

### 5. 改名字

马达加斯加人的名字一般较长，由于许多马达加斯加人信奉基督教，他们的名字往往由一个马达加斯加名字加一个宗教名字组成。马达加斯加有随意改名的习俗，人生不同阶段有不同的名字，例如，生了孩子，做父母的除了给孩子取名外，有的还会给自己改名。

### 6. 主食大米

大米是马达加斯加人的主要粮食，煮好米饭后，一般是就着用蔬菜、鱼、羊、家禽或野禽肉块做的卤吃，而且还要撒许多辣椒和五味香料。马达加斯加人还喜欢吃白薯和木薯，也喜欢吃海产品。当地生产的华尼拉是绝佳的食品香料，可用于制作糕点、饮料等食品。

## 二　主要禁忌

**在**马达加斯加，星期二和星期四为禁忌日。新年前一周不准吃肉，除夕晚餐只准吃一些禽类。马达加斯加人忌讳代表着死亡和灾祸的黑色。

生活在沿海地带的贝齐米萨拉卡人认为其祖先与牛有密切的关系，因而禁食牛肉。南部信仰原始宗教的部族，认为野猪和羊是其祖先，还有的部族将家禽、鳄鱼看做神圣的动物。

## 三　节日与假期

**马**达加斯加的国家公职人员和企业的正式员工除每星期实行五天工作制外，一年还享有一个月（30 天）的带薪假期。其他假日包括：

1 月 1 日：元旦；

3 月 29 日：1947 年纪念日；

5 月 1 日：国际劳动节；

5 月 25 日：联合国日；

6 月 26 日：独立日；

8 月 15 日：圣母升天节；

11 月 1 日：诸圣瞻礼节；

12 月 25 日：圣诞节。

另外，还有一些宗教假日：复活节、耶稣升天节、圣灵降临节。

马达加斯加人在享受节假日时，规定比较严格，基本与国际惯例接轨，如遇到法定假日刚好是星期天，不再补休。①

---

① 　http：//mg. mofcom. gov. cn/aarticle/ddgk/zwjiaqi/200807/20080705651224. html.

# 第二章

# 历　史*

## 第一节　古代简史

### 一　伊麦利那王国

第一批移居马达加斯加岛的马来—玻利尼西亚人称为瓦
津巴人（Vazimba），他们定居于中部高原地区。第
二批马来—玻利尼西亚移民在向中部高原发展的过程中，遇到了
瓦津巴人。[①] 两者相比，新移民更先进，他们作为武器使用的竹
竿已经安装了尖矛。[②] 通过征服和通婚等形式，新移民同化了一
部分瓦津巴人，另一部分瓦津巴人则被赶到了岛的西部地区。新
移民在中部高原定居下来，建立了以家族为单位的社会组织，称
为"福科"（Foko）。他们带来了灌溉农业、修筑梯田等技术，

---

　* 本章主要参考资料有：何芳川、宁骚主编《非洲通史·古代卷》，艾周昌、
　　郑家馨主编《非洲通史·近代卷》，陆庭恩、彭坤元主编《非洲通史·现代
　　卷》，华东师范大学出版社，1995；联合国教科文组织编《非洲通史》各卷
　　中译本，中国对外翻译出版公司出版；中国非洲史研究会编《非洲通史》，
　　北京师范大学出版社，1984。
　① 两批移民到达马达加斯加岛的时间有多种说法，详见序言。
　② 何芳川、宁骚主编《非洲通史·古代卷》，华东师范大学出版社，1995，第
　　469 页。

建立了大约 1.6 万个村庄，土地由农村公社分配，种植由亚洲引进的水稻、芋头、香蕉、椰子和甘蔗等。麦利那人的家族组织逐渐联合，形成了早期的国家，大约在 14 世纪，建立了后来被称为伊麦利那（Imerina）王国的国家。

在女王兰吉诺统治时期（约公元 1500～1520 年），确立了长子继承制，王位世袭。其长子安德里亚马内洛继位后，进入伊麦利那王国历史上的安德里纳王朝时期。在安德里亚马内洛统治时期，麦利那人掌握了炼铁技术，能够制造如标枪、弯刀和斧子等铁制武器，组建了一支颇具战斗力的军队，不仅巩固了伊麦利那王国，而且为其日后统一中部高原地区奠定了基础。

伊麦利那王国确立了社会等级制度，分成贵族、平民和奴隶三个等级。贵族占有大量的土地和奴隶，享有免税特权，主要由国王的宗族成员和亲信组成；平民称为自由民，包括农民、手工业者及商人；奴隶被称为"安德沃"，由三类人组成：一是战俘及其后代；二是因负债、犯法而沦为奴隶的平民及其后代；三是输入的黑奴及其后代。

安德里亚马内洛的继任者是拉兰博（约公元 1575～1610 年在位）。相传是拉兰博将国家命名为伊麦利那王国，国民被称为麦利那人（Merina）。[①] 在拉兰博统治时期，王国的实力进一步增强，逐年扩大水稻种植面积，修建水利设施，引河水灌溉稻田，水稻增产保证了对稻米的需求。积极发展同西部地区萨卡拉瓦人的贸易，用大米、牛和奴隶换回武器弹药，在贸易中开始使用货币哈西那（意为"神圣化"）。在王国疆域进一步扩大的同时，社会等级制度更趋严格，为保持贵族血统的纯洁性，王国推

---

① 麦利那（Merina）意为"高地人"，源自马达加斯加语词根"erina"（突出的、高的），伊麦利那（Imerina）为"高地人之国"的意思，见艾周昌、郑家馨主编《非洲通史·近代卷》，华东师范大学出版社，1995，第 516 页注。

行贵族的族内婚制度。

安德里纳王朝的第三任国王是安德里安贾卡（Andrianjaka，约 1610～1630 年在位），其在位期间占领了阿纳拉曼加，为纪念驻扎在这里的 1000 人军队，改名为塔那那利佛（Antananarivo，意为"千人地"），并定为首都，成为王国的政治、经济中心。

17 世纪末，国王安德里亚马集纳瓦洛纳（Andriamsinavalona，约 1675～1710 年在位）统治时期，伊麦利那王国通过武力征服和联姻的方式实现了马达加斯加岛中部高原地区的统一。但他在晚年时期，将王国分成 4 个部分，分别由其 4 个儿子管理，导致其死后王国陷入长达一个世纪之久的内战，国力极大削弱，经常遭受外敌侵扰。

## 二 默纳伯王国和博伊拉王国

在马达加斯加岛，与伊麦利那王国同时期的还有一些奴隶制国家或酋长国。17 世纪末，在东部的安通吉尔湾附近有贝希米萨拉卡王国，控制沿海大片区域；在东南沿海，16 世纪晚期出现了泰萨卡王国；在南部，巴拉人在 16 世纪上半期建立了巴拉王国；在西部，萨卡拉瓦人在 17 世纪后半期建立了默纳伯和博伊拉两个王国，鼎盛时期统治整个西部地区，占全岛的一半疆土。

默纳伯王国的创立者是安德里安达希福戚，他不断扩张领土，到 1666 年已经向北扩张至萨迪亚，国力强盛。据说，国王拥有 12 万头牲畜，军队人数达 12000 人，且训练有素。约在 17 世纪 80 年代，安德里安达希福戚去世，长子戚马龙加里福继承王位。

安德里安达希福戚的次子戚马拉东那率领一支萨卡拉瓦人军队继续向北征战。在征服了西北海岸一带后，于 17 世纪末建立了博伊拉王国。

萨卡拉瓦人之所以能够迅速扩张领土，依赖的是其强大的军

事实力。早在 16 世纪初，欧洲人已经在马达加斯加岛西海岸贩运奴隶，生活在那里的萨卡拉瓦人通过从奴隶贩子手里换取枪支弹药，拥有了强大的军事力量。1719 年，默纳伯国王已经拥有一支 4000～5000 人装备滑膛枪的军队。18 世纪中期，博伊拉国王在海岸修筑的要塞有三四十门火炮。控制着马达加斯加岛西海岸的萨卡拉瓦人，严禁来自欧洲的枪支弹药进入中部高原地区的伊麦利那王国。一直到 19 世纪，萨卡拉瓦人始终保持着对伊麦利那王国的军事优势。

对外扩张的胜利繁荣了萨卡拉瓦人的社会经济。在北进征服进程中，萨卡拉瓦人掠夺了大量牲畜，使畜牧业逐渐发展起来，而原有的混合农牧业经济日趋衰落。占有牲畜的多少是衡量财富和地位的象征，牲畜被国王用来奖赏有功臣民。据欧洲奴隶贩子的记载，在博伊拉王国的首都有数千座房屋，人口众多。王宫规模宏大，在数间仓库内储存着几百个装满各种物品的大箱子，藏有大量枪炮、宝石及珍贵器皿的房间则由士兵看守。萨卡拉瓦人的军事扩张改变了西部沿海地区贸易活动的结构，奴隶贸易日益猖獗并逐渐占据了主导地位。默纳伯和博伊拉的统治者用战俘与欧洲人和阿拉伯人交换枪支弹药、布匹和黄金等物品。[①]

# 第二节　近代简史

一　马达加斯加岛的统一

 18 世纪晚期，有诸多独立王国和部落联盟的马达加斯加岛具备了统一基础。首先，岛上居民在长期的共

---

① 艾周昌、郑家馨主编《非洲通史·近代卷》，华东师范大学出版社，1995，第 518 页。

同生活中，通过联姻、迁徙、战争和贸易往来，在语言、习俗和经济活动等方面具有极大的相似性。其次，岛内经济往来日益紧密，初步形成了一个全岛性的大市场。除了沿海地区存在已久的与欧洲人和阿拉伯人的贸易外，岛内出现了一些定期集市，有的还发展成商业城镇，如博伊拉王国的马哈赞加①就是一个商业中心，还有以贩运牲畜和食盐为主的长途商贩。再次，欧洲殖民主义的入侵，唤起了马达加斯加岛各部落团结御敌的意识，从16世纪初开始，直到18世纪后期，欧洲殖民主义者在马达加斯加岛的殖民侵略都以失败而告终。最后，社会经济发展水平在全岛领先的伊麦利那王国具备了统一全岛的能力。

当时在马达加斯加岛有三股较大的统一势力，一是东部的贝希米萨拉卡王国；二是中部的伊麦利那王国；三是西部的萨卡拉瓦人诸王国。东部的贝希米萨拉卡王国在1750年后陷入分裂，与博伊拉王国的连年战争严重消耗了国力，逐渐失去了统一全岛的力量。西部的萨卡拉瓦人诸王国虽然在扩张征服中强盛一时，但这种建立在军事扩张基础上的繁荣由于没有带动社会生产水平的进步，难以长久维系，一旦在战争中失败，国力就会急速衰退。博伊拉王国在向东北部扩张中受到贝希米萨拉卡王国的顽强抵抗，遏制了其扩张势头。博伊拉王国由此开始走向衰落。同时，阿拉伯和印度的穆斯林商人在王宫中的影响越来越大，以致国王也皈依了伊斯兰教，引起了社会的混乱，传统宗教势力受到沉重打击，王权的统治基础受到削弱，离心倾向严重。而此时的伊麦利那王国的社会经济发展却是蒸蒸日上。

在19世纪以前，占全岛面积不足1/20的伊麦利那王国，军事力量远不如萨卡拉瓦人强大，时常受到侵扰。但是，位于中部高原的伊麦利那王国，利用优越的自然条件实现了社会经济的全

---

① 以前译为马任加。

面发展。温和的气候，肥沃的土壤，使伊麦利那王国从 17 世纪中叶起就建立了以水稻种植为主的农业经济，实行梯田集约耕作。到了 19 世纪，伊麦利那王国的社会经济发展水平已居全岛领先地位。

18 世纪初，伊麦利那王国曾经一分为四。约在 1783 年，拉姆博阿萨拉马成为最东边的安博希曼加王国的国王，取名安德里亚纳姆波印伊麦利那（Andrianampoinimerina，意为"伊麦利那心灵之主"），简称纳姆波印纳（Nampoina，意为"希望者"）。他同其他三个王国签订了为期 7 年的停战协定。停战期间，他积极从沿海地区购买武器，加强军事力量，作好扩张准备。纳姆波印纳嗣后即开始向其他三个王国宣战。1796 年，占领塔那那利佛，定都于此。到了 1806 年，伊麦利那王国重新统一。此后，伊麦利那王国开始了对外扩张和征服，在吞并邻近的几个小王国后，伊麦利那王国的势力抵达了东部沿海地区。通过交换礼品，与西部的博伊拉王国达成和平协议；中部伯戚烈奥人的几个王国成为伊麦利那王国的附庸国。

纳姆波印纳采取一系列措施推进王国的军事、政治和经济建设，为伊麦利那王国在 19 世纪的强盛奠定了坚实基础，被誉为"伊麦利那王国之父"。

纳姆波印纳首先是强化王权，规定神圣的国王掌握最高土地所有权，领主只能从国王那里得到封地。土地的重新划分，削弱了氏族的地位。他派遣使节到附属国，直接监督原来的国王。纳姆波印纳将未开垦的山丘和沼泽地分配给参战的士兵，以取代过去瓜分战利品作为报偿的方法。在经济方面，纳姆波印纳实行土地改革，在国王管辖的区域内，根据人数多少平均分配稻田，定期缴纳土地税；国家统一管理集市贸易，统一度量衡，规定了货币的交易及其使用规则；实行劳役制，修建排水和防洪等大型水利工程，开发沼泽地。

1810 年，纳姆波印纳去世，其子拉达马继位，称拉达马一世（Radama Ⅰ）。拉达马一世首先果断迅速地镇压了纳姆波印纳去世后在各地发生的叛乱，巩固了王位。随后，拉达马一世从政治、经济、军事等诸方面为扩展领土做准备。将领土扩展到海边，获得出海口，这既是伊麦利那王国之父纳姆波印纳的遗愿，也是伊麦利那王国社会经济发展的要求。有了出海口，伊麦利那王国就打破了邻国的包围，可直接与欧洲人贸易，换取武器和食盐。拉达马一世用十余年时间征服了马达加斯加岛 2/3 以上的地区，基本实现了马达加斯加岛的统一。

## 二　拉达马一世时期的社会经济

**拉**达马一世执政期间，随着欧洲殖民者对非洲的殖民扩张，西方文明和先进技术也传播到了马达加斯加岛。拉达马一世在接触了欧洲先进的科学技术、思想文化和物质文明之后，深深感到要推进和维护马达加斯加的统一，必须向先进的欧洲学习，在政治、经济、军事、文化等领域进行改革。拉达马一世执行的政治经济政策增强了伊麦利那王国的实力，为其统一马达加斯加岛奠定了坚实的基础。

### （一）加强中央集权

拉达马一世废除了传统的贵族、平民和奴隶三级社会等级制度和官职世袭制，除奴隶外，全体自由民分为"密那米拉"（士兵）和"博里扎诺"（普通百姓）两大类，不再把出身作为衡量人的社会地位和荣誉的依据，而要看其对王国的贡献，此举一方面极大地调动了平民在统一战争中的积极性，缓解了阶级矛盾；另一方面削弱了威胁王权权威的权贵势力。拉达马一世在扩张战争中，改变了过去以掠夺财物为目的的战争方式，而是在征服的过程中进行政权建设，巩固统一进程。对已建立国家、社会发展程度较高的地区采取监军制，仍由原国王统治，但要听命于拉达

马一世派驻的军事首领；对落后地区则完全吞并。

**（二）大力发展文化教育事业**

拉达马一世实行开放政策，打开国门，允许西方传教士到马达加斯加传教，开办学校，传授西学。拉达马一世对教育尤为重视，1820 年 12 月 8 日，英国传教士在塔那那利佛开办了第一所学校，有 3 名学生。到 1829 年底，学校增加到 23 所，有学生 2300 名，其中 1/3 是女生。学校使用马达加斯加语教学。当时的马达加斯加语作为全岛的通用语言，尚无书写文字，拉达马一世决定实行文字拉丁化，由在马达加斯加开办第一所学校的英国牧师大卫·琼斯负责。大卫·琼斯利用英语的辅音和法语的元音，结合当地语言的特点，使马达加斯加语文字化。到 1827 年，已有 4000 多马达加斯加人掌握了马达加斯加文字的拼写。

**（三）学习西方先进的科学技术**

通过学习西方的先进技术，发展国家经济，是拉达马一世改革的重点和目的。拉达马一世派遣王室和贵族青年到英国和毛里求斯学习，以学习生产技术为主。一些欧洲的技术工人也被聘请到塔那那利佛，传授生产技能。拉达马一世致函英国伦敦布道会，要求他们"尽可能多地派传教士来，要有工匠，例如织布工和木匠，以及宗教人士"。[①] 苏格兰传教士卡梅伦传授了制土坯、肥皂、硫黄和皮革，以及新的锻铁和土木技术。1826 年，马达加斯加输入第一台织布机，开始发展新式纺织工业。拉达马一世还大力修筑道路，规划首都建设布局。

**（四）废除奴隶贸易**

最早从马达加斯加岛向外输出奴隶的是阿拉伯人和印度人。16 世纪，欧洲商人开始贩卖奴隶，并逐渐垄断了马达加斯加岛

---

① 联合国教科文组织编《非洲通史》第 6 卷，中国对外翻译出版公司，1998，第 312 页。

的奴隶贸易。马达加斯加岛成为大西洋和印度洋奴隶贸易的重要输出地，输出奴隶成为岛上各王国统治者的主要收入来源。马达加斯加的奴隶贸易主要有三条输出路线：一是越过大西洋运往美洲，主要是巴西；二是经过科摩罗、东北非，运往红海沿岸和波斯的奴隶市场；三是输往印度。奴隶贸易曾一度刺激了马达加斯加岛上的商品货币经济的发展，但过度依赖奴隶贸易，使马达加斯加经济畸形发展，阻碍了经济的进一步发展。同时，一些王国和地方统治者以出卖奴隶换取欧洲人的武器，对拉达马一世统一全岛的事业构成了威胁。为此，拉达马一世下决心废除奴隶贸易。1817 年 10 月 23 日，拉达马一世与英国驻毛里求斯前任总督法尔考签署了废除奴隶贸易的协定。废除奴隶贸易后，粮食和牲畜成为马达加斯加对外输出产品，为马达加斯加经济在 19 世纪的发展创造了条件。

**（五）推动岛内各民族的融合**

拉达马一世实行武装移民，麦利那人大量迁到新兼并地区，同时把一些被征服地区的人带回伊麦利那王国，以消除各地间的文化、习俗等方面的差异，巩固统一。同时，在岛内推广统一的马达加斯加文字，加快民族融合的步伐，最终形成了马达加斯加民族。

**（六）加强军队建设，提高军队的战斗力**

拉达马一世利用英国与法国的矛盾，采取近英远法的政策，从英国购进武器。拉达马一世与英国签署的废除奴隶贸易的协定，就是以英国人提供武器作为补偿的，英国人向马达加斯加提供 1000 金元、1000 银元、100 桶火药、100 支英国滑膛枪随带 100 块火石、400 套士兵制服、12 把军士用的剑、600 匹布，以及给拉达马一世本人一套大礼服和两匹马。[①] 1820 年 10 月 11

---

① 联合国教科文组织编《非洲通史》第 6 卷，中国对外翻译出版公司，1998，第 311 页。

日，双方续订了协定。拉达马一世专门组建一支使用新式武器的军队，有 15000 人。聘请一名英国士兵和两名法国士兵担任军队教官，对军队进行欧式训练。新兵从富裕者中征召，自备武器和军服。引进军衔制，根据勋章的多少决定军衔的高低，一个勋章是二等兵，获得十个勋章授予将军军衔。拉达马一世的新式军队不仅仅是对外扩张的重要工具，更重要的是成为统治者维护统治的工具。

拉达马一世的改革是马达加斯加近代化的开端，促进了生产力的发展和社会的进步，奠定了马达加斯加全岛统一的基础。1817 年 10 月 23 日，拉达马一世与英国签署协定，英国承认拉达马一世为整个马达加斯加岛的国王。伊麦利那王国开始称为马达加斯加王国①，拉达马一世成为马达加斯加王国国王。但法国对此坚决反对，拒绝承认拉达马一世为马达加斯加国王。1822 年 2 月 14 日，拉达马一世宣布对马达加斯加全岛拥有主权。② 1828 年 7 月 27 日，长期征战和过度饮酒的拉达马一世英年早逝，年仅 35 岁。

### 三 拉纳瓦洛纳一世时期的社会经济

拉达马一世生前没有明确指定继承人，王后在贵族支持下继承王位，称拉纳瓦洛纳一世（Ranavalona Ⅰ）。女王继续马达加斯加岛的统一进程，到 19 世纪中期，除了南部和西部个别地区外，统一了全岛 3/4 以上的领土；继续实行拉达马一世时期的开放政策，积极推动吸收和引进西方先进科学技

---

① 在 Maureen Covell 编著的 *Historical Dictionary of Madagascar* 一书中，称之为麦利那帝国（Merina Empire），本书采用多数著述的说法，称之为马达加斯加王国。

② 联合国教科文组织编《非洲通史》第 7 卷，中国对外翻译出版公司，1991，第 178 页。

术，发展民族工业。面对西方殖民主义的扩张，拉纳瓦洛纳一世坚决维护马达加斯加的独立，坚持西方的政治和宗教思想不能影响到马达加斯加王国的体制、传统和风俗，确保马达加斯加不受外国势力的支配。

**（一）引进西方先进技术，发展民族工业**

1832 年，拉纳瓦洛纳一世雇用法国人拉博德制造枪炮，发展本国的军火工业。在位于塔那那利佛东部的曼塔索阿建立一个工业中心，这里临近森林地区，有丰富的木材、水源和铁矿资源。工业中心有上千名工人，制造枪支、火药、军刀、玻璃、陶器、肥皂、染料、丝织品、照明工具和各种生产工具，烧制砖、瓦、石灰、水泥。工业中心已经使用鼓风机和机器进行生产。在王国其他地区，开采铁矿、磷酸盐矿和金矿。王国的手工业生产进一步发展，手工业从业人数逐年增多，成立了铸铁、印染、纺织和搬运等 18 种行会。在离工业中心不远处还建立了热带农业中心，包括试验田、甘蔗种植园和蔗糖厂，引进了许多新作物和牲畜，如香草、肉牛和美利奴绵羊、葡萄等水果，农业和畜牧业进一步发展。

**（二）强调世俗教育，培养民族意识，限制基督教在王国的传播**

拉达马一世允许基督教会在马达加斯加自由传教以后，基督教在马达加斯加快速发展。拉纳瓦洛纳一世认为，传教士可以在马达加斯加传授工艺和科学，但不能涉及宗教，马达加斯加人皈依基督教，抛弃对祖先的崇拜，将会威胁王国的统治基础。女王采取了一系列限制基督教传播的措施：1832 年，禁止传教士举行洗礼；1835 年，禁止马达加斯加人皈依基督教；1836 年，将传教士驱逐出境。女王虽然限制基督教的传播，但不反对先进文化和技术的传播，继续保持与西方国家的经济联系，允许外国人在马达加斯加从事经济活动，如开办工厂等。为表示国家的开放

政策，女王政府曾 15 次授予拉博德勋章；法国人拉斯泰勒和美国人马克斯分别掌管着图阿马西纳[①]和马哈赞加的对外贸易，拉斯泰勒还拥有一家甘蔗制酒厂。[②]

**（三）坚决抗击殖民主义的入侵，维护国家独立和领土完整**

女王继位伊始，殖民主义者加紧了对马达加斯加的殖民侵略，马达加斯加人民在女王的领导下，与殖民主义者进行了英勇的斗争，先后击退了法国和英国的武装入侵。在取得反对殖民主义侵略初步胜利的同时，拉纳瓦洛纳一世也清醒地认识到，马达加斯加与西方列强的紧张关系不利于马达加斯加的社会经济发展。女王主动派特使前往欧洲，解释马达加斯加政府的内外政策，希望同欧洲人保持良好关系，与欧洲国家缔结商业友好条约。但是，欧洲列强没有接受女王的和平建议，而是变本加厉地对马达加斯加进行殖民侵略。英、法殖民者的侵略行径使拉纳瓦洛纳一世在盛怒之下严令禁止所有欧洲人进入马达加斯加岛，封锁东海岸各港口，停止同欧洲人的一切贸易以及与毛里求斯和留尼旺等岛屿的贸易往来，切断对这些岛屿的粮食供给。当时，毛里求斯、留尼旺等岛屿已经沦为英、法等国的殖民地，马达加斯加是这些岛屿所需粮食和牛肉的主要来源。在英国赔偿马达加斯加 15000 美元后，女王政府撤销了禁令，恢复通商。

在武装侵略失败后，法国企图通过女王信赖的法国人实施宫廷政变，推翻女王政府，拥立王储。女王政府察觉阴谋后，将所有欧洲人包括拉博德全部驱逐出境。1861 年 8 月 18 日，在位 33 年的拉纳瓦洛纳一世病逝，享年 73 岁。在位 33 年中，女王大力

---

① 以前译为塔马塔夫。
② 艾周昌、郑家馨主编《非洲通史·近代卷》，华东师范大学出版社，1995，第 528 页。

发展民族经济，主张同欧洲国家建立平等互惠的关系，领导抗击殖民主义的侵略，维护了马达加斯加的独立和领土完整。

四 拉达马二世时期的社会经济

拉 纳瓦洛纳一世病逝后，其子腊克托继承王位，称拉达马二世（Radama Ⅱ）。拉达马二世上台后执行完全的亲西方的门户开放政策。

拉达马二世继位后，宣称实行宗教信仰自由政策，邀请流亡在外的本国基督教徒和西方传教士返回马达加斯加，不论其是新教徒还是天主教徒，并致信罗马教皇，请求教皇对其政府予以支持。为此，颁布了保护外国人的法律，退还基督教徒被没收的财产。英、法两国对拉达马二世的政策做出积极回应，恢复与马达加斯加的官方联系。英属毛里求斯殖民当局对拉达马二世的新政策也迅速做出回应，1861 年 10 月，毛里求斯总督派代表团抵达塔那那利佛。1862 年 1 月，法国政府派使者到塔那那利佛，承认拉达马二世为马达加斯加国王。1861 年 9 月和 1862 年 6 月，法国天主教会和英国新教教会分别派传教士到塔那那利佛，恢复在马达加斯加的传教。传教士返回马达加斯加，在带来西方先进科学技术的同时，使基督教在马达加斯加得到更广泛的传播。

拉达马二世提出与西方列强特别是英国和法国建立友好外交关系，一方面是希望得到他们的支持，以巩固其在国内的地位；另一方面是希望吸引西方资本，开发马达加斯加的资源，促进国家经济的发展。英、法两国为扩展在马达加斯加的势力，展开激烈的竞争，受法国教育影响极深的拉达马二世最终选择了法国。1862 年 9 月，拉达马二世与法国政府签订条约，法国人可以不受马达加斯加法律的约束，有权在马达加斯加拥有土地和其他不动产；法国商人可以免交进出口关税；承认法国与地方酋长缔约而获得土地的特权；法国承认拉达马二世为马达加斯加国王。拉

达马二世批准马达加斯加王国政府与法国冒险家朗贝尔签署
《朗贝尔特许状》，朗贝尔获得组织马达加斯加地产工商业公司，
享有开发马达加斯加所有矿产的特权，可以获得木材以及沿海和
内地的可耕地，可以修筑道路、水渠、广场和其他公共设施；有
权征用公司需要的马达加斯加任何地方的土地；该公司为马达加
斯加铸币，公司的进出口货物免税，公司支付国王10%的纯利
润。1862年12月，英国也与马达加斯加签订了条约，获得马达
加斯加东北部的武海马尔地区。[①]

拉达马二世的门户开放政策受到西方国家的高度赞扬，称他
的上台是马达加斯加"辉煌时代的开始"，称其为"改革时代的
人"。但在国内，拉达马二世的政策引起严重不满，允许外国人占
有土地，严重违背了拉达马一世以来形成的外国人不得拥有马达
加斯加土地的传统；取消关税，被视为一种丧权辱国的行为，使
国家丧失一笔最主要的收入来源和保护本国工业的能力。在对内
政策上，拉达马二世宣布废除死刑，大赦所有已被判刑的人；减
少3/4的军事人员；禁止强迫劳动，取消传统义务，这些政策严重
触犯了贵族等上层集团的利益，遭到包括首相赖尼沃尼纳希特里尼
奥尼在内的权贵集团的反对。拉达马二世试图解除赖尼沃尼纳希特
里尼奥尼及其弟弟赖尼莱阿里沃尼和赖尼乔哈里的职务，结果招致
1863年5月12日凌晨在王宫内被反对者勒死。拉达马二世死后，其
妻被拥立为国王，称拉梭赫里纳女王（Queen Rasoherina）。

五 赖尼莱阿里沃尼改革

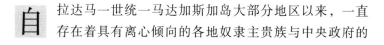

自 拉达马一世统一马达加斯加岛大部分地区以来，一直
存在着具有离心倾向的各地奴隶主贵族与中央政府的

---

① 艾周昌、郑家馨主编《非洲通史·近代卷》，华东师范大学出版社，1995，
第532页。

权力斗争。历任国王为削弱贵族的势力，着力培植一些非贵族出身的自由民，赐给他们免税土地，将他们安置在国家的权力部门，逐渐形成了一个新的封建官僚集团，赖尼哈罗（Rainiharo）家族是这个集团的代表。自赖尼哈罗出任首相之后，首相职务由其家族世袭。拉达马二世死后，马达加斯加的王权政治发生了重大变化，君主专制开始让位于首相专权，女王拉梭赫里纳被首相架空。1864 年赖尼哈罗之子赖尼莱阿里沃尼（Rainilaiarivony）就任首相兼军队总司令，直到 1895 年法国军队占领塔那那利佛，历经三位女王，主持朝政 30 余年，对马达加斯加的社会经济发展产生了极为重要的影响。

赖尼莱阿里沃尼出任首相之时，国家正处于内忧外患之中。边远地区的一些旧贵族利用拉达马二世死后的乱局进行分裂活动；广大的奴隶和劳役制下的自由民对旧制度的不满日增，首都等地爆发了人民起义；民族危机日益加重，欧洲列强对新政府猜疑不定，特别是法国准备随时入侵马达加斯加，重建亲法政府。面对严重的政治矛盾和民族危机，赖尼莱阿里沃尼首先以强力手段镇压起义，平定旧贵族的分裂活动。1864 年，女王拉梭赫里纳病逝，一些旧贵族企图拥立王储拉萨塔继位，继而剥夺首相的专权。赖尼莱阿里沃尼粉碎这一阴谋后，将王储和密谋者流放到边远地区，立女王的堂妹拉莫马为国王，称拉纳瓦洛纳二世，首相的权力得到进一步加强。政局稳定之后，赖尼莱阿里沃尼在政治、经济、军事、外交等方面采取了一系列改革措施。

（一）政治改革：加强中央集权

一是改革全国的行政管理体制，为削弱地方贵族的权力，全国除伊麦利那地区外，分为 27 个省，省长直接向首相负责。省下设若干区。二是仿照欧洲国家的机构建制，从 1881 年开始，在中央政府设置内政、外交、国防、司法、法令、财政、工商和教育 8 个部，各部设大臣和秘书。重大事务由大臣会议讨论决

定。三是 1878 年 7 月在农村建立退伍军人组织"萨凯扎姆—博希特拉"（意为乡村之友，后改称"安蒂利"，意为监视者），充当政府与民众的中间人和公民权利的监护者，负责出生、结婚和死亡登记。他们有权监督地方官吏和领主，保证中央政府各项法令的贯彻实施，并负责征税、摊派劳役等事务。四是在 1884 年 11 月恢复村舍人民会议制度，进一步加强中央对地方的控制。

（二）司法改革：稳定社会

从拉达马一世起，马达加斯加的司法权一直掌握在地方贵族手中。中央法院和各地方法院都是由地方贵族组成的，这些人公开受贿，没有明确的量刑标准。从 1863 年起，为革除司法弊端，政府先后颁布了《六十八条法典》（1863 年）、《一零一条法典》（1868 年）和《三零五条法典》（1881 年）以及其他法令。除保留某些习惯法外，在行政、民政、司法等方面制定了许多新规定，如把死刑限为 1 项故意杀人罪和 12 项叛国罪；取消多妻制和单方休妻制；禁止肉刑，改善在押犯生活待遇；取消连坐制。1876 年在首都设立 3 个高级法院（以前只有 1 个），负责审理各种类型的案件，每次审理案件有 13 名法官，包括 11 名王室成员和 2 名地方贵族。在村庄中，委任地方治安官和村长主管司法。所有案件经审理后，都要上报女王，实际上最后由首相作裁决。

（三）军事改革：提高军队战斗力

拉纳瓦洛纳一世时，军饷停发，军队纪律涣散。为建设一支强大的军队，身兼军队总司令的赖尼莱阿里沃尼在 1876 年和 1879 年，两次颁布军队改革法令，大幅度削减军队中人浮于事的副官，遣返年龄大的士兵，恢复两周一次的军事训练，禁止购买"荣誉"和用钱免除兵役的做法。1879 年起实行义务兵役制，除贵族和奴隶外，凡年满 18 岁的男性公民必须服兵役，为期 5 年，士兵每年接受一次身体检查。用高薪和优厚待遇聘请英、法军事教官，购买欧洲先进武器。

**（四）文化改革：学习西方先进文化**

国家投入巨资扩充教学人员、购置教材。1876 年起实行免费义务教育，并写入《三零五条法典》。鼓励欧洲传教士在城市和乡村开办学校，发展教会教育。1880 年，在教会和政府学校中的学生已超过 40000 名。1894 年，在各类教会学校就读的学生达 137000 名。19 世纪 70 年代开办中学，同时向英、法等国派遣留学生。创办女王医学院和两所医科学校，培养医务人员。1862 年伦敦布道会在塔那那利佛开设一家诊所，开始了马达加斯加的医疗服务；1865 年塔那那利佛有了医院；1880 年有了第一批合格的医生；至 1892 年共培养护士 31 名。[①] 推动出版事业的发展，1882 年起发行《马达加斯加时代报》，有英文和马达加斯加文两种版本。[②] 1864 年英国传教士引入格里高利历，取代阴历。

**（五）调整生产关系：废除奴隶制**

尽管拉达马一世与英国签署了废止奴隶贸易协议，但奴隶制尚未完全废除。在首都塔那那利佛仍存在大量奴隶，多集中在宫廷贵族门下，有的占有奴隶 3000 多名。处于社会最底层的奴隶从事采矿、冶炼、搬运、种田和充当家内奴仆等各种劳动，自由民担任各种官职和服兵役。赖尼莱阿里沃尼主张废除奴隶制，其目的在于：一是通过给予奴隶自由身份，摧毁奴隶主旧贵族集团赖以存在的基础，巩固新贵族集团的地位；二是推进社会生产力的发展，自拉达马一世以来的半个世纪，伴随欧洲先进技术的传入，马达加斯加的社会经济得到很大发展，旧的奴隶制生产关系已不能适应生产力发展的需求。1863 年颁布的《六十八条法典》

---

① 联合国教科文组织编《非洲通史》第 6 卷，中国对外翻译出版公司，1998，第 327 页。

② 艾周昌、郑家馨主编《非洲通史·近代卷》，华东师范大学出版社，1995，第 920～921 页。

禁止一切贩奴活动；1868 年规定取消奴隶的债务，严禁把罪犯的妻室变为奴隶；1874 年 10 月宣布解放 1865 年以后买来的或出生的非洲籍奴隶；1878 年 7 月决定取消贩奴职业，禁止通过买卖奴隶使其子女与父母分离，违者判处终身监禁。获得自由身的奴隶在取得马达加斯加国籍后享有与马达加斯加人同等的权利。①

**（六）调整外交政策：推行均衡外交**

赖尼莱阿里沃尼改变了拉达马二世时期的彻底的门户开放政策，主张在维护民族独立和国家主权的前提下与欧美各国均衡发展关系，使欧美各国彼此相互制约，寻求马达加斯加利益的最大化。1863 年，赖尼莱阿里沃尼派外交使团出使英、法两国，希望修订拉达马二世时期签订的条约。1865 年 6 月，在经过了长期艰苦的谈判后，英国和马达加斯加签订了新条约，规定英国人不得在马达加斯加拥有土地所有权、双方进行平等贸易等。1868 年 8 月，法国与马达加斯加签署类似条约。

受拉达马二世时期倾向法国的政策影响，法国天主教在马达加斯加发展很快。为了削弱和限制法国天主教的势力，赖尼莱阿里沃尼在 1869 年 2 月与女王一起改信基督教新教。在与原配夫人离婚后，赖尼莱阿里沃尼与女王结婚，举行了基督教结婚仪式。从此，新教被定为马达加斯加国教。到 1867 年，马达加斯加约有 27000 名基督徒，以贵族和青年人为主。1869 年有 16000 人接受了洗礼。1890 年马达加斯加全境有 1223 所基督教堂，神职人员 59615 名，基督徒达到 248108 人，基督教的影响遍及全岛各地。②

---

① 1897 年法国殖民当局颁布《废奴宣言》，奴隶制在马达加斯加正式废除。

② 艾周昌、郑家馨主编《非洲通史·近代卷》，华东师范大学出版社，1995，第 923 页。

赖尼莱阿里沃尼的改革措施推动了马达加斯加社会经济的发展，岛内各地定期的集市数量大幅增加，各地间经济往来频繁。手工业门类日益齐全，主要有制革、制鞋、锻铁、木工、制砖、肥皂、玩具、缝纫、首饰等行业；1890 年建立了第一个冻肉加工厂；对外贸易日益活跃，除传统的粮食和牲畜等主要出口产品外，东部沿海地区从留尼旺和毛里求斯引进的咖啡等品种也成为重要的出口产品，进口以服装、家具、印花布、铁器和甜酒等为主，图阿马西纳、马哈赞加等是主要的外贸港口，1888 年几个主要港口进口总值为 400 万法郎，出口达 411 万法郎。① 1881年，为进一步推动对外贸易，政府设置工商部，无论是国有企业还是私人企业从事对外贸易，政府都给予鼓励，有足够资本的政府官员也可以参与对外贸易，首相赖尼莱阿里沃尼本人就是最活跃的外贸商人，他在毛里求斯有自己的代理人，进口毛里求斯和欧洲的服装等奢侈品。赖尼莱阿里沃尼实行租让制，把森林和矿山租让给外国公司，发展建筑业和采矿业。

## 第三节　殖民地简史②

### 一　早期反殖民主义侵略的斗争

16 世纪初，欧洲人来到马达加斯加岛。1500 年（一说1506 年），一艘驶往印度的葡萄牙船遭遇风暴后被吹到马达加斯加岛。1524 年，两艘法国商船驶抵马达加斯加岛，

---

① 黄丽颖：《赖尼莱亚里沃尼》，载《外国历史名人传》近代部分下册，中国社会科学出版社、重庆出版社，1982，第 531 页。赖尼莱阿里沃尼是 Rainilaiarivony 的音译，译法在各类著述中不尽相同。
② 马达加斯加的殖民地历史是其近现代史的一部分，为行文方便，单列一节"殖民地简史"。

船上人员欲登岛，被当地人拒绝。1540 年，葡萄牙人在马达加斯加岛沿岸建立了商站，从事传教和奴隶贸易，1548 年被当地人驱逐。荷兰人在 1598 年占领毛里求斯岛后，为掳掠奴隶而数度袭击马达加斯加岛沿岸地区。1591 年，英国船第一次抵达马达加斯加岛。17 世纪 40 年代前后，大约有 400 名英国人试图在沿岸地区建立殖民据点，被当地人击退。

17 世纪中叶以后，从欧洲驶往亚洲的船只因好望角航线的开通而日渐增多，西方殖民国家在印度洋的竞争也日趋激烈，马达加斯加岛在连接大西洋和印度洋的航线上的战略地位日益重要。最先企图占领马达加斯加岛的是法国，其目的是把马达加斯加岛作为向印度洋扩张的基地。1643 年，法国通过东方公司占领了马达加斯加岛南部的陶拉尼亚鲁①，并沿着海岸向北扩张。1644 年，东方公司更名为法国东印度公司，开始向马达加斯加岛移民，杀戮土著居民，勒索贡赋，激起岛上居民的武装反抗，1647 年，当地居民将法国殖民者赶出陶拉尼亚鲁。18 世纪中期以后，法国人再度发动殖民侵略，1768 ~ 1771 年重新占领陶拉尼亚鲁，1774 ~ 1776 年在马达加斯加岛东北部的安通吉尔湾建立殖民地。

拉达马一世在统一全岛的进程中，发誓不许欧洲人占有马达加斯加岛的土地。至 1825 年拉达马一世的军队收复陶拉尼亚鲁，除圣玛丽岛仍在法国人手中外，马达加斯加岛上的殖民者全被赶走了。拉纳瓦洛纳一世继位伊始，法国就在 1829 年派 6 艘军舰攻打图阿马西纳。登基不久的女王派出军队围攻法国殖民者，迫使法国军队撤离。1845 年 6 月，英国和法国联合舰队进攻图阿马西纳港，先是炮击，然后强行登陆。马达加斯加军队奋勇抵抗，击退侵略军。英法联军在损失数人后登舰逃走。

---

① 以前根据英文译为多凡堡（Fort Dauphin）。

　　拉达马二世实行全面门户开放政策后，与英、法签署了不平等条约，出卖土地，给予外国人治外法权，可以不受马达加斯加法律的约束，最终招致被杀身亡。拉梭赫里纳女王时期，首相赖尼莱阿沃尼采取均衡外交政策，以期修改拉达马二世签署的不平等条约。经过艰苦谈判，先后与英国和法国签署新条约，维护了马达加斯加的独立与主权。

## 二　马达加斯加沦为法国殖民地

　国虽然与马达加斯加政府签署了条约，承认马达加斯加为独立的君主国，但其觊觎马达加斯加领土的野心始终未变。自普法战争失败后，法国国内政治矛盾尖锐，经济不景气。而此时英国在马达加斯加的影响不断扩大，大部分贵族和有钱有势的平民都已信奉新教。占领马达加斯加是法国政府缓和国内矛盾、与列强竞争的海外扩张政策的战略步骤。在留尼旺岛上的法国殖民者也极力鼓动法国政府占领马达加斯加。

### （一）"拉博德遗产"事件和"托莱"号事件

　　让·拉博德，是最初受雇于拉纳瓦洛纳一世制造枪支的法国人，后在马达加斯加经商、开工厂，拉达马二世时任法国领事，是在马达加斯加影响最大的法国人。1878 年，拉博德在塔那那利佛病逝，留下大笔遗产，有些是拉纳瓦洛纳女王当初的赏赐，包括大片田地。拉博德的两个侄子要求获得遗产，并得到法国政府的支持，但按马达加斯加法律，土地属国王所有，不得转让，外国人只有在活着的时候方可享有在马达加斯加的财产，死后收归王室所有，马达加斯加政府因此拒绝了他们的要求，只答应给予他们 25 万法郎作为补偿，双方就遗产继承终未达成一致。

　　1881 年 5 月，法国"托莱"号船在马达加斯加西北海岸进行军火走私交易时，受到当地萨卡拉瓦人的口头盘查并被命令交出货物，船员向萨卡拉瓦人开枪，当地人在还击中将船上的几名阿拉伯人打死。① 法国以此向马达加斯加政府索要 6000 法郎赔款，遭到拒绝。

"拉博德遗产"事件和"托莱"号事件使法国找到了武装占领马达加斯加的借口。马达加斯加王国首相赖尼莱阿里沃尼为避免战争，于 1882 年 10 月派使团到欧洲访问，争取和平解决危机。在与法国政府谈判中，法国提出临时占领马达加斯加西北部，直到马达加斯加政府有能力维持当地社会秩序，后又提出为期 99 年的租借期。马达加斯加使团拒绝了法国的要求。使团来到英国，希望得到英国的支持，但英国为了让法国承认其对埃及的控制权，拒绝了马达加斯加的请求。马达加斯加使团后又到美国、德国和意大利活动，但最终都未能如愿。

**（二） 第一次马法战争**

就在马达加斯加使团尚在意大利活动时，法国开始了武装入侵。1883 年 5 月 7 日，法国印度洋海军舰队在总司令皮埃尔指挥下，炮击贝岛附近的马达加斯加哨所，第一次马法战争爆发。5 月 16 日，法国舰队炮轰港口城市马哈赞加，造成大量平民伤亡。6 月 1 日，法国舰队抵达图阿马西纳港，向马达加斯加政府发出最后通牒，要求马达加斯加政府承认法国对其南纬 16 度以北地区的保护，废除禁止向外国人出售土地的法令，向法国赔款 100 万法郎。如果马达加斯加政府在 8 天内不予答复，将武装占领图阿马西纳。

马达加斯加政府和人民没有屈服于法国的武装威胁。女王拉纳瓦洛纳二世号召全体臣民为民族独立和领土完整而战，限令在塔那那利佛的法国人 5 天内离开马达加斯加。1883 年 6 月 10 日，法国军队占领图阿马西纳，马达加斯加守军撤到数英里外的

---

① 联合国教科文组织编《非洲通史》第 7 卷，中国对外翻译出版公司，1991，第 183 页。

法拉法蒂，利用法拉法蒂易守难攻的地形和壕沟，击退侵略军的数次进攻，阻止了法军继续向内陆前进。

1883 年 7 月 13 日，女王拉纳瓦洛纳二世逝世。22 岁的公主拉扎芬德拉赫蒂继位，称拉纳瓦洛纳三世。新女王发誓捍卫马达加斯加的每一寸土地。

在占领图阿马西纳后，法国人以为马达加斯加政府会屈服于武力，同意法国的要求。1883 年 10 月，法国和马达加斯加在图阿马西纳举行和谈，法国提出将马达加斯加岛的西北部地区中立化，马达加斯加政府支付巨额战争赔款。马达加斯加方面表示可以考虑出租两个小岛和赔偿 100 万法郎。双方僵持不下，谈判数月没有结果。到了 1884 年 3 月，法国提出赔款 300 万法郎，马达加斯加拒绝接受。谈判破裂后，法国军队再次点燃战火，扩大殖民侵略战争。

### （三）《塔马塔夫条约》①

1884 年 12 月，法国军队占领北部港口城市安齐拉纳纳②，并继续炮轰沿海其他地区。马达加斯加军民面对殖民侵略，顽强抵抗。1885 年 9 月，马达加斯加军队在法拉法蒂重创法国殖民侵略军。为加强军队作战能力，马达加斯加政府聘任英国陆军上校迪格比·威卢比为马达加斯加军队副司令和首相军事顾问。但首相赖尼莱阿里沃尼此时仍寄希望于与法国谈判解决问题。12 月 15 日，双方再次在图阿马西纳举行和谈。谈判中，法国提高了要价，不仅仅是要马达加斯加割让南纬 16 度以北的地区，而且要使马达加斯加成为法国的保护国。③ 首相军事顾问威卢比作

---

① "塔马塔夫"现译为"图阿马西纳"，但《塔马塔夫条约》是专有名词，仍按旧译。

② 以前译为迭戈—苏亚雷斯。

③ 联合国教科文组织编《非洲通史》第 7 卷，中国对外翻译出版公司，1991，第 184 页。

为马达加斯加方面参加谈判的三个代表之一，极力主张接受法国
的条件，尽快结束战争。法国谈判代表在给国内的报告中称，威
卢比"为我们服务得很好，他不需要任何报酬地向我们提供帮
助"。① 赖尼莱阿里沃尼首相面对实力相差悬殊的强敌，在坚持
本国独立的前提下，最终与法国达成协议。12 月 17 日两国签署
《塔马塔夫条约》，这是一个不平等条约。根据条约，法国国民
有权取得长达 99 年的长期土地租赁权，法国海军获得对安齐拉
纳纳港的占有权；马达加斯加支付 1000 万法郎的战争赔款；法
国在塔那那利佛设一位总监和一支警卫队，法国"在一切外交
关系中代表马达加斯加"；法国承认女王拉纳瓦洛纳三世对马达
加斯加全岛的统治权。②

　　《塔马塔夫条约》签署后，马达加斯加政府要求法国代表就
条约内容做出进一步说明。1886 年 1 月，法国代表致信马达加
斯加政府，信中说：总监的作用仅限于外交关系中的政治方面，
马达加斯加政府可以继续同其他国家进行商务谈判；法国占领的
地区仅限于安齐拉纳纳港及其周围几英里范围内。马达加斯加政
府批准了条约，并把法国代表的信作为条约内容的一部分。但
是，法国政府后来拒绝承认该信件。

　　1886 年 5 月，首相赖尼莱阿里沃尼派威卢比前往伦敦筹集
400 万美元（合 2000 万法郎）的贷款。一半用来支付赔款，另
一半用来购买一艘军舰及武器弹药和军工设备。马达加斯加向英
国贷款遭到法国的强烈反对，法国政府宣布拒绝接受从英国借来
的赔款，否认马达加斯加政府同其他国家有直接经济交往的权
利。最后，马达加斯加政府被迫接受法国贴现银行提供的 1500

---

① 艾周昌、郑家馨主编《非洲通史·近代卷》，华东师范大学出版社，1995，
　第 927 页。
② 联合国教科文组织编《非洲通史》第 7 卷，中国对外翻译出版公司，1991，
　第 184 页。

万法郎贷款，并允许其在首都塔那那利佛开设银行，征收海关关税。《塔马塔夫条约》是马达加斯加丧失国家主权的开始，从此，马达加斯加一步步沦为法国的殖民地。

**（四）第二次马法战争**

《塔马塔夫条约》签署后，马达加斯加度过了相对稳定的10年。1894年10月，法国政府要求马达加斯加政府签订新的条约，内容包括：法国控制马达加斯加内政和外交一切事务；马达加斯加政府未经法国同意不得与任何国家建立关系；给外国人的所有租让协定都必须经法国总监的同意；法国有从事一切公共工程和征税、驻军的权利。法国的目的是要把马达加斯加完全变成其殖民地。首相赖尼莱阿里沃尼断然拒绝了法国的要求。

法国国民议会在1894年11月通过了向马达加斯加派远征军的决议。远征军包括13个步兵营、1个骑兵中队、2个炮兵连和4个工兵连，共计陆军军官658名、士兵14773名，此外还有1个海军混合舰队。① 12月12日，法国远征军炮轰图阿马西纳，第二次马法战争开始。法军很快占领图阿马西纳。1895年1月14日，法军占领马哈赞加。法军从东西两面向岛的内地进军。9月30日，法国远征军兵临塔那那利佛城下，用重炮轰开城门，攻陷首都，女王拉纳瓦洛纳三世被迫下令向法军投降。面对武器装备精良的法国殖民军队的入侵，马达加斯加军民虽然进行了英勇的抵抗，但最终未能摆脱沦为法国殖民地的命运。

**（五）马达加斯加沦为法国殖民地**

1895年10月1日，马达加斯加和法国签订停战条约，女王继续保有王位，但马达加斯加接受法国保护，内外事务均由法国掌控。首相赖尼莱阿里沃尼被罢职，先是被监禁，后被流放阿尔

---

① 艾周昌、郑家馨主编《非洲通史·近代卷》，华东师范大学出版社，1995，第928页。

及尔，最终客死他乡。1896年8月6日，法国国民议会正式宣布马达加斯加成为法国海外殖民地。

马达加斯加沦为法国殖民地是19世纪末马达加斯加面临的国内外形势的必然结果。

首先，马达加斯加沦为法国殖民地是殖民列强瓜分殖民地、划分势力范围的结果。19世纪80年代中期的柏林会议以后，西方列强掀起瓜分非洲的狂潮。面对西方列强殖民侵略的威胁，执掌马达加斯加实权的首相赖尼莱阿里沃尼试图在欧美列强间寻找平衡，希望各列强间相互牵制，保证马达加斯加的生存安全。但是，残酷的现实是，列强间用殖民地进行了肮脏的交易。1890年8月5日和11月18日，法国先后与英国和德国签订条约和协定，划分三国在非洲的势力范围，英国和德国承认法国对马达加斯加的保护。美国则采取不干涉政策。孤立无援的马达加斯加难以抵抗法国的殖民侵略。

其次，马达加斯加与法国实力相差悬殊。19世纪末的法国是资本主义世界的强国，拥有当时世界上最先进的陆海军。马达加斯加经过从拉达马一世到赖尼莱阿里沃尼的改革，虽然开始了国家的近代化进程，但社会经济发展水平仍然很低，军队缺乏正规训练，士兵大多是临时招募，武器装备落后，枪支弹药很少，士兵使用大刀、长矛和剑来对抗侵略军的枪炮。

再次，统治阶级内部激烈的争权夺利严重削弱了国家凝聚力。历经三任国王的首相赖尼莱阿里沃尼晚年任人唯亲，尤其是他手握兵权不放，对那些具有军事才能的人，或弃而不用，或束缚手脚，严重挫伤了浴血奋战的将士的爱国热情。1895年5月，在首都塔那那利佛出现了反政府的标语，甚至号召处死女王、首相及其家庭成员。为筹集第一次马法战争的赔款，政府增加苛捐杂税，百姓负担沉重，民不聊生。政府已经失去了组织和发动人民抗击外敌入侵的号召力。

### 三　法国的殖民统治

**法**国把马达加斯加列为被"同化"的殖民地，实施严格的直接统治。在残酷镇压了马达加斯加人最初的起义和暴动后，殖民政府在马达加斯加建立起完整的殖民统治体系。

#### （一）建立和完善殖民地行政和法律体系

1897年2月28日，殖民当局下令取消马达加斯加王朝和首相职位，将女王放逐到留尼旺岛，任命加列尼为法国驻马达加斯加总督。取消马达加斯加王朝意味着马达加斯加君主制度的废除。4月17日，殖民当局废除了贵族特权，将全国分成省、区、县三级，各省总督及官员由当地大酋长担任。为寻求殖民统治的社会支柱，殖民政府从地方封建势力和部落首领中物色法国的支持者。1881年颁布的《三零五条法典》经修改后在各地实施，但此法典不适用于欧洲人，欧洲人只适用法国法律。

#### （二）建立依附于法国的殖民地经济体系

殖民政府在马达加斯加岛上发行法国货币、采用法国的关税率，大力发展热带经济作物的种植，把大片的良田出租给法国移民。1895年第二次马法战争结束后，一些法国士兵和留尼旺岛上的法国人移民至马达加斯加，获得数十乃至上千公顷的土地。到1908年，欧洲移民共获得土地406333公顷。殖民政府发展原有的手工业，开办邮政业务。为加强首都与沿海地区的联系，殖民政府修建了塔那那利佛至图阿马西纳的公路，连接两地的铁路也开始修筑。

#### （三）传播法国文化，推行法国人生活方式

为使马达加斯加法国化，殖民政府在宗教上压制和排挤新教，发展天主教，迫使英国传教士离开马达加斯加；重视教育事业的发展，创办以职业教育为主的学校，如农业学校、医科学校

等，所有学校以法语为教学语言，以传授法国文化为主，培养法国化的知识分子，培养使马达加斯加殖民地化事业的"宝贵的助手"[1]；殖民政府鼓励殖民官吏学习马达加斯加语，研究马达加斯加人的语言、文化和社会制度，为推进殖民地改造进程创造条件。

四　第二次世界大战后马达加斯加人民争取独立的斗争

**法**国国民议会在 1896 年正式宣布马达加斯加成为法国海外殖民地后，马达加斯加人不甘沦为法国的殖民地，全岛各地掀起了反殖民主义侵略的武装斗争。起义军处死了投靠殖民主义者的地方官员和外国传教士，恢复传统宗教信仰，拥戴马达加斯加原政府。法国殖民主义者的武装镇压失败后，采取焚毁村庄、毁坏稻田等手段，妄图使起义者在弹尽粮绝后投降，但结果是失去房屋和土地的农民纷纷加入起义队伍，起义力量进一步壮大。起义队伍曾一度控制了岛中部的大部分地区，塔那那利佛成了一座孤城。

面对不断壮大的起义队伍，法国派富有殖民统治经验的加列尼到马达加斯加镇压起义。加列尼意识到马达加斯加王国政府和女王的存在是马达加斯加人前赴后继反抗殖民者的强大动力。因而，加列尼在进行更为残酷的镇压的同时，下令取消马达加斯加王朝，此举严重打击了效忠于女王的起义队伍的斗争信念，加之各地起义队伍之间缺乏统一协调，多数起义队伍相继被殖民当局镇压，有些向殖民当局投降。

20 世纪初，马达加斯加各地再度爆发武装起义。尽管这些起义都被法国殖民者镇压了，但它显示了马达加斯加人民不屈不

---

① 赖·腊伯马南扎腊：《马尔加什民族史》，三联书店，1972，第 145 页。

挠的争取民族独立的斗争精神。1912 年，马达加斯加岛内诞生了由知识青年组成的第一个民族主义组织——维瓦萨(V. V. S)①，该组织认识到要摆脱殖民压迫，首先需要民族团结。殖民当局对维瓦萨组织采取了严厉的镇压措施，1915 年 12 月，先后有 500 余名青年被捕，有的以"鼓动叛乱"的罪名被判处有期徒刑乃至终身劳役，有的被囚禁在集中营，16 岁以下的被关在"教养院"接受 1 ~ 5 年的"教养"。维瓦萨虽然被殖民当局镇压了，但马达加斯加青年在斗争中逐渐成熟，其影响日益扩大，维瓦萨为马达加斯加培养了一批著名的政治活动家，如拉来芒哥、拉沃昂纪、拉乃沃等。

第一次世界大战后，马达加斯加岛上的民族解放运动再次兴起。1925 年爆发了劳动人民争取经济和政治权利的第一次大罢工；1926 年，发生农民反对没收土地和强迫劳动的斗争；1929 年，3000 多人在首都塔那那利佛游行示威，第一次公开提出民族独立的要求："自由、独立、马达加斯加归马达加斯加人所有"。②

第二次世界大战后，世界掀起了民族解放运动的高潮，民族主义思想广为传播。在民族主义思潮的影响下，马达加斯加人民的民族解放和独立运动蓬勃发展，反殖民主义斗争进入一个新阶段。马达加斯加民族主义思潮的产生有三个社会基础：少数知识分子、部分退伍军人和贫苦农民。二次大战后，反殖民主义和民族民主思潮首先在知识分子中产生，并传播到全社会。他们启蒙了马达加斯加的民族复兴运动，一部分与下层群众比较接近的知识分子走向了激进化。

---

① V. V. 是马尔加什文"石"（Vy）和铁（Vato）的缩写，表示该组织的坚贞与稳定；S 为树枝（Sakelika）的缩写，意为组织分为若干支部。见杨人楩：《非洲通史简编·从远古至 1918 年》，人民出版社，1984，第 605 页。
② 中国非洲史研究会：《非洲通史》，北京师范大学出版社，1984，第 447 页。

两次世界大战，马达加斯加都深深卷入其中。第一次世界大战期间，殖民当局征调 41355 名马达加斯加人服兵役，其中80% 以上的马达加斯加士兵被派往欧洲战场。第二次世界大战期间约有 1.5 万马达加斯加人在法国军队中服役。他们在法国和北非等地参加了反法西斯战争。战后，这些回到马达加斯加的退伍军人看到自己的祖国和人民仍然受着殖民主义的压迫和奴役，巨大的心理落差使他们的思想更容易倾向激进，许多人成为日后武装起义的骨干力量。

马达加斯加岛的东部沿海和中部高地是马达加斯加农业最发达的地区，这里土地肥沃，生产了国内几乎全部的出口作物。这里的农民深受殖民主义掠夺土地和强征劳工之苦。法国殖民者在这里占有几千个农场和上百万公顷的租让地，而许多马达加斯加农民却没有足够的土地耕种，再加上殖民政府的横征暴敛，使贫苦农民成为武装反抗法国殖民统治的主力军。

1946 年 2 月，马达加斯加成立了群众性政党——马尔加什革新民主运动（Mouvement Democratique de la Renovation Malgache，MDRM），其纲领要求废除殖民制度，恢复马达加斯加的独立，给予人民广泛的政治权利，以及实行民主改革。参加马尔加什革新民主运动的有工人、农民、民族资产阶级、知识分子、神甫以及具有民主思想的部分法国居民等。短短几个月，该运动就拥有了 10 万基本成员和 50 万以上的积极同情者。

马尔加什革新民主运动内部明显分为温和派和激进派。主席拉塞塔、副主席拉奥汉吉和总书记腊伯马南扎腊属于温和派，主张以和平手段争取马达加斯加内部事务的完全自治直至在法兰西联邦内部独立。在他们的领导下，该组织参加了法国在马达加斯加举行的地方和领地议会选举并取得巨大胜利，在全岛五大省的选举中获得两省的全部议席，两省的大部分议席和一省的少数议席；在全岛的代表议会中获 9 席，居第二位。3 位领导人当选为马达加斯加派往法国国民议会的代表，在法国制宪议会中开展了争取民族独立的斗争。1946 年 3 月 21 日，马达加斯加代表团向法国制宪议会提交确定马达加斯加和法国关系的草案，要求：1. 废除 1896 年 8 月 6 日法令；2. 马达加斯加是法兰西联邦内的自由国家，有自己的政府、议会、军队和财政。马达加斯加各阶层人民以递交请愿书的方式支持该草案，但被法国拒绝。此后，马达加斯加代表团又提出双方谈判，以成立加入法兰西联邦的自由的马达加斯加国家为目的，进行马达加斯加制宪议会的选举，让马达加斯加人民决定自己国家的命运。1946 年 4 月 13 日，马达加斯加代表团第三次提出建议，举行全民投票，让马达加斯加人民自由表达有关建立加入法兰西联邦的自由的马达加斯加国家的态度。法国再度拒绝了马达加斯加代表团的建议。1946 年 7 月 23 日，马达加斯加代表团公布了表明马达加斯加对法兰西联邦的原则立场的文件，提出法兰西联邦不同于法兰西帝国，法兰西联邦的结构摆脱了帝国的一切属性，"联邦是统一的整体，一方面有法兰西共和国，另一方面由在协定或条约的基础上加入联邦的诸国组成"，马达加斯加就是法兰西联邦内的独立国家。8 月 9 日，马达加斯加代表团向法国制宪议会提出旨在组织马达加斯加全民投票的决议草案。全民投票的要点是：1. 马达加斯加是愿意成为用条约同法国联系起来的自由国家？2. 还是愿意成为享有行政自治权的属地？3. 还是愿意成为法兰西共和国的一个行省？[①] 如果马达加斯加居民的大多数对第一个问题持肯定的回答，就应组建马达加斯加政府、选举产生国民制宪议会和签订马法条约，确定双方的外交、军事、财政、经济和文化关系的性质。最终，法国制宪议会同意举行马达加斯加全民投票，马达加斯加人民争取民族独立的斗争取得了阶段性的重要成果。

---

① 赖·腊伯马南扎腊：《马尔加什民族史》，三联书店，1972，第 234 页。

第二次世界大战后，马达加斯加岛内出现一批民族主义激进派。他们痛恨外国殖民统治，强烈要求立即或尽早实现民族独立，并坚信只有采取包括暴力在内的一切斗争方法才能达到目的。激进派包括马尔加什革新民主运动政治局中的少数成员以及革新民主运动的两个附属组织——马尔加什国民党和民族主义青年组织。当温和派领导人在巴黎争取马达加斯加在法兰西联邦内独立的时候，激进派已经"不耐烦利用缓慢的法律程序逐步获得主权"，称"现在是采取行动的时候了"。[1]

温和派担心激进派采取极端行动，呼吁全体成员"在一切旨在从马达加斯加居民中引起混乱和旨在破坏马尔加什革新民主运动的和平政策的阴谋诡计和挑衅面前保持沉着和绝对冷静"。[2]但是，1947年3月29日夜，马达加斯加爆发了大规模的反法武装起义，起义的多数军事指挥员都是激进的民族主义青年组织的成员。[3]起义发展很快，全国3/5地区和70%的居民卷入了斗争。起义人民在武器极端缺乏的情况下，毅然拿起标枪、长矛进行战斗，法国政府出动大批军队，动用飞机、坦克和摩托化部队进行镇压。起义队伍坚持1年多，最终因实力悬殊、各地起义缺乏统一领导而失败。9万多人被杀害，2万多人被监禁，马尔加什革新民主运动被解散，其领导人被判死刑，后由于法国国内和国际舆论的强烈抗议，法国当局不得不将死刑改判为苦役。

20世纪50年代，马达加斯加岛上的民族解放运动再次高涨起来。1950年5月，马达加斯加团结委员会宣告成立，它要求殖民当局停止迫害爱国人士，并对参加1947~1948年起义而被

---

① 吴秉真、高晋元主编《非洲民族独立简史》，世界知识出版社，1993，第267~268页。
② 赖·腊伯马南扎腊：《马尔加什民族史》，三联书店，1972，第243页
③ 吴秉真、高晋元主编《非洲民族独立简史》，世界知识出版社，1993，第268页。

判刑的人全部实行大赦。1955 年，马尔加什人民联盟、马尔加什民族阵线、马尔加什人民大会和保卫马尔加什权力联盟纷纷成立，这些组织一致要求举行大选和建立国民会议。

在这个时期，工人运动继续发展。1949 年 11 月，马达加斯加各工会代表 180 人在塔那那利佛附近召开代表大会，恢复了他们因 1947 年遭殖民当局镇压而一度失去的联系。自 1950 年起，在塔那那利佛、安齐拉纳纳等地发生了多次罢工。据统计，1952 年发生了 15 次罢工，1953 年发生了 21 次罢工。[①] 1956 年，各地大多数工会组成马达加斯加工会联合会，标志着马达加斯加工人队伍的进一步联合，有力地推动了该岛民族独立运动的迅速发展。

20 世纪 50 年代，非洲大陆掀起民族解放运动的高潮。1956 年 6 月，法国慑于法属非洲殖民地民族解放运动的高涨，制订了《海外领地根本法》，宣布给予法属非洲殖民地以法兰西联邦内的半自治共和国地位。马达加斯加由此获得了半自治共和国地位。1957 年生效的《海外领地根本法》扩大了领地议会的权力。1957 年 3 月，马达加斯加举行省议会选举，以马达加斯加民主社会联盟、马达加斯加和科摩罗社会民主党为主的法兰西—马尔加什联盟获胜。联盟领袖菲利贝尔·齐腊纳纳（Philibert Tsiranana）被当局批准为国务会议副主席。

在获得半自治共和国地位后，马达加斯加人民没有停止争取完全独立的斗争。1957 年 11 月，私营企业的工人和雇员 15000 余人举行了 20 年来最大规模的罢工，要求改善待遇，实现独立。罢工得到农民、小商人和小店主的支持，有力地推动了马达加斯加民族独立运动的发展。1958 年 5 月，在图阿马西纳举行了马

---

① 陆庭恩、彭坤元主编《非洲通史·现代卷》，华东师范大学出版社，1995，第 281 页。

达加斯加各民族主义组织的团结大会，全岛 12 个政党和组织中有 10 个派代表出席了大会。大会要求废除法国合并马达加斯加的法令，承认马达加斯加独立，选举制宪议会，起草宪法。大会号召全体马达加斯加人民共同努力争取独立，并组成新的统一政党——马达加斯加独立大会党。

当时，在马达加斯加内部有主张立即独立和反对立即独立的两派。齐腊纳纳 1956 年创建的社会民主党拥护戴高乐宪法，反对立即独立，赞成留在法兰西共同体内，独立后与法国保持紧密关系。独立大会党主张立即独立，收回被法国公司占有的土地，将欧洲人的企业收归国有，实行同工同酬。1958 年 9 月，为挽救濒临瓦解的殖民体系，法国政府决定在法属西非和法属赤道非洲的 12 个国家以及马达加斯加就法国总统提出的《第五共和国宪法》举行公民投票。马达加斯加的投票结果是多数赞成加入法兰西共同体，马达加斯加成为法兰西共同体内的自治共和国。1958 年 10 月，马达加斯加省议会代表大会在塔那那利佛举行，大会宣布马达加斯加为法兰西共同体内的自治共和国，国名为马尔加什共和国。国务会议改组为以齐腊纳纳为首的内阁，马尔加什共和国政府接管了整个行政机构、警察和宪兵，但外交、国防、财政、经济、司法、高等教育和交通运输等仍由法国控制。1959 年 5 月，国民议会选举齐腊纳纳为总统。

1959 年 7 月，马达加斯加独立大会党举行第一次代表大会，要求马尔加什共和国退出法兰西共同体，实现完全独立。同年 12 月，齐腊纳纳要求法国政府就马尔加什共和国独立的条件进行谈判。1960 年 4 月 2 日，双方经过谈判在巴黎签订《关于马尔加什在共同体内获得国际主权》的协定，法国承认马尔加什共和国在法兰西共同体内独立，同时双方还签订了 5 项协定：《法国—马尔加什合作协定》、《马尔加什共和国参与共同体协定》、《国民基本权利的多边协定》、《调解和仲裁法庭的多边协

定》、《给予圣玛丽岛土著双重国籍的协定》。根据这些协定，法
国在马达加斯加享有经济和军事特权。1960 年 6 月 26 日，马尔
加什共和国宣告独立。

# 第四节　当代简史

## 一　第一共和国时期①

马达加斯加（时称马尔加什共和国）独立后，齐腊纳
纳继续出任总统。1960 年 9 月 5 日，举行独立后首
次国民议会选举，齐腊纳纳为主席的社会民主党获得 107 个议席
中的 81 席，成为国民议会第一大党。1960 年 10 月 10 日，以社
会民主党为主的政府成立，齐腊纳纳兼任总理和国防部长。齐腊
纳纳和社会民主党控制了国家的立法和行政大权，直到 20 世纪
70 年代初。

独立伊始，齐腊纳纳提出实行"独特的马尔加什社会主义"
政策，称其是一种受伟大的社会主义思想启迪的社会主义，它首
先是切实可行的和人道的社会主义，它将不囿于那些常被事实抛
在后面的伟大理论而生存和兴旺下去。齐腊纳纳宣称的"独特
的马尔加什社会主义"主要有三个组成部分：村社（福科诺洛
纳）传统，它倡导的村社成员互助思想是马尔加什社会主义的
根基；人道的社会主义，力求平等地和博爱地保证所有人能享有
优厚的人道主义生活条件；自由的社会主义，即实行自由主义的
经济政策和灵活的国有化，只在私营企业不发达的地方才实行国

---

① 从 1960 年 6 月 26 日马尔加什共和国独立，到 1975 年改国名为马达加斯加
民主共和国，历史上称第一共和国时期。

46

有化，马尔加什社会主义并不妨碍私人企业的发展。①

　　齐腊纳纳倡导的独特的马尔加什社会主义更多的是体现在宣传上，实际上执行的是依赖西方资本主义国家，发展资本主义的方针，尤其是《马尔加什—法国合作协定》使马达加斯加的经济命脉控制在法国资本手中。

　　在第一共和国时期，政府制定的经济发展计划中，偏重工业发展，提高了制造业在 GDP 中的比例；而农业领域的投入严重不足，农业发展缓慢。工农业发展的不平衡导致城乡居民收入差距扩大，1966 年城市人均收入 160 美元，农民人均收入仅 80 美元。②农民对政府经济政策的不满成为影响社会稳定的重要因素。

　　尽管社会民主党掌握了国家大权，但其内部的权力斗争逐渐显现。一是在如何处理与法国的关系上出现分歧，齐腊纳纳及其支持者坚持认为法国资本在马达加斯加的存在可以保证其经济的发展，而法国军事力量的驻留可以使马达加斯加不必建立一支强大的军队，减少军队夺权的机会③；反对者则认为法国资本和法国军事力量的存在损害了马达加斯加的民族资本和国家利益。二是在齐腊纳纳的继任者问题上出现权力斗争。1966 年齐腊纳纳身患中风，此后身体每况愈下，继任者问题被提上日程，最有可能的继任者是社会民主党总书记、内政部长安德烈·雷桑帕（André Resampa）。1970 年 10 月，齐腊纳纳任命 4 位副总统，每人负责政府的一个领域工作，雷桑帕作为总统的继任者被任命为第一副总统。但是仅仅 4 个月后，齐腊纳纳突然将雷桑帕从第一副总统降为第二副总统，原因是有传闻说雷桑帕密谋反对齐腊纳

① http：//myy. cass. cn/file/2006012023872. html.
② Harold D. Nelson：*Area Handbook for the Malagasy Republic*, U. S. Government Printing Office, 1973, p. 199.
③ Harold D. Nelson：*Area Handbook for the Malagasy Republic*, U. S. Government Printing Office, 1973, p. 153.

纳总统，而且要修正齐腊纳纳的经济和外交政策，对社会民主党内因循守旧的既得利益集团和法国人的利益构成威胁。1971 年 6月，雷桑帕及其 13 名支持者被捕，罪名是企图推翻政府。三是在社会民主党和政府内部的"海岸族人"和"高原族人"的矛盾逐渐公开化。在马达加斯加，人们习惯上以高原族和海岸族划分马达加斯加人，居住在塔那那利佛和菲亚纳兰楚阿地区的麦利那人统称为高原族，其他生活在沿海的部族统称为海岸族。社会民主党是一个以海岸族人为主的政党，1970 年齐腊纳纳改组政府，任命的 4 位副总统都是海岸族人，除去两个相对不重要的部长由麦利那人担任外，其余都是海岸族人，结果是担任中高级公务员的麦利那人对执政党上层产生不满。

齐腊纳纳奉行的经济政策同样引起广大群众的不满，农民的不满尤为强烈。马达加斯加是传统的养牛大国，牛头税是一项重要税收。20 世纪 60 年代末，马达加斯加遭遇旱灾，1969 年又暴发牛炭疽病，农民大量宰杀牛后失去了收入来源，而政府的牛头税仍按以前的牛头数征收，这成了农民暴动的导火索。1971 年 4月，图利亚拉省发生农民暴动，而后蔓延至西南数省。西南地区是马达加斯加最穷的地区，经常遭遇旱灾。农民暴动的许多领导人是莫尼玛党人。政府对农民暴动予以坚决镇压，官方称有 45人在镇压中死亡（非官方的消息称死亡人数超过 1000 人），1500 人被捕，523 人遭流放，莫尼玛党被解散。①

农民暴动被镇压只是暂时平息了民众的反抗，大中学校学生的抗议活动再次掀起反政府运动的高潮。马达加斯加的教育水平在非洲位居前列，年轻人希望通过接受教育而得到社会精英的地位。20 世纪 60 年代后期经济不景气，大学生和高中生毕业后很

---

① Maureen Covell: Madagascar: *Politics*, *Economics and Society*, Frances Pinter (Publishers), London, 1987, p. 45.

难找到工作。学生为发泄对政府的不满，将斗争矛头直指政府的教育体制，认为政府的教育体制是为法国的需要设计的。1972年1月，就读于贝费拉塔纳医院（Befelatana）附属医学校的学生，不满其学位低于马达加斯加大学医学院学生的学位，举行罢课。很快，罢课蔓延至其他学校，学生的不满从单纯的教育问题扩展至国家的政治经济改革问题，要求彻底清除法国人的影响，废除与法国签署的协议。示威者喊出了"马达加斯加化"的口号。到了4月，抗议规模越来越大，抗议人群已不仅仅局限于学生。示威者表示反对即将于5月举行的齐腊纳纳总统第三个任期的就职典礼，赞成军队接管政权。5月1日，齐腊纳纳宣誓就任总统，开始其第三个总统任期。抗议仍在继续，规模继续扩大，一些失业青年和工人加入到抗议队伍中。示威组织者呼吁5月13日举行总罢工。5月12日夜，国家安全部队逮捕了示威的领导者和一些反对派领导人。5月13日清晨，大量群众聚集在首都塔那那利佛的市政厅前，要求释放被捕者。共和国安全部队向示威群众开枪致数人死亡。5月14日，大约10万示威者向总统府进发，但被安全部队和宪兵部队阻止，示威者返回市政厅，将其焚烧。5月15日，示威者再度在市政厅废墟前聚集，宗教、工会、反对党等各界都有代表参加。5月16日，在示威群众的强大压力下，政府释放了被捕者，齐腊纳纳解散内阁，设立内阁总理职位，任命武装部队总参谋长拉马南佐阿（Gabriel Ramanantsa）将军为总理。拉马南佐阿总理组成一个10人内阁，包括5名军人和5名文官，文官全是专业技术人员。但越聚越多的示威者继续要求齐腊纳纳辞去总统职务。齐腊纳纳向法国驻马达加斯加的军队求助，但法国大使馆在5月17日明确答复，法国军队只用于保卫法国公民的生命和财产安全。同一天，宪兵司令通知齐腊纳纳，称军队不再保卫其政权。5月18日，拉马南佐阿将军宣布，齐腊纳纳将全部权力交给了他。随后，群众抗议

行动逐渐平息。此次大规模群众抗议行动在马达加斯加历史上被称为"五月革命",被认为是马达加斯加民族主义的胜利,是马达加斯加民族的"第二次独立"。

1972年6月17日,新政府宣布将在紧急状态下行使行政和立法权。拉马南佐阿将军提出通过全民公决授予其领导国家的全部权力。10月8日,举行全民公决投票,以96.43%的赞成票通过了《公民投票法》,批准取消共和国总统职位,取消议会,委任拉马南佐阿将军执政5年,修改宪法。10月11日,齐腊纳纳宣布辞去总统职务。①

但是,拉马南佐阿政府没有给马达加斯加带来稳定。新旧政治势力都想在新的国家政治体制中占据优势地位,导致国家的政治局势持续紧张。社会民主党的势力尽管受到沉重打击,但其整个组织的结构仍在。当初被齐腊纳纳投入监狱的雷桑帕被新政府释放后,与齐腊纳纳捐弃前嫌,试图联手恢复社会民主党掌控的政权。齐腊纳纳时期的反对派,如独立大会党、莫尼玛党,认为自己对推翻齐腊纳纳政权起到了至关重要的作用,拉马南佐阿政府应对其利益给予更多的考虑。激进的反对派在未能如愿地掌控政权后,重新组织为卑贱者争取政权党,主张实行马克思主义理论,认为当前的革命不彻底,要与支持资本主义的政党作斗争,没收一切外国资本,有些人甚至展开了秘密行动。同时,拉马南佐阿政府没有彻底实行经济的"马达加斯加化"引起民众的不满。各派政治势力都利用民众对政府的不满,组织抗议示威行动,爆发数次骚乱,社会严重动荡。

面对严重动荡的政治局势,拉马南佐阿逐渐丧失了统治权威,不得不在1975年2月5日宣布辞职,由内政部长、宪兵司令里夏尔·拉齐曼德拉瓦(Richard Ratsimandrava)上校任国家

---

① 1972年10月29日《人民日报》。

元首兼政府首脑。但仅过数日，拉齐曼德拉瓦就于 2 月 11 日遇刺身亡。2 月 12 日，成立了以国务部长安德里亚马哈佐准将为首的军事指导委员会（Directoire Militaire），委员会由 18 人组成，行使政府职权。6 月 15 日，在选举外交部长迪迪埃·拉齐拉卡（Didier Ratsiraka）海军上校为委员会主席兼国家元首后，解散了军事指导委员会，并宣布马达加斯加民主共和国诞生，成立最高革命委员会。① 12 月 21 日，举行全国公民投票，通过了《马达加斯加社会主义革命宪章》和新宪法，选举拉齐拉卡为总统。

二　第二共和国时期②

拉　马南佐阿政府时期，拉齐拉卡出任外交部长。在任外交部长期间，拉齐拉卡成功修改了《法—马合作协定》，废除了法国在马达加斯加的经济和军事特权，与中国、苏联等社会主义国家和广大非洲国家建立了外交关系，断绝了与南非和以色列的外交关系，马达加斯加在国际事务，特别是在非洲事务中的地位明显加强。拉齐拉卡的外交成就赢得马达加斯加政界和民众的拥护与支持。在政府几度更迭之后，拉齐拉卡在全国公民投票中以压倒性优势当选总统。1975 年 12 月 30 日，新宪法颁布实行，开启了马达加斯加民主共和国时期。

1975 年 6 月，拉齐拉卡在出任最高革命委员会主席后发表的第一个政策性演说中指出："社会主义道路是马达加斯加迅速发展的唯一道路。"8 月 26 日，拉齐拉卡向全国颁布了由其主持制定的《马达加斯加社会主义革命宪章》。《马达加斯加社会主义革命宪章》（以下简称《革命宪章》）概括了拉齐拉卡的社会

---

① Maureen Covell: *Historical Dictionary of Madagascar*, Scarecrow Press, USA, 1995, p. 70, 80, 204.

② 1975~1993 年的马达加斯加民主共和国时期为第二共和国时期。

主义原则和基本理论，它不仅是马达加斯加进行社会主义革命的纲领性文件，而且是马达加斯加制定内外政策的依据和指南。

拉齐拉卡强调要在马达加斯加的传统社会基层组织——村社（福科诺洛纳）的基础上建立马达加斯加式的社会主义，故拉齐拉卡的社会主义又称福科诺洛纳社会主义。实际上，在齐腊纳纳当政期间，就提出在福科诺洛纳的基础上建设独特的马尔加什社会主义，拉马南佐阿将军执政后也提出实行社会主义，但他们很少有实际行动。拉齐拉卡则在其社会主义理论的指导下，进行了广泛的社会主义实践行动，丰富并发展了福科诺洛纳社会主义的理论与实践。

**（一）福科诺洛纳社会主义理论的主要内容**

第一，社会主义革命是实现马达加斯加真正独立的唯一选择。《革命宪章》明确指出，在马达加斯加进行社会主义革命是为了实现"真正的独立"，建设一个"独立、平衡、协调地发展经济、政治、社会和文化，发展一个消灭人剥削人、消除一切形式的不公正、压迫和统治的更为公正的社会"。为"使每一个人都得到全面发展"，"必须进行激烈的、革命的改造，摧毁一切旧体制，并通过全面进行社会主义革命来建立一个民主的经济新秩序"。① 社会主义革命对马达加斯加人民而言是"使经济、社会、文化得到独立，富有人情味，和谐和迅速发展的唯一选择"。②

第二，"福科诺洛纳"是马达加斯加建设社会主义的基础。拉齐拉卡强调，传统村社组织福科诺洛纳不仅体现了民主与集中的精神，而且显示了集体主义的互助、互爱和彼此尊重等社会主义的积极因素。他认为，福科诺洛纳作为一个拥有权力的基层组

---

① 中共中央对外联络部四局：《马达加斯加革命先锋文件选编》，第1页。
② 中共中央对外联络部四局：《马达加斯加革命先锋文件选编》，第7页。

织，体现了人民权力的因素，如果把成千上万个福科诺洛纳汇聚在一起，就形成了一股支持革命的强大的群众力量。[①] 因此，福科诺洛纳社会主义是地地道道的马达加斯加式的社会主义。

第三，民主、自由、平等是福科诺洛纳社会主义的基本目标。《马达加斯加革命先锋[②]章程》指出，马达加斯加选择的社会主义民主是"最高形式的民主"，是"唯一真正的民主"，它追求的目标是消灭人剥削人的现象，消除不公正和不公平等现象，这就要使国家机构和社会政治制度民主化，在各级政权机构中实行民主集中制，让每一个公民都自觉地担当起社会给予他的责任，让人民群众真正参加领导国家事务。关于自由，《革命宪章》认为，首先要有自由才谈得上有政权，只有当人民真正自由和独立的时候，才有可能成为自己命运的主宰（由人民来掌握发展）。[③]《革命宪章》特别强调，"宗教信仰和思想的自由应得到保障和尊重"，"宗教非但不与我们的社会主义选择相悖，而且在群众的心目中象征着平等、正义，因而同社会主义的精神是一致的"。[④] 关于平等，拉齐拉卡指出："如果没有平等的权利，没有平等的机会和发展，就不可能有真正的民族团结。"马达加斯加社会主义革命遵循的指导方针是"财富和收入的公平分配"，"没有这个平等，社会主义就失去了其意义和存在的理由"。[⑤]

第四，国有化是福科诺洛纳社会主义的经济基础。《革命宪章》认为，长达百年的殖民统治将马达加斯加人民束缚在全面

---

① 拉齐拉卡在 1981 年 10 月 8 日记者招待会上的讲话。

② "马达加斯加革命先锋"是拉齐拉卡组建的执政党。

③ 中共中央对外联络部四局：《马达加斯加革命先锋文件选编》，第 21 页。

④ 中共中央对外联络部四局：《马达加斯加革命先锋文件选编》，第 22 页。

⑤ 唐大盾等：《非洲社会主义：历史·理论·实践》，世界知识出版社，1988，第 298 页。

的不发达状态，独立后的马达加斯加因为与法国保持着特殊关系，没有能力打碎旧的机构和推动变革。因此，"革命应当控制国民经济的每一个部门，砸碎统治、依附和投降的羁绊，摆脱外国资本（跨国公司）的控制"①，主要的生产资料要"由革命的国家和它所保护的劳动人民来掌握"②。

第五，马达加斯加社会主义革命尚处在民族民主革命的阶段。《革命宪章》指出，马达加斯加选择社会主义道路，它要求人民提高建立社会主义的自觉性。但是，占全国人口80％的农民作为革命力量和未来的革命支柱，现在还没有觉醒，更谈不上行动起来；工人阶级虽然思想进步，但人数不多，处于分裂状态；青年、妇女和中间阶层（进步的知识分子、军人和小资产阶级民族主义者等）正在进行组织。因此，目前的任务是进行全国人民总动员，要求全体人民都了解国家的发展。③《革命宪章》认为，马达加斯加存在各种社会矛盾，包括城乡矛盾、国家统一与部族主义的矛盾以及各地区之间不平衡的矛盾、劳动者阶级和少数买办资产阶级之间的矛盾、体力劳动者和知识分子的矛盾，但主要矛盾是"帝国主义、新殖民主义对马达加斯加社会经济结构的控制，这是解决其他各种矛盾的关键"。④《革命宪章》强调，为给社会主义社会的建设打下一个良好而坚实的基础，应当首先确保民族民主革命的胜利。

第六，马达加斯加的社会主义革命应在条件成熟时建立单一政党制度。《马达加斯加革命先锋章程》指出：多党制并不是民主与自由的标志，多党制的经验在马达加斯加已经不再适用。西方的多元民主不是真正的民主，它只会败坏民主。对于像马达加

---

① 中共中央对外联络部四局：《马达加斯加革命先锋文件选编》，第24页。
② 中共中央对外联络部四局：《马达加斯加革命先锋文件选编》，第8页。
③ 中共中央对外联络部四局：《马达加斯加革命先锋文件选编》，第70页。
④ 中共中央对外联络部四局：《马达加斯加革命先锋文件选编》，第70页。

斯加民主共和国这样一个走上社会主义道路的国家来说，多党制只会造成更多的客观困难，使人民容易受骗，使蛊惑性宣传更易得逞，使社会不负责任的态度日趋严重，使人为的不满情绪日益增长。但是，建立单一政党制度需要主客观条件的成熟，此时的马达加斯加尚处于民族民主革命阶段，建立单一政党制度的时机尚不成熟。

第七，全方位的外交政策是马达加斯加社会主义的外交选择。《革命宪章》指出，马达加斯加社会主义革命所确定的首要任务就是巩固政治独立，但独立的马达加斯加不可能孤立地生存于越来越面临威胁的印度洋中而与世隔绝，也不能闭关自守同外界不相往来。因此，马达加斯加选择了全向和全面的开放政策，目标是实现国际关系多样化。马达加斯加支持为摆脱新老殖民主义的桎梏，摆脱帝国主义和种族主义的统治和奴役的一切被压迫人民的正义事业和正义斗争。马达加斯加与绝大多数爱好和平、正义、自由和主张全面、协调发展的人民的观点一致，要求建立一个没有人剥削人的经济、贸易新秩序。马达加斯加向社会主义国家实行开放政策，既可以扩大马达加斯加产品的市场和供应来源，又可以减轻马达加斯加在经济、财政、贸易、社会和文化等方面受到的外来压力。[①]

### （二）福科诺洛纳社会主义的实践

#### 1. 国有化运动

拉齐拉卡执政后的第二天就宣布对所有的银行、保险公司和电影进出口发行公司实行国有化，继而又把法国在马达加斯加的最大垄断企业马赛公司收归国有，并对海运、炼油、外贸等公司以及其他一些重要企业实行国有化或收回大部分股份。根据

① 参见中共中央对外联络部四局：《马达加斯加革命先锋文件选编》，第9～13页。

《马达加斯加社会主义企业宪章》，在不到 5 年的时间里，马达加斯加全国 105 家大型企业，有 97 家实行了国有化，其中国家资本占 100% 的企业有 44 家，国家资本占 51%～99% 的企业有 38 家，国家资本占 33%～51% 的企业有 15 家。通过国有化，马达加斯加政府控制了全国海运、造船、炼油、制糖、纺织、造纸、采矿、水电、农机制造、化学、食品饮料、工业原料农产品收购和分配，以及银行、保险、外贸、公共运输、汽车装配等行业，其中国有化的 97 家大型企业控制着马达加斯加国民经济的 60% 以上，控制出口贸易的 85%，进口贸易的 2/3，能源的 2/3，工业的 1/3。[①]

### 2. 土地革命、农业合作化

马达加斯加 85% 以上的人口从事农业生产，但大部分农民没有土地或只有很少的土地。殖民地时期法国殖民主义者占有大量良田。独立后，齐腊纳纳政府没有及时进行土地改革，拉马南佐阿政府虽在 1974 年颁布了土改法，试图解决土地问题，但没有具体实施。

拉齐拉卡上台后，立即着手解决土地问题，提出了"耕者有其田"的土改政策。1976 年，土地改革大规模展开，针对不同情况，政府采取了没收和赎买等方式，先后收回了法国殖民主义者占有的 23.8 万公顷土地和其他外国人占有的 6.5 万公顷土地，同时还收回 2.92 万公顷熟荒地。政府收回的耕地占全国耕地的 11.8%。[②]

马达加斯加的社会主义革命虽然把封建地主看作是革命的对象，但考虑到马达加斯加的地主，特别是大地主往往就是部落的

---

① 唐大盾等：《非洲社会主义：历史·理论·实践》，世界知识出版社，1988，第 301 页。
② 唐大盾等：《非洲社会主义：历史·理论·实践》，世界知识出版社，1988，第 301 页。

酋长、氏族的头人，或是宗教界的上层人士，他们在农村仍然保持着很大的势力，因此，在土地改革中，只是限制其个人占有的土地数量，没有完全没收其土地。

在土地改革的基础上，马达加斯加政府展开了农业合作化运动，先后颁布了《社会主义合作化运动宪章》和《社会主义生产合作社宪章》。马达加斯加的农业合作化有三种形式：

一是在国有化的土地上，建立国营农场和国营农业生产公司。受官僚主义的领导作风和分配的平均主义的影响，多数国营农场连年亏损，政府每年都要拨付一笔可观的补贴费。

二是把国家所有的土地分给无地或少地的农民，兴办"社会主义农业生产合作社"。从1976年至1982年，共兴建96个不同类型的农业生产合作社，每个农业生产合作社经营管理的土地，少则十几公顷，多则上千公顷。合作社主要种植水稻、花生、大豆，以及咖啡、香蕉、棉花、烟草等经济作物。最初的农业生产合作化在全国的影响不大。1980年，农业土改部拟定一个远景规划，规划分三阶段将农业合作化运动推向高潮。1980～1985年为巩固和整顿阶段，每个乡要建立两个农业生产合作社，全国兴建2000个合作社；1986～1990年为推广阶段，全国准备建5000个合作社；1991～2000年为大发展阶段，每个村都要建成一个合作社，全国共建11000个合作社。①

政府在投资、信贷、技术等方面对兴办农业合作社给予大力支持。农业合作社采取按日付酬的方法，出工一天算做一个劳动日，年终按劳动日分配。这种平均主义严重挫伤了社员的生产积极性。生产合作社往往种植单一作物，生产受到很大限制。合作社管理不善的问题尤为突出，绝大多数的合作社需要国家的补助

---

① 唐大盾等：《非洲社会主义：历史·理论·实践》，世界知识出版社，1988，第302～303页。

和贷款。由于合作社缺乏自立能力，在劳动力上也依靠机关工作人员、部队和学生的帮助。

三是建立城镇供销和手工业合作社。马达加斯加国内称这种合作社为"准合作社"，由各党派直接兴办和领导，拉齐拉卡领导的马达加斯加革命先锋兴办的最多。

### 3. 加快工业化步伐

《革命宪章》明确了"农业是基础，工业是动力"的经济发展战略。拉齐拉卡指出，马达加斯加是一个农业国家，农业是立国之本，但如果不发展工业，国家的经济就不能得到发展，农业生产也不能迅速提高，经济落后的马达加斯加就不能获得真正的民族独立。1978～1980年的经济计划规定各产业部门的投资是：交通运输和电信占39%，农业占30%，其余分配给工矿企业。[①]

马达加斯加的工业化以轻工业为主。拉齐拉卡认为轻工业既可以积累资金，也能促进农业生产，还有助于满足国内市场的需求。独立前，马达加斯加现代工业企业不过十来家，基本上是外国人的企业。独立后，在发展民族经济的过程中，工业有了一定程度的发展，但比较缓慢。自从1975年执行工业化政策后，国家除接管大部分外资企业外，还本着自力更生的方针，优先发展以本国原料为基础的工业部门，兴建了一批工业企业，马达加斯加的工业获得了较快的发展，到1978年，工业企业有200多家。[②] 但是，由于资金缺乏和技术力量不足等原因，轻重工业协调发展的工业化目标远未实现，已有的工业企业普遍存在着浪费、亏损、生产效率低等问题。

---

① 唐大盾等：《非洲社会主义：历史·理论·实践》，世界知识出版社，1988，第304页。

② 唐大盾等：《非洲社会主义：历史·理论·实践》，世界知识出版社，1988，第304页。

### 4. 有计划、按比例发展国民经济

拉齐拉卡特别强调经济的计划化，制定了《关于 2000 年前共和国社会主义经济发展计划和远景规划法》，目标是：实现经济独立和各个地区的经济与文化的发展，提高每个人的文化、技术和生活水平，建立社会主义社会。马达加斯加经济发展计划分为三个阶段：1979～1984 年为第一阶段，主要是建立民族工业基地及其动力基地，重点发展黑色金属、水泥、肥料、造纸工业；提高农业生产率，满足居民对食品和工业对原料的需求。1985～1992 年为第二阶段，主要是保证国民经济的综合发展及其集约化，兴建新的生产部门。1993～2000 年为第三阶段，争取充分开发和利用当地资源，使轻工业和重工业得到协调发展，实现农业现代化。

### 5. 加强执政党建设

拉齐拉卡执政后，为加强对社会主义革命的领导，积极筹组执政党。1976 年 3 月 19 日正式成立执政党"马达加斯加革命先锋"，拉齐拉卡任总书记。《马达加斯加革命先锋章程》规定：它是由工人、农民、妇女、进步知识分子和人民武装力量中最具有觉悟的战士组成的马达加斯加先锋队。党的纲领是努力实现《马达加斯加社会主义革命宪章》，建立以地方分权的集体单位（福克诺洛纳）为基础的社会主义新社会。马达加斯加革命先锋迅速发展为马达加斯加的第一大党，在国内政坛占有绝对优势。

### 6. 全国分权制度

拉齐拉卡用了大约 3 年时间，完成了政权机构和行政体制的改革，废除了原来的省、州、县、乡四级制度，根据福科诺洛纳分权体制建立了各级人民委员会，以体现革命的人民政权的性质。全国共建立 6 个法里塔尼（相当于省）、110 个菲冯德罗南波孔塔尼（相当于县）、1253 个菲雷桑波孔塔尼（相当于区、镇）、11400 个福孔塔尼（村社）。各级地方分权组织包括：人民委员会（福孔塔尼一级是居民大会）、执行委员会和行政委员会。各级人民委员会是议事和决策机构，每年举行两次例会，讨论和通过财政预算、生产计划、治安措施、福利事业和其他重大事宜。执行委员会是同级人民委员会的执行机关。行政委员会是执行委员会的办事机构。马达加斯加各级分权机构成为拉齐拉卡推行社会主义的组织保证。

### 7. 教育革命

《革命宪章》指出："在为建设一个消灭不平等和各种形式的压迫的社会主义国家而进行的斗争中，教育起着关键作用。因为通过教育可以按照社会主义的新方针来培养有教养的，在德、智、体方面有一定水平的公民。他们将用自己的学识为马达加斯加的进步服务。"根据《革命宪章》，马达加斯加教育领域的社会主义革命包括三个方面：马达加斯加化、分权化和民主化。

马达加斯加化：《革命宪章》指出，实施教育马达加斯加化意味着"使教育的内容、方法与革命的基本要求相适应，与建设一个社会主义的、真正的马尔加什国家一致起来"[1]，"独立、收回本国资源、恢复主权、发展独立自主的经济等等，所有这一切只有在我们努力肯定我们马尔加什人的人格和我们以语言和文化为主要构成部分的马尔加什文化时才有意义"。[2] 为此，国家要设计"马达加斯加普通话"，在各级学校推广使用马达加斯加语教学，加强民族的、爱国主义的意识，肃清殖民主义的影响。但《革命宪章》同时指出，教育马达加斯加化是一项长期艰巨的任务，在正式完成"马达加斯加普通话"的设计工作之前，人们将同时使用包括各地方言的马达加斯加民族语言和法语。法语作为马达加斯加面向文明和技术世界的一扇窗户，还要在相当

---

① 中共中央对外联络部四局：《马达加斯加革命先锋文件汇编》，第48页。
② 中共中央对外联络部四局：《马达加斯加革命先锋文件汇编》，第44页。

长的时期内使用。教育马达加斯加化的另一项任务是，大力培养
本国教师力量，特别是努力培养中专和高等院校的本国师资。

分权化：在《革命宪章》中，教育领域分权指的是，"把各
个学校连同它们的某些管理权分散在全国各地"，改变大部分技
术学校和高等院校集中在首都塔那那利佛的现状。[①] 提高全民族
的教育水平是社会主义建设的一项重大任务，应首先照顾农村地
区，重视小学教育。

民主化：《革命宪章》指出，教育民主化意味着人人机会均
等，所有马达加斯加人毫无例外地能够接受基础教育，从满足国
家的需要出发并按各自的能力进行学习和接受教育。在马达加斯
加实行教育民主化是基于以下原因：大量的马达加斯加人没上过
学，其中包括50%的儿童；各个地区之间、城乡之间，甚至在
一个地区内，入学率的差别极大；私立学校没有合格的规章；大
部分高等学校和技术学校集中在首都。为体现教育的民主化，一
方面应该建立一个对各种年龄的公民进行业余培训并帮助他们得
到提高的机构，在全国开展扫盲运动；另一方面，必须将教育民
主化本身列入按轻重缓急而确定的国家计划之内。

普及教育由正规教育和成人扫盲两部分组成。经过10年努
力，儿童入学率从1975年的63%提高到1982年的80%。全国
各地农村都建立了小学，76%的乡镇建立了初中，43%的县建立
了高中。全国小学从1975年的7193所增加到1982年的13594
所，中学从1975年的134所增加到1982年的600所，中学生从
1975年的13.7万人增加到37万人。政府还将52所技术学校和
专业院校分散到全国各地，改变了中技和高等院校集中在首都的
局面。6个省会都建立了大学中心，大学生的人数从1975年1
万人增加到1982年的4.5万人。在全国开展扫盲运动。1977年

---

① 中共中央对外联络部四局：《马达加斯加革命先锋文件汇编》，第46页。

6 月建立一个成人识字和教育领导机构，在全国建立了 1253 个扫盲中心。

### （三） 拉齐拉卡的政策调整

拉齐拉卡推行福科诺洛纳社会主义，在资金匮乏的情况下，盲目实行国有化，举债兴建大型工业项目，而管理不善、技术落后导致生产停滞，经营亏损，债台高筑，1978 ~ 1980 年，外债增加两倍，从 3.076 亿美元增加到 11.467 亿美元。[①] 国家对农业投资严重不足，农产品收购价格过低，严重挫伤了农民的生产积极性，农业生产长期不景气。马达加斯加陷入严重的经济危机。

20 世纪 80 年代初，马达加斯加政府根据国际货币基金组织和世界银行制定的结构调整方案，开始实行经济结构调整，逐步实行经济自由化政策，把发展重点放在农业，加大农业投入，提高粮食产量，争取粮食自给。改革措施主要有：①调整土地政策，把土地使用权转交给农民，使农民安心生产。②改革价格体制，提高大米和主要经济作物的收购价格。③改革流通体制，将农产品统购统销逐步改为自由贸易，允许农民把自己生产的大米直接投入市场。④国有企业私有化，私人资本可以在国营企业投资，加强竞争，但能源、战略矿藏等关键部门仍由国家掌控。⑤整顿财政，实行严格的财政紧缩政策，提高存款利率，鼓励出口，减少进口，争取国际援助。[②]

但是，经济改革初期的自由化政策导致物价飞涨，人民购买力急剧下降，引发社会极度不稳定。城市里，小偷和乞丐的人数有增无减，首都塔那那利佛甚至见不到妇女佩戴项链上街，不少人连手表都不敢戴。在农村，武装强盗气焰嚣张，大规模、有组

---

① 《参考资料专辑》第 212 期，1982 年 8 月 30 日。
② 新华社塔那那利佛 1986 年 11 月 20 日电。

织的抢牛事件不断发生，打死人的凶手无人过问，逍遥法外，许多农民因为生产和生命安全得不到保证而背井离乡。[①] 1986 年 11 月 16 日，东部港口城市图阿马西纳发生群众抢米事件，马达加斯加执政党马达加斯加革命先锋开办的 1 家商店、4 家印度人商店、6 家华侨商店和 1 家华人商店被抢。抢米引发骚乱，至少有 4 人死亡，25 人受伤。1987 年初，首都大学生罢课、游行，持续数月。在安齐拉贝市、图利亚拉市等地相继发生大规模洗劫印巴人商店和住宅的恶性事件。面对混乱局面，马达加斯加各级政权机构毫无作为，且贪污受贿之风盛行，越来越多的民众对拉齐拉卡的福科诺洛纳社会主义失去了信心。

拉齐拉卡为挽救濒临崩溃的国家经济，争取更多的国际援助，在经济向市场化转变的同时，在政治上也做出了改革的承诺，放宽了对全国保卫革命阵线内其他政党的限制，给予其更多的自由，国家电台、电视台和各大报纸对各个政党的集会、演说，包括对政府的批评也进行了详细而客观的报道。政治气氛的宽松为反对党提供了生存和壮大的空间。[②]

### （四） 第二共和国的终结

1989 年 3 月 12 日，马达加斯加举行总统选举。4 月 6 日，最高法院宣布，拉齐拉卡以 61.62% 的选票再次当选总统。反对派组成的马达加斯加民主联盟指责拉齐拉卡有舞弊行为，于 4 月 16 日组织群众集会，要求重新举行总统选举，成立临时过渡政府。4 月 17 日，集会示威群众与治安部队发生冲突，10 余人死亡，上百人受伤。4 月 19 日，首都大学生和中小学教师举行示威集会，支持反对党，示威群众再次与保安部队发生冲突，双方均有伤亡。

---

① 新华社塔那那利佛 1988 年 7 月 20 日讯。
② 新华社塔那那利佛 1988 年 7 月 20 日讯。

4 月 20 日，拉齐拉卡宣誓就职，开始其第 3 个 7 年总统任期。4 月 21 日，拉齐拉卡为平息国内群众示威，改组并扩大最高革命委员会，将各主要反对党领导人拉入最高革命委员会，特别是莫尼玛党主席蒙贾·乔纳也被任命为最高革命委员会委员。此后，群众抗议示威逐渐平息。但国内社会和政治矛盾没有解决，更严重的政治危机随时都可能爆发。

1990 年 5 月 13 日清晨，自称马达加斯加救国委员会组织的武装人员占领了马达加斯加国家电台，并通过广播宣称现政府已被推翻，拉齐拉卡已不再执政，呼吁全国人民立即行动起来，推翻各级政府。马达加斯加治安部队于上午 10 时许重新控制电台，但电台外的围观人群向治安部队投掷砖块，引发骚乱。数千名二三十岁的年轻人集会示威，发表反政府演讲，治安部队发射催泪弹，驱散示威人群，直到下午 6 时左右局势恢复平静，共有 6 人死亡，44 人受伤。对于此次未遂军事政变，11 名接受记者采访的马达加斯加人中，有 8 人表示支持。民众普遍认为马达加斯加的上层高官依仗权势贪污受贿，越来越富，而下层民众面对物价飞涨，越来越穷，现政权已无所作为，要想改变现状，只有拉齐拉卡下台。

20 世纪 80 年代末 90 年代初，在马达加斯加国内政局动荡的同时，国际形势也发生了深刻变化。苏联东欧剧变后，民主化和自由化的浪潮席卷非洲，加快了马达加斯加政权更替的进程。在严峻的内外形势下，拉齐拉卡被迫进行政治变革，最高革命委员会在 1990 年 3 月通过《自由组织政党法令》，全国人民议会通过宪法修正案，恢复多党政治体制。此后，众多新党纷纷成立，逐渐形成由 33 个政党组成的反对派联盟"有生力量委员会"。

1991 年 5 月 1 日，首都塔那那利佛再次爆发群众集会、示威。集会示威由反对派"有生力量委员会"组织。反对派明确提出 3 点政治纲领：取消 1975 年宪法，制定新宪法；修改选举法，举行自由的多党选举；成立过渡政府，组织全国大选。

6 月 10 日，示威规模扩大，塔那那利佛 10 万人游行，支持反对派有关取消 1975 年社会主义宪法的要求。7 月 8 日，反对派发起以首都为中心的大罢工，各行业工会一起响应，港口工人罢工、民航关门、各种车辆停驶，接着国家电台和电视台停播、国家新闻社关门、官方报纸《新闻报》停刊，国家立法机构、司法部门以及政府各部门工作人员也参加了罢工，首都处于全面瘫痪状态。

7 月 14 日，法国政府特使分别会晤了拉齐拉卡和反对派部分领导人，要求双方妥协，尤其是明确要求拉齐拉卡在任何情况下不得诉诸武力。[1] 拉齐拉卡一方面表示与反对派接触，但又暗示有可能采取强硬手段。7 月 15 日，反对派组成 7 人代表团与拉齐拉卡会晤，拉齐拉卡对反对派提出的政治纲领坚持强硬立场，只同意修改宪法，双方谈判破裂。

7 月 16 日，反对派有生力量委员会单方面宣布成立过渡政府，退休将军让·拉库图哈里松和反对派领导人阿尔贝·扎菲分别担任"过渡总统"和"过渡政府总理"，与拉齐拉卡的政府分庭抗礼，形成两个政府并存的局面。

7 月 22 日，反对派过渡政府任命 10 名部长，并以非暴力方式夺取了工业、邮电、财政、新闻、交通、高教、科研和工程 8 个部门的权力。7 月 22 日夜至 23 日，反对派任命的工业部长和邮电部长被政府逮捕。7 月 23 日，拉齐拉卡宣布在首都市区实施紧急状态和宵禁，禁止集会、禁止发表和传播反政府言论、实行新闻检查、禁止车辆在首都一些要害地区通行、收缴居民手中

---

① 武海云：《马达加斯加政局恶化，拉齐拉卡面临困境》，新华社塔那那利佛 1991 年 8 月 1 日讯。

的武器。反对派不顾政府禁令继续集会和游行。拉齐拉卡为控制局势，欲进行武力镇压，但政府总理维克托·哈马哈特拉和塔那那利佛市长拒绝签署开枪令。

7月25日，首都近60万人继续示威。7月26日，政府和反对派关于结束罢工和中止反政府游行的谈判破裂。7月27日，政府逮捕反对派领导人、过渡政府总理扎菲。同一天，首都仍有数千人无视政府的戒严令，在市中心举行抗议活动。随着反政府游行示威的规模不断扩大，以政府总理哈马哈特拉为首的众多高级官员，对拉齐拉卡失去信心，消极观望，甚至见大势已去，抛弃拉齐拉卡，出走法国。7月28日，总理哈马哈特拉向总统提出其本人和政府的辞呈。拉齐拉卡赖以生存的军队（包括宪兵、警察）内部，离心倾向与日俱增。自反对派发起示威以来，国内经济形势严重恶化，中小企业因发生总罢工而濒临破产。

随着马达加斯加国内局势的恶化，国际社会的态度也向对拉齐拉卡不利的方向发展。扎菲被捕当天，法国外交部发表声明，对马达加斯加政府绑架和逮捕反对派领导人深感不安，要求拉齐拉卡立即停止上述行动。法国驻马达加斯加大使馆还放出风说，如果拉齐拉卡不释放被捕人员，法国将采取严厉措施。① 法国态度的转变使反对派一方面更加坚定了迫使拉齐拉卡下台的决心，另一方面对拉齐拉卡阵营是一沉重打击。国际货币基金组织、世界银行、非洲发展银行等国际和地区金融机构中断了与马达加斯加的联系。

在政府与反对派的较量中，反对派已明显占据优势，拉齐拉卡下台不可逆转，但他仍在做最后的努力。7月29日，拉齐拉卡释放了过渡政府总理扎菲和两名部长，解散政府，呼吁恢复同

---

① 武海云：《马达加斯加政局恶化，拉齐拉卡面临困境》，新华社塔那那利佛1991年8月1日讯。

反对派中断的对话，建立民族团结政府，同意研究制定新宪法和新选举法，在 12 月 31 日之前就新宪法举行全民公决。同日，马达加斯加全国人民议会通过一项法律草案，将马达加斯加最高革命委员会更名为共和国最高委员会。共和国最高委员会由 24 名委员组成，在国家领导机构中的位置由原来的第 2 位变为第 3 位，列在共和国总统和全国人民议会之后，政府和最高法院之前。该法律草案还规定，共和国最高委员会只起总统顾问的作用，其成员一半由总统任命。另外，在总统度假或不在国内的时候，由全国人民议会与共和国最高委员会共同临时主持国事。但是，拉齐拉卡采取的措施为时已晚，他的呼吁遭到反对派的断然拒绝，反对派认为解决马达加斯加国内政治危机的唯一办法就是拉齐拉卡下台。

7 月 30 日，拉齐拉卡在记者招待会上仍然拒绝承认反对派的"临时政府"。8 月 10 日，总统卫队从建筑物和直升飞机上向在总统府附近示威的人群开枪，造成伤亡。此举使局势急转直下，加速了拉齐拉卡下台。军队和教会与拉齐拉卡当局拉开了距离，法国中止与马达加斯加一切军事合作。8 月 13 日，在西海岸马哈赞加市，再次发生造成平民伤亡的流血冲突。

8 月 19 日，有生力量委员会在塔那那利佛宣布"罢黜"总统拉齐拉卡，中止共和国所有机构活动。由临时政府接管国家事务，呼吁国际社会承认由有生力量委员会组成的临时政府。

8 月 21 日，拉齐拉卡宣布延长紧急状态两个星期。8 月 26 日，拉齐拉卡组成以居伊·拉扎纳马西为总理的新政府。在 24 名部长中，有 2 名军人，2 名反对派人士。反对派拒绝接受新政府。8 月 27 日，反对派决定在全国再次发动总罢工。

面对日益严峻的局势，拉齐拉卡被迫做出让步。10 月 29 日，政府总理居伊·拉扎纳马西和过渡政府总理扎菲签署一项协议，组建向第三共和国过渡的临时机构，为期最多不超过 18 个月，该协议对拉齐拉卡政权是致命的打击。虽然掌权长达 16 年的拉齐拉卡暂时避免了下台，但他不得不同意与反对派分享权力。根据协议，过渡期内将建立 3 个机构：负责过渡的国家高级权力机构、振兴和民族团结委员会以及混合政府。协议规定，马达加斯加仍是单一的共和国政体，军队和宪兵将保证过渡机构的合法性；解散全国人民议会和最高革命委员会，其职权交给国家高级权力机构；反对派领导人扎菲任国家高级权力机构主席，拉齐拉卡仍然保留总统和武装部队司令的职务，但没有实权，只是作为民族团结的象征。

经过双方长达 1 个半月的艰苦谈判，12 月 19 日，总理居伊·拉扎纳马西宣布组成新政府。新政府由 36 名成员组成，其中反对派占 14 名。新政府负责为制定新宪法和新选举法做准备。反对派称，新政府的组成决不意味着斗争的最终目标已经达到，而是到了以另一种方式进行斗争的时候。

1992 年 3 月 22 日至 29 日，马达加斯加全国会议在塔那那利佛召开，来自全国各地的各种政治力量约 1400 人参加会议。与会者就起草新宪法和新选举法进行了讨论，提出宪法草案。会议提出，待新宪法通过全民公决后，现任总统拉齐拉卡应立即辞职，总统和议会选举将于 10 月和 11 月举行，然后成立新政府，完成向第三共和国过渡，这为拉齐拉卡下台奠定了法律基础。

8 月 19 日，马达加斯加举行全国公民投票，表决新宪法草案。较之 1975 年宪法，新宪法在民主与法制、公民权利等方面有较大进步。投票结果是 70% 以上的选民支持新宪法。9 月 25 日，由马达加斯加过渡政府主要领导人组成的专门委员会决定，根据新宪法和选举法草案，取消拉齐拉卡参加总统竞选的资格，但此举再次招致国内局势的紧张。10 月 3 日，拉齐拉卡的支持者在图阿马西纳成立一个"联邦国家"，并占领了当地的广播电视台和机场；马达加斯加治安部队在安齐拉纳纳同拉齐拉卡的支持者发生冲突，造成 8 人死亡，10 多人受伤。为缓和局势，过渡政府同意拉齐拉卡参选总统。

总统选举于 1992 年 11 月 25 日举行，共有 8 名候选人参选，但均未获半数以上选票。1993 年 2 月 10 日进行第二轮投票，第一轮得票的前两名候选人扎菲和拉齐拉卡再次角逐。3 月 9 日，最高宪法法院宣布扎菲以 66.74% 对 33.26% 的绝对优势战胜拉齐拉卡，当选总统。3 月 27 日，阿尔贝·扎菲（Albert Zafy）宣誓就职。

拉齐拉卡的下台是民主化浪潮席卷非洲的必然结果。具体原因可以归结为：①拉齐拉卡执政 16 年，国家经济每况愈下，民不聊生。拉齐拉卡奉行"福科诺洛纳的社会主义"，采取过激的国有化政策，20 世纪 80 年代出现严重的经济困难，尤其是粮食严重短缺，财政入不敷出，外债不断增加。实行经济改革后，自由化政策又使市场陷于混乱，物价飞涨，人民购买力大幅度下降。十几年来，人口每年以 3% 的速度增长，而 1990 年国民经济增长率却不到 2%，人均收入仅 180 美元。① 人民对拉齐拉卡失去信心，要求变革的呼声日益高涨。②军队离心倾向加深，高级将领转而支持反对派。在政府与反对派的较量中，大批军人家属及亲朋好友都参加了示威，特别是前武装力量总参谋长让·拉库图哈里松复出后任反对派过渡政府总统，前政府总理、国家军事发展委员会主席拉古都阿乔纳退出执政党马达加斯加革命先锋，转而支持反对派，在军界引起极大震动，一些军人明确向记者表示，决不向示威群众开枪。据军方人士透露，军队内部至少有 60% 的人支持或同情反对派。③法国、美国等西方国家支持反对派。在危机爆发初期，法国明确表示持中立立场，称游行示威是一场"民主运动"，是马达加斯加的内政，法国不予干涉。

---

① 武海云：《马达加斯加政局动荡》，《瞭望》1991 年第 35 期。

当反对派势力不断壮大，局势日趋严重时，法国明确要求拉齐拉卡向反对派妥协，不得动用武力。法国驻马达加斯加经济文化代表团团长在写给法国政府的报告中说，马达加斯加政权上层贪污腐败，拉齐拉卡已无所作为，要求停止对其援助，放弃支持拉齐拉卡。美国驻马达加斯加大使馆在危机初期观望一段时间后，公开与反对派领导人频繁接触，出谋划策。④世界银行和国际货币基金组织等国际和地区金融机构冻结对马达加斯加的全部贷款，使本已濒临崩溃的马达加斯加经济雪上加霜。

三　第三共和国时期

**根**据 1992 年宪法，马达加斯加民主共和国更名为马达加斯加共和国，进入第三共和国时期。1993 年 6 月 16 日，第三共和国举行立法选举，9 月 1 日又举行了补缺选举，共选出议员 138 名，支持扎菲总统的政党取得议会多数席位。根据新宪法，总理由议会选举产生，候选人中得票最多者即可当选，但只有在其施政纲领获得半数以上议员同意后才能获得最终任命。新总理应在当选后 15 天内提出施政纲领和内阁名单，总统根据总理提名任命政府成员。1993 年 8 月 9 日，马达加斯加议会选举原过渡政府第一副总理、卑贱者争取政权党成员弗朗西斯克·拉武尼（Francisque Ravony）为新总理。8 月 27 日，由 25 名成员组成的马达加斯加第三共和国首届政府成立，包括 1 名国务部长、15 名部长、3 名总理府部长级代表和 5 名国务秘书，除几名无党派和经济学家外，政府成员均来自总统派，前总统拉齐拉卡的支持者未能入阁。

新政府成立不久，总统与总理之间就因执政理念产生矛盾。扎菲总统多次公开批评政府无所作为。1995 年 7 月 6 日，扎菲总统举行一次长达 5 个半小时的记者招待会，对拉武尼及其内阁进行指责，称拉武尼是"对国家的贪污腐败现象第一个应负责的

人"，是"第三共和国的破坏者"，其所作所为是"为第二共和国
招魂"，强调他已不能"再与拉武尼一同工作了"，希望由国民议
会来决定拉武尼的命运，希望由有生力量派的人担任总理。① 总统
与总理的矛盾公开化，引发了第三共和国的政治危机。

　　7月7日，由29名总统派议员联署的对政府不信任案提交
给国民议会，7月12日，国民议会以90票反对、46票赞成、1
票弃权的结果，否决了对政府的不信任案。总统派议员在议会受
挫。原因有三：一是拉武尼应对总统指责的策略得当，始终采取
低姿态，承认政府工作存在失误，承担国民经济困难的责任，希
望议会调查官员贪污问题。拉武尼出言谨慎，以受害者的形象出
现在媒体和公众面前，赢得舆论和部分议员的同情。二是拉武尼
就任总理期间，为得到国际援助，与世界银行和国际货币基金组
织进行了2年的艰苦谈判。在谈判即将成功时，议员们不希望看
到国家的经济因政府更迭而再度受挫。三是组成议会的各党派不
希望国家政权独揽在扎菲及有生力量派手中。四是扎菲上台后，
屡屡指责议员贪污受贿，对人民利益漠不关心。尽管扎菲言之有
理、有据，但缺乏政治策略，打击面太大，招致许多议员心存不
满，从而支持拉武尼。

　　对政府的不信任案被否决3个月后，扎菲总统通过采取公民
投票的方式取得了同议会和政府斗争的胜利。1995年10月，马
达加斯加就总统直接任命总理问题举行公民投票，结果是213.9
万选民投票赞成总统直接任命总理，122.6万选民反对，扎菲总
统成功地借助公民投票从议会夺得任命总理的权力。10月13
日，拉武尼致信扎菲总统宣布他及其领导的政府辞职。10月30
日，扎菲总统任命马达加斯加全国民主与发展联盟主席埃马纽埃
尔·拉库图瓦西尼为政府总理。

---

① 　新华社塔那那利佛1995年7月15日电。

　　扎菲获得直接任命总理的权力后，政府与总统的矛盾有所缓解，但总统与议会的斗争日益尖锐。1996 年 5 月 20 日，政府因议会通过不信任案而倒台。5 月 28 日，扎菲总统任命无党派人士、最高宪法法院院长诺贝尔·拉齐拉胡纳纳为政府总理。7 月 26 日，总统与议会的斗争达到高潮，国民议会以 2/3 以上的多数票通过"阻止总统行使权力议案"，理由是扎菲总统执政期间"违反宪法"。该议案于 7 月底提交给最高宪法法院，最高宪法法院于 9 月 5 日裁决"终止总统权力"。当天，扎菲宣布将于 10 月 10 日辞职。

　　在就任第三共和国第一任总统后的 3 年多时间里，扎菲的工作作风和经济政策招致各方面的不满。国民议会的议案和最高宪法法院的裁决书主要指责扎菲违反宪法，其依据是许多议会已通过的法律未能在法定的时间内颁布实行，参议院一直没有依法成立。扎菲这种蔑视法律的行为引起广大议员和政界的强烈不满。任职期间，扎菲未能团结各派政治力量，把主要精力放在振兴国家经济上，而是热衷于政治斗争和权力斗争，公开指责政府，利用修改宪法有关条款获得任命总理大权，3 年内更迭 3 任总理和 5 届政府。政府组阁，扎菲关心的只是自己的权力，本党的利益，使历届政府很难正常工作，人心不稳。扎菲对世界银行和国际货币基金组织提出的经济调整方案疑虑重重，经济工作始终处于停滞状态。货币贬值使人民生活日益贫困，加剧了社会矛盾，罢工时有发生。西方国家特别是美国认为扎菲借助全民公决扩大其权力，是企图使马达加斯加的民主化进程倒转，他们竭力向马达加斯加灌输议会民主，对马达加斯加国民议会给予大力支持，开办培训班，提供钱物和资料，并有针对性地讲述当年尼克松遭弹劾的过程。[①]

---

　　①　新华社塔那那利佛 1996 年 9 月 8 日电。

　　扎菲辞职后，总理拉齐拉胡纳纳成为国家临时行政首脑，并组成新一届政府。1996 年 11 月 3 日，马达加斯加提前举行总统选举，包括前总统拉齐拉卡和刚刚被弹劾下台的扎菲在内的 15 名候选人角逐总统宝座。第一轮投票无候选人得票过半数，拉齐拉卡和扎菲以 38% 和 20% 的得票数名列前两位。在 12 月 29 日进行的第二轮投票中，拉齐拉卡以 50.7% 对 49.2% 的得票率战胜扎菲①，当选第三共和国总统。1997 年 1 月 31 日，马达加斯加最高宪法法院正式宣布拉齐拉卡当选总统。

　　1998 年 5 月 17 日，马达加斯加举行国民议会选举，全国 150 多个政党和政治组织参加角逐。结果，150 个议员席位为 9 个较大的政党和独立的无党派人士获得。前身为马达加斯加革命先锋的马达加斯加复兴行动党获 63 个席位，成为议会第一大党，该党由拉齐拉卡任总书记，副总书记昂热·安德里亚纳里武当选为议会议长。7 月 23 日，拉齐拉卡总统任命坦特利·安德里亚纳里武接替拉库图马武为政府总理。

　　此次拉齐拉卡和马达加斯加复兴行动党在选举中获胜，是马达加斯加人心思定的结果。自 20 世纪 90 年代初实行多党制以后，拥有 1200 万人口的马达加斯加党派林立，扎菲当选总统后，热衷于权力斗争，本已陷入困境的经济更是每况愈下，公共事务无人管理，社会治安不断恶化，贫困人口不断增加，民众怨声载道。拉齐拉卡承认他的当选只是马达加斯加人民对旧政权的幻想破灭了，而非由衷地满意其本人。人们希望拉齐拉卡能够给国家带来稳定和发展。以扎菲为首的反对派在议会选举中失败后组织的反政府游行，响应者寥寥无几，也反映了民众盼望稳定的心态。

　　拉齐拉卡当选总统后面临着稳定局势和发展经济的艰巨任务。在政治上，拉齐拉卡扩大盟友队伍，最大限度地孤立以扎菲

① EIU: *Country Profile*, Madagascar, 1997 – 1998, p. 5.

为首的激进反对派，在议会和政府都形成以复兴行动党为主体的多数派。总统、议长、总理3人分别来自马达加斯加的第一、第二和第三大部族；5名副议长中有4人来自获得议席较多的党派或独立人士。31名政府成员中，16人是复兴行动党人，其余为参政党成员或无党派人士。为加强对局势的控制，拉齐拉卡上台伊始就提拔14名军人为少将和准将。在经济上，拉齐拉卡称，4年内马达加斯加经济必须有新的起色，总理则表示半年到两年内初见成效。① 为此，组成了一个年轻化和知识化的政府，最年轻的内阁成员只有36岁，受过高等教育的工程师、律师、医生等专业人士居内阁成员多数。新政府组成后，积极恢复与世界银行和国际货币基金组织的正常关系，国际货币基金组织和世界银行分别于1996年11月和1997年3月与马达加斯加签署提供结构调整援助的协议，巴黎俱乐部也延长了偿还债务的期限。政府实行自由化经济政策，宣布在未来3年内，优先发展出口加工工业、旅游业、渔业，并大力开发矿产资源，鼓励发展私人中小企业，吸引外商投资。多年停滞的经济终于略有起色，1992~1994年经济增长率只有1.1%，1996年经济增长率为2%，1997~1999年经济全面恢复，年均经济增长率为4.3%，2000年达到4.8%，通货膨胀率由1995年的48%降至2000年的8.7%。② 但是，经济恢复和政局稳定的良好趋势，因2001年的总统选举而中断了。

2001年12月16日，马达加斯加举行总统选举。12月26日，总统候选人、塔那那利佛市市长、马达加斯加最大的食品加工企业总裁马克·拉瓦卢马纳纳（Marc Ravalomanana）的竞选委员会宣布，拉瓦卢马纳纳在总统选举中获得52.15%的选票当

---

① 新华社塔那那利佛1998年8月3日电。
② 《经济参考报》2001年7月26日。

选总统。此结果未得到官方承认，马达加斯加最高宪法法院在
2002 年 1 月 25 日宣布第一轮选举结果是，拉瓦卢马纳纳获
46.21%的选票，拉齐拉卡获 40.89%的选票，按规定两人应进
入第二轮选举。此后，拉瓦卢马纳纳的支持者多次组织抗议和罢
工，试图迫使拉齐拉卡下台。

2002 年 2 月 22 日，拉瓦卢马纳纳在塔那那利佛一个体育场
举行的支持者集会上宣誓就任马达加斯加总统。参议院议长奥纳
雷随即宣布拉瓦卢马纳纳"宣誓就职"是非法的，总理安德里
亚纳里武通过国家电视台和电台发表声明说，政府将通过一切方
式镇压"非法行为"，并宣布国家进入为期 3 个月的紧急状态。①

3 月 1 日，拉瓦卢马纳纳组建政府。3 月 22 日，拉瓦卢马纳
纳任命 6 位特别代表，分赴各省接管政权。除塔那那利佛省交权
外，其他各省省长拒绝让步。4 月 12 日清晨，拉瓦卢马纳纳任
命的特别代表团团长贝迪指挥一些军人和群众夺取菲亚纳兰楚阿
省省政府，驱赶拉齐拉卡任命的省长埃尔米松。4 月 13 日，支
持拉齐拉卡的军人和支持拉瓦卢马纳纳的军人在菲亚纳兰楚阿省
省会菲亚纳兰楚阿市发生武装冲突，造成 30 多人死亡，40 多人
受伤。

拉瓦卢马纳纳来自高原族，其支持势力主要来自首都塔那那
利佛市，并获得宗教领袖的支持，控制了中央政府。拉齐拉卡来
自港口城市图阿马西纳，属海岸族，他在图阿马西纳也成立一个
政府，其支持者封锁了通往首都的道路。针对马达加斯加的政治
危机，非洲国家领导人进行了积极的调解。经过调解，重新计
票，2002 年 4 月最高宪法法院宣布拉瓦卢马纳纳当选总统。
2002 年 5 月 6 日，官方正式宣布拉瓦卢马纳纳当选总统。6 月 26
日，美国总统布什致函拉瓦卢马纳纳，率先承认新政权。法国和

① 《新华每日电讯》2002 年 2 月 24 日。

其他西方国家政府也很快予以承认。但是拉齐拉卡在几个省长的支持下拒绝承认新政府，直到武装部队宣布支持新政府，强行解除对首都的封锁，逮捕拉齐拉卡阵营的强硬分子，拉齐拉卡不得不在 7 月飞往法国，流亡海外。非洲联盟坚持只有新的议会选举才能确定新总统的合法性。

拉瓦卢马纳纳执政后，着手稳定政局。2002 年 12 月 15 日，举行立法选举，拉瓦卢马纳纳创建的"我爱马达加斯加"党夺得国民议会 160 个议席中的 104 席。在 2003 年 11 月举行的全国市镇选举中，"我爱马达加斯加"党获得全国近 60% 的市镇长席位。2006 年 12 月总统大选，拉瓦卢马纳纳轻松获胜连任。2007 年 4 月 27 日举行修宪全民公决，以 75.33% 赞成、24.67% 反对，通过宪法修正案，取消原有的 6 个自治省，规定马达加斯加共和国由地方分权行政单位组成，由中央政府直接领导，地方分权行政单位分为地区和乡镇两级。拉瓦卢马纳纳执政以后，以促进发展为中心，努力落实减贫战略，重视提高政府执政能力和效率，完善执政党组织体系，强化中央权威，执政地位日益稳固，政局总体稳定，经济发展势头良好。

2006 年，拉瓦卢马纳纳以 54.8% 的选票再次当选总统，"我爱马达加斯加"党在此后的一系列选举中获得压倒性胜利，而反对派则没有形成一个统一的竞选阵营，难以挑战"我爱马达加斯加"党的统治地位。2007 年 9 月立法选举，"我爱马达加斯加"党获得国民议会 127 个席位中的 105 个，进一步巩固了该党在议会的统治地位。2007 年 12 月省级选举，"我爱马达加斯加"党在大多数省获得胜利。2008 年 3 月，"我爱马达加斯加"党在 22 个大区的地方选举中获得全胜，2008 年 4 月参议院选举，"我爱马达加斯加"党获得全部 22 个席位。

尽管"我爱马达加斯加"党和拉瓦卢马纳纳总统掌控了政坛主导权，但也出现了一些影响政坛稳定的因素。2007 年 12

月的省级选举中，"我爱马达加斯加"党在其长期控制的塔那那利佛市遭到重创，独立候选人安德里·拉乔利纳（Andry Rajoelina）以 62.6% 的选票取得胜利。尽管"我爱马达加斯加"党在其他地区轻易获胜，这些胜利多少缓解了拉乔利纳在塔那那利佛所带来的冲击，但它表明群众对拉瓦卢马纳纳和"我爱马达加斯加"党的一党独大局面已有不满。同时，反对派也在积蓄力量，指责拉瓦卢马纳纳执政以来，群众生活没有明显改善，马达加斯加依然是世界上最贫困的国家之一，70% 的国民日均生活费低于 1 美元，而总统家族经营的奶制品公司却享受着各种优惠。① 表面平静的马达加斯加政坛酝酿着一场新的危机，并在 2008 年底爆发。

2008 年 12 月 23 日，马达加斯加政府以擅自播放前总统拉齐拉卡的讲话为由，关闭了由首都塔那那利佛市市长、反对党领导人安德里·拉乔利纳经营的电视台。随后，拉乔利纳不断召集群众集会，抨击总统拉瓦卢马纳纳独裁，指责其把家族生意和国家经济混为一体。

2009 年 1 月中旬，执政党占绝对多数席位的国民议会通过了宪法修正案和政党法。宪法修正案规定，候选人必须以政党代表或成员而不得以无党派候选人身份参加选举。此规定明显是将矛头直指拉乔利纳。政党法则规定，政党必须在全国有代表性，每年必须举行一次年会，并定期举行党代表大会，否则将被视为非法。执政党此举招致反对派极大的不满，因为根据以上的规定，除了执政党，马达加斯加其他政党都是仅具地区影响的，难以具备成为合法政党的条件。于是，反对派集聚在拉乔利纳周围，向拉瓦卢马纳纳总统和执政党发起挑战。

2009 年 1 月 26 日，塔那那利佛市和其他地区相继爆发大规

---

① http：//news. xinhuanet. com/world/2009 – 02/16/content_ 10828849. htm.

模骚乱，造成重大人员伤亡和财产损失。1月31日，拉乔利纳宣布"接管国家政权"。2月3日，拉瓦卢马纳纳总统宣布解除拉乔利纳的塔那那利佛市市长职务，拉乔利纳则呼吁其支持者继续举行抗议活动，直至拉瓦卢马纳纳政府辞职。

2月7日，拉乔利纳在首都市中心广场召开有数万人参加的反政府集会，宣布出任"马达加斯加总统"，成立"过渡政府"，接管国家权力，并任命43岁的蒙加·罗因蒂佛·扎菲辛米瓦洛为"过渡政府总理"。随后，拉乔利纳带领近两万名支持者前往总统府"接管权力"，并在总统府前与守卫部队对峙，最后导致总统府守卫部队开枪射击，造成300多人死伤。这次大规模流血事件使政局急剧恶化。从2月16日开始，拉乔利纳连续发起占领政府部门办公地的行动，并一度"接管"政府4个部门，但随后遭到军警驱逐。2月21日和23日，在马达加斯加基督教会联合会调解下，拉乔利纳和拉瓦卢马纳纳举行了两轮会谈，但未取得成果。3月2日，再次爆发反政府示威活动，政府加大打击力度，禁止示威者举行大规模集会支持拉乔利纳。大批军警和宪兵奉命上街维持秩序，封锁了反对派经常举行集会的市中心"5·13"广场。3月5日晚，政府军警突袭拉乔利纳住所，试图抓获拉乔利纳，未能成功。反对派继续举行示威活动。3月7日，拉乔利纳经营的电视台和电台再遭政府查封，大量设备器材被没收。

3月8日，塔那那利佛市郊卡普萨特军营的大约600名士兵哗变，抗议政府镇压反对派的示威活动。据称自反对派举行示威活动以来，数次流血冲突已造成135人死亡。大量平民死亡使局面向着不利于拉瓦卢马纳纳总统的方向发展。3月10日，驻守在首都塔那那利佛周边9座兵营的军事将领推举安德烈·恩德里亚乔纳为武装部队参谋长。11日，恩德里亚乔纳就任武装部队参谋长，同时，拉瓦卢马纳纳总统2月初刚刚任命的总参谋长拉

苏卢马汉德里被罢免。恩德里亚乔纳就任后立刻宣布，撤销拉苏卢马汉德里在 10 日发出的要求政府和反对派 72 小时内解决政治危机的最后通牒。3 月 12 日，马达加斯加警官协会主席阿兰·拉巴斯特发表声明，表示警方支持武装部队近日采取的行动。

3 月 12 日中午，反对派在武装部队的支持下"接管"政府财政与预算部，开始了夺权行动。3 月 14 日上午，反对派"过渡政府总理"蒙加·扎菲辛米瓦洛在武装部队的保护下"接管"了总理府。扎菲辛米瓦洛随后在总理办公室举行记者招待会，宣读了"最高过渡权力机构"向宪法法院提交的诉讼书，要求承认反对派领导人拉乔利纳 2 月 7 日成立的"过渡政府"的合法地位，允许"最高过渡权力机构主席"拉乔利纳行使总统职权，确认扎菲辛米瓦洛"过渡政府总理"的地位，以及成立社会和经济复兴委员会等。扎菲辛米瓦洛宣读了由拉乔利纳签署的一份宣言，称"共和国总统、国民议会、参议院和政府已经被罢免"，"我们保证在 24 个月之内举行总统、议会和地区选举"。同日，拉乔利纳再次宣布就任马达加斯加共和国总统，并表示，给予拉瓦卢马纳纳 4 个小时的时间辞职，他将于当日晚 6 时前往总统府"接管"权力。

失去了军队和警察的支持，甚至总统卫队中的一些人也倒向了反对派，拉瓦卢马纳纳面临着越来越大的辞职压力，其部分家人于 3 月 11 日离开马达加斯加前往毛里求斯。拉瓦卢马纳纳尽管承认在导致民众死亡的危机中犯下了错误，但拒绝反对派的最后通牒，称自己仍掌权，不打算辞职，并提出全国对话才是危机的解决办法。

3 月 15 日，四面楚歌的拉瓦卢马纳纳被迫做出重大让步，同意举行全民公决，但为时已晚，得到军队支持的拉乔利纳拒绝了拉瓦卢马纳纳的提议，并要求武装部队以叛国罪逮捕拉瓦卢马纳纳。支持反对派的武装部队在 16 日傍晚，用两辆装甲车撞开了位于塔那那利佛市中心总统府的铁栅栏门，占领了总统府。塔那那利佛市有两处总统府，另一处在市区以南 10 公里处，称作亚沃洛哈，拉瓦卢马纳纳在此暂避乱局。

马达加斯加武装部队 16 日除占领城内的总统府外，还占领了中央银行大楼。17 日，数辆坦克和数十名士兵把守着这些建筑。总参谋长安德烈·恩德里亚乔纳说：“我们是为了马达加斯加人民。如果拉乔利纳能解决问题，我们就支持他。”① 恩德里亚乔纳 16 日说，占领城内总统府是敦促拉瓦卢马纳纳下台，99% 的士兵支持拉乔利纳。

3 月 17 日，拉瓦卢马纳纳发表广播讲话说：“经过深思熟虑，我决定解散政府，放弃权力，以利于成立一个军方委员会。为我们国家的发展，我们需要宁静与和平。”随即，拉瓦卢马纳纳签署最后一项总统令，同意把权力移交给一个由海军上将拉马罗逊领导的军事执行委员会，负责在政权过渡期管理国家。然后，拉瓦卢马纳纳宣布辞职，离开首都市郊的总统府。拉马罗逊是马达加斯加军衔最高、年龄最大的军事将领，军事执行委员会由退役军人和高级军队将领组成，委员会将组织一个全国会议，为两年后举行总统选举做准备。

拉乔利纳及其在军队中的支持者拒绝这一权力移交，认为拉瓦卢马纳纳试图把权力交给其在军队中的盟友。武装部队参谋长恩德里亚乔纳上校说，总统下台后，军方赞成由反对派领导人拉乔利纳而不是海军将领来领导国家。随后，拉马罗逊 17 日晚向反对派领导人拉乔利纳移交权力，称：“拉乔利纳是最高过渡权力机构主席，我们把权力全部交给了他。”② 从而为反对派全面掌权创造了条件。反对派官员表示，拉乔利纳将领导一个过渡政

---

① http：//news. xinhuanet. com/world/2009 - 03/18/content_ 11027606. htm.
② http：//news. xinhuanet. com/world/2009 - 03/18/content_ 11028351. htm.

府，两年内组织选举并修改宪法，以建立"第四共和国"。

2009年3月18日，马达加斯加高等宪法法院裁定，安德里·拉乔利纳成立的过渡政府合法，拉乔利纳为代理总统，行使共和国总统职权，任期两年。3月21日中午，拉乔利纳在首都塔那那利佛市中心体育场举行的万人集会上宣誓就任马达加斯加过渡政府总统。拉乔利纳在检阅武装部队后发表就职演讲，呼吁武装部队、各党派、商业团体、宗教信徒和全体马达加斯加人民实现民族和解。为此，他将召开各界代表参加的全国会议，讨论实现民族和解的措施。

根据马达加斯加共和国宪法，总统辞职后，应由参议院议长担任国家临时领导人并在2个月内举行选举。宪法规定，年满40岁方可担任总统，而拉乔利纳只有34岁。因此，在马达加斯加此次政治危机中和政权非正常更迭后，国际社会对反对派持强烈批评立场。

非洲联盟要求马达加斯加严格遵守宪法。2009年3月20日，非洲联盟暂停了马达加斯加的成员国资格。非盟和平与安全理事会一名负责人说："理事会认为，马达加斯加的事态可以定义为违反宪法的政府更迭，因此理事会决定暂停其参与非洲联盟各机构与组织的权利。"该负责人还说，军方向反对派领袖拉乔利纳移交政权，等同于文官和军方联合发动政变。① 非盟和平与安全理事会要求马达加斯加6个月内重新举行总统选举。南部非洲发展共同体国家谴责马达加斯加反对派的夺权有悖民主原则，认为拉乔利纳就任总统是以一种非法的方式取代一名合法当选的马达加斯加领导人，拒绝承认。欧盟警告说，如果拉瓦卢马纳纳被赶下台，发展援助可能将被冻结。欧盟轮值主席国捷克外长施瓦岑贝格在2009年3月19日说，马达加斯加总统拉瓦卢马纳纳

---

① 路透社亚的斯亚贝巴3月20日电。

下台属于军事政变，而不是民主选举，欧盟将"采取谨慎态度"。欧盟暂时搁置了原定于 2009 年初向马达加斯加提供 3 亿欧元的援助计划。① 美国强调，如果马达加斯加采取"宪法以外的"行动来结束危机，美国将切断援助。3 月 20 日，美国指责拉乔利纳执掌马达加斯加总统权力是发动政变的结果，宣布中止对马达加斯加的非人道主义援助。

面对国际社会的指责，过渡政府成立后的首要任务是寻求政权的合法性和国际承认。欧盟、非盟、美国等多次要求马达加斯加尽快举行总统选举，尽早结束政治危机。面对国际社会压力，过渡政府做出让步，以期得到国际社会的承认，恢复援助，摆脱困境。在 2009 年 4 月结束的马达加斯加全国大会上确定了选举日程：2009 年 4 月完成宪法修订草案的起草；7 月讨论通过选举法和其他相关法律；9 月举行全民公决；10 月成立独立的国家选举委员会；12 月进行村/居委会主席选举；2010 年 3 月国民议员选举；10 月进行总统选举；2011 年 2 月举行乡镇及行政区代表选举；2011 年 3 月举行参议员选举。该日程安排将过渡政府的执政期由原定的 24 个月缩短为 19 个月。②

尽管过渡政府试图缓和局势，但拉瓦卢马纳纳的支持者继续游行示威，并与军警发生冲突，造成示威者伤亡。拉瓦卢马纳纳一再宣称将回国与过渡政府分享权力。过渡政府决定禁止一切公众集会，逮捕已流亡南非的拉瓦卢马纳纳任命的总理马南达菲及其他游行示威组织者，并要求政治流亡者在 2009 年 6 月 26 日前不得返回国内。

联合国、非盟、法语国家组织和南部非洲发展共同体积极斡旋马达加斯加各派谈判解决危机，并组成国际接触小组居间调

---

① http：//mg. mofcom. gov. cn/aarticle/jmxw/200904/20090406146397. html.

② http：//mg. mofcom. gov. cn/aarticle/jmxw/200904/20090406149766. html.

停。2009 年 4 月 19 日上午，前总统拉瓦卢马纳纳、扎菲、拉齐拉卡和过渡政府领导人拉乔利纳的四方代表以及其他政治流亡者的代表，在法国驻马达加斯加使馆举行了由欧盟驻马达加斯加使团主持的政治磋商。下午，以欧盟轮值主席国捷克大使为团长的欧盟驻马达加斯加使团在总统府同过渡政府进行政治对话，希望过渡政府尽快恢复宪政，进行透明、自由、民主的选举。5 月 22 日，四方代表继续举行会谈，至 25 日因各方分歧太大未能取得成果。拉齐拉卡方面要求撤销对 2002 年后所有政治人士的法律追究，拉瓦卢马纳纳方面坚持首先释放被过渡政府逮捕的人员，并让拉瓦卢马纳纳返回国内；过渡政府方面坚决拒绝拉瓦卢马纳纳回国。

四方谈判破裂后，随着时间的流逝，过渡政府逐渐完善了政府构成和人事安排，基本控制了国内局势，国际社会的批评之声减弱，开始向马达加斯加提供人道主义援助，局面向有利于过渡政府的方向发展。2009 年 6 月 7 日，拉乔利纳在接受法国记者采访时称，过渡政权的存在已经是一个事实，国际社会承认与否已无所谓，至于他本人是否作为下届总统候选人，则取决于宪法和民意。针对有关指责他是前总统拉齐拉卡和法国的傀儡的传言，拉乔利纳声明他在政治上是独立的，绝不是某个人和某个国家的傀儡。他还批评了前总统拉瓦卢马纳纳疏远法国的政策，希望马达加斯加和法国今后加强合作关系。[1] 此后，过渡政府的态度渐趋强硬，并宣布退出四方会谈，重申绝不允许拉瓦卢马纳纳回国。[2] 拉瓦卢马纳纳阵营随后也宣布退出谈判。四方会谈失败的关键是过渡政府和拉瓦卢马纳纳方面互不相让，过渡政府坚决不同意拉瓦卢马纳纳回国，而拉瓦卢马纳纳则强烈要求回国恢复

---

[1] http：//mg. mofcom. gov. cn/aarticle/jmxw/200906/20090606331687. html.

[2] http：//mg. mofcom. gov. cn/aarticle/jmxw/200906/20090606354053. html.

宪政。由联合国、非盟、法语国家组织及南部非洲发展共同体牵头的国际调停宣告失败，国际接触小组宣布暂时中断谈判。

国际接触小组中断谈判的决定在国际社会引起强烈反响。美国国务院迅速发表公告对此表示遗憾，希望各方尽快回到谈判桌上来，努力达成谅解，组成和解过渡政府。美国谴责造成目前这一局面的违宪行为，坚决反对用武力解决当前危机，重申绝不支持任何政治派别的任何单方面做法，认为只有实现和解，尽快进行大选才是摆脱当前危机的唯一出路。欧盟要求过渡政府必须拿出可以被有关各方接受的解决危机的方案。南部非洲发展共同体在约翰内斯堡召开特别会议，讨论马达加斯加局势，拉瓦卢马纳纳出席会议。南共体认为解决危机的最好方式是立即开始和平谈判，会议任命莫桑比克前总统西萨诺为马达加斯加危机调停人，由南共体牵头，与非盟、联合国及法语国家组织一起主导新的谈判。

面对国际社会的强大压力，马达加斯加过渡政府软化了立场，表示过渡政府并不是拒绝谈判，临时退出谈判只是为了更好地总结和梳理，希望在国际社会的主持下，继续磋商以结束危机。拉乔利纳表示，过渡政府已意识到和平谈判是马达加斯加摆脱当前困境的唯一出路。2009 年 7 月，过渡政府总统拉乔利纳赴布鲁塞尔与欧盟领导人进行对话，希望获得欧盟的理解和支持，但无功而返。欧盟希望过渡政府在国际接触小组的主持下，继续与有关政治力量进行谈判，争取早日签订和解协议，恢复国家的宪法秩序。

2009 年 8 月 5 日至 9 日，在马达加斯加危机调停人、莫桑比克前总统西萨诺的主持下，马达加斯加四方领导人在莫桑比克首都马普托举行和解谈判。四方领导人就结束马达加斯加政治危机达成共识，并签署了马普托政治协定等政治文件。四方领导人一致同意对自 2002 年以来在拉瓦卢马纳纳总统执政时期受牵连的所有政治犯给予特赦，包括 2002 年流亡法国的前总统拉齐拉卡和 2009 年 3 月流亡南非的时任总统拉瓦卢马纳纳，允许他们回国。拉瓦卢马纳纳明确表示将不再参与过渡政府的事务，但将参加下届总统选举。

四方领导人一致同意组成过渡期联合政府，过渡期自马普托政治协定签署之日起最长不超过 15 个月。在此期间，联合政府将举行修宪全民公决、总统选举和立法选举。过渡政府由 1 名主席和 1 名副主席领导，主席仍由现任主席拉乔利纳担任。过渡政府由 1 名总理、3 名副总理和 28 名部长组成，总理、副总理及部长人选将由四个政治派别在 1 个月内推荐产生；过渡时期的立法机构为过渡最高委员会（相当于参议院职能，由 65 名成员组成）和过渡国会（相当于国民议会职能，由 258 名成员组成）。此外，还设有国家独立选举委员会、过渡高等法院、过渡经济和社会发展委员会、过渡国家安全和国防事务委员会等机构。政治协定明确规定，所有过渡政府成员不得参加未来的总统竞选。总统选举将在国际社会的监督下，由过渡政府组织实施。[①]

2009 年 11 月 3 ~ 6 日，在非盟委员会主席让·平的协调下，马达加斯加四方领导人在埃塞俄比亚首都亚的斯亚贝巴再次举行会议，经过艰苦谈判，四方领导人于 11 月 7 日签署分权协议并发表公告，同意组成过渡联合政府。过渡政府总统仍由现过渡权力机构总统拉乔利纳担任，为制衡权力，下设两位联合总统（co-président），分别由来自前总统扎非阵营和前总统拉瓦卢马纳纳阵营的代表担任，3 人将组成总统委员会，每周举行总统会议，共同决定重大问题。过渡政府总理由来自前总统拉齐拉卡阵营的代表出任，3 名副总理则分别来自其余三个阵营。

过渡立法机构方面，前总统拉齐拉卡阵营的代表担任过渡国

---

① http：//mg. mofcom. gov. cn/aarticle/jmxw/200908/20090806452702. html.

会主席，现过渡权力机构总统拉乔利纳阵营的代表担任过渡最高委员会主席，前总统扎菲亲自担任民族和解委员会主席。

此次分权协议的最终签订是国际社会和马达加斯加社会各界共同努力的结果。尽管在马达加斯加国内仍有一些不同的声音，但四方领导人发表的公告，对早日结束马达加斯加政治危机和社会动荡、力争早日取消国际社会的经济制裁具有积极的意义。①

---

① http：//mg. mofcom. gov. cn/aarticle/jmxw/200911/20091106606305. html.

# 第三章

# 政　治

　　自马达加斯加王国诞生起，马达加斯加的政治制度经历了从君主制到殖民地统治，再到共和制的演变。1822年2月14日拉达马一世宣布对马达加斯加全岛拥有主权，马达加斯加王国成为统一的君主制国家。1896年8月6日，法国国民议会正式宣布马达加斯加成为法国海外殖民地，开始了法国的殖民统治时期。1897年2月28日，法国殖民当局取消马达加斯加王朝，结束了马达加斯加王国的君主制度。1960年马达加斯加独立，开启了共和制时代，迄今两度更改国名，反映了马达加斯加共和体制的演变进程。

## 第一节　政治体制的历史沿革

### 一　君主制的建立与演变

　　伊麦利那王国大约在14世纪建立后，确立了长子继承制和世袭王位的王权政治，规定了严格的社会等级制度，即贵族、平民和奴隶三个社会等级。到了17世纪中叶，封建土地所有制和封建土地使用方式逐渐形成①，伊麦利那王国发展成为以农业为主的封建国家。18世纪末19世纪初，被誉为"伊麦利那王国之父"的纳姆波印纳在位期间，进一步强化了王权统治，巩固了王权制度。他将原有的六大封建主改造为中央政府控制下的六个行省的省长，制定刑法和其他法律来巩固封建制度，国王是土地的最高所有者，国王有权处置全国土地。国王把世袭封建领地分封给三个最大的贵族集团，贵族可以对领地上的居民行使司法权、征税权、召集民军等。②

拉达马一世时期继续加强中央集权，同时进行政治变革。废除传统的三级社会等级制度，缓解阶级矛盾；废止官职世袭制，削弱贵族势力对王权的威胁；通过调动平民在统一战争中的积极性，提高平民的社会地位。在统一进程中做出重大贡献的平民逐渐进入国家权力机构，成为国家政权的支柱，政治影响越来越大，形成多个官僚集团，控制了政府和军队，贵族势力则日渐式微。

平民阶层出身的官僚集团在推翻拉达马二世的宫廷政变中，发挥了决定作用。推翻拉达马二世以后，马达加斯加王国的王权政治发生了重大变化，首相专权逐渐取代了国王专制，国王成为马达加斯加王国的精神领袖和民族象征。来自赖尼哈罗家族的赖尼莱阿里沃尼自1864年7月14日开始担任王国首相和军队总司令，历经拉梭赫里纳女王、拉纳瓦洛纳二世和拉纳瓦洛纳三世三位女王，大权从未旁落，成为马达加斯加王国的实际统治者。赖尼莱阿里沃尼通过对国家行政区划和中央政府管理体制进行改革，建立起内阁管理体制，加强了中央对地方的控制。

---

① 参见杨人楩《非洲通史简编·从远古至1918年》，人民出版社，1984，第588页。

② 参见杨人楩《非洲通史简编·从远古至1918年》，人民出版社，1984，第593页。

## 二　法国殖民统治的政治体制

马达加斯加沦为法国殖民地后，殖民当局于 1897 年废黜女王，结束了马达加斯加王国的王权政治制度，并逐步建立起一套完整的殖民统治体系。总督掌握最高统治权力，集殖民地政、军大权于一身，总督无立法权，立法权属法国国民议会；殖民政府的各权力机构均由法国人担任领导职务。

法国在马达加斯加全岛实行同化政策，将法国文化和政治制度强加于马达加斯加。当地居民分为少数的"公民"和绝大多数的"臣民"，马达加斯加人要成为"公民"，必须向殖民政府提出申请，并达到各项规定的条件，如具有一定的法语水平、兵役记录、放弃继承传统的个人地位、服从法国法律等。当地居民一旦成为"公民"，就获得与法国本土公民同样的公民权。到 1939 年，马达加斯加全岛共有 8000 人获得"公民"身份。[1] 通过办学培养法国式的精英是殖民政府实施同化政策的重要手段，殖民地学校一律使用法语教学，绝对禁止使用当地语言。在同化政策下，殖民政府剥夺了马达加斯加当地居民的言论、出版、集会和结社自由的权利。

殖民政府将马达加斯加全国分成若干省，省下设区和县，各省官员由当地大酋长或地方士绅担任。在基层，殖民政府利用马达加斯加人传统的村社组织，任用传统首领，给予他们不同的权力和薪金，来实现对当地民众的统治。

法国在马达加斯加殖民统治的行政管理系统包括：[2]

总督；

---

[1]　吴秉真、高晋元主编《非洲民族独立简史》，世界知识出版社，1993，第 247 页。

[2]　赖·腊伯马南扎腊：《马尔加什民族史》，三联书店，1972，第 254～255 页。

法兰西共和国高级专员；

政府委员会、民政办公室、军事办公室、国防委员会；

秘书长；

仲裁委员会。

行政机构包括：农业管理局、城市建设管理局、兽医管理局、公用事业管理局、水利和森林资源管理局、劳动监察局、矿务局、行政监察局、国有土地管理局、国家印刷局、邮电管理局、财政管理局、经济管理局、情报总署、海关管理局、信贷管理局、国库管理局、卫生局、司法局、地理服务处、无线电服务处、科学研究处、宪兵和土著警备队管理局、公安局、政务局。

## 三 第一共和国的政治体制

### （一）第一共和国的政权结构

**19** 58 年 10 月，法兰西共同体内的马尔加什自治共和国成立。1959 年 4 月 28 日，自治共和国国民议会通过马尔加什共和国宪法，法国议会在 29 日批准该宪法。马尔加什共和国在 1960 年 6 月 26 日独立后，继续沿用该宪法。6 月 28 日，国民议会通过宪法修正案，删除了所有涉及与法国和法兰西共同体关系的内容，完成了从法兰西共同体内的自治体向完全独立国家的转变。

马尔加什共和国实行总统制，国民议会选举总统，总统兼任总理和武装部队总司令，任期 7 年，可连选连任。1962 年，国民议会通过宪法修正案，将国民议会选举总统改为全民选举总统。

议会是马尔加什共和国的最高立法机构，为两院制，由国民议会和参议院组成。国民议会的 107 名议员均由选举产生，任期 5 年；参议院的 54 名议员中 2/3 由选举产生，1/3 由总统任命。国民议会议席最初是按省为单位分配议席，1959 年 11 月 24 日改为以政治派别为单位分配议席，并在独立后继续沿用。1960

年 6 月 21 日，国民议会通过宪法修正案，规定政府有权在任何时候解散议会。①

1960 年 9 月 5 日，马达加斯加举行独立后的首次国民议会选举，以齐腊纳纳总统为主席的社会民主党获 81 席，成为执政党。以雅克·腊贝马南热腊为首的米阿腊—米林德腊集团②（Groupe Miara – Mirindra）在图阿马西纳省赢得 16 席；约瑟夫·腊沃昂纪派③（Joseph Ravoahangy）在塔那那利佛省获得 7 席。主要反对党独立大会党获得 3 席。1960 年 10 月 2 日举行参议院选举，在选举产生的 36 名议员中，社会民主党占 31 席，其他党派为 5 席。④

1960 年 10 月 10 日，独立后的马达加斯加首届政府成立，组成如下：齐腊纳纳总统兼任政府总理和国防部部长；加耳万（社会民主党）任副总理；阿尔培·西拉（米阿腊—米林德腊集团）任外交和共同体国家关系部部长；雅克·腊贝马南热腊（米阿腊—米林德腊集团）任农业部部长⑤；安德烈·雷桑帕（社会民主党）任内政部部长；保罗·隆盖（法国人）任财政部部长；约瑟夫·腊沃昂纪（约瑟夫·腊沃昂纪派）任卫生和人口部部长；欧仁·勒沙（社会民主党，法国人）任公共工程和运输部部长。

根据宪法设置最高制度委员会（The High Council of Institutions），负责确保法律与宪法一致、裁决国家和省的选举程序是否合法、监督举行全民投票等。委员会由 5 人组成，总统和

---

① 《世界知识年鉴》，世界知识出版社，1961，第 538 页。
② 1961 年，米阿腊—米林德腊集团并入社会民主党。
③ 1961 年，约瑟夫·腊沃昂纪派加入社会民主党。
④ 《世界知识年鉴》，世界知识出版社，1961，第 538 页。
⑤ 雅克·腊贝马南热腊 1961 年加入社会民主党后，先后出任经济部长和外交部长。

国民议会议长各提名 2 人，参议院议长提名 1 人，其中 3 人须有司法经验，任期 7 年。新法案在该委员会审核期间暂停执行，如果该委员会裁定议会通过的法律违宪，须退回议会修改。

第一共和国的司法体系包括最高法院（The Supreme Court）、上诉法院（The Court of Appeal）、高等司法法院（The High Court of Justice）、刑事法院（Criminal Courts）、初等法院（Lower Courts）。

### （二）第一共和国的政治特点

社会民主党和齐腊纳纳总统的集权统治是第一共和国的重要政治特征。马达加斯加独立后实行多党制，全国有 30 多个政党，多数规模较小，仅局限于代表一个部族或某一派别，只有社会民主党和独立大会党具有全国范围的影响，是政坛的主要竞争对手。1960 年，社会民主党有 50 万党员，是第一大党。独立大会党是主要反对党，在议会占有少数席位。1961 年和 1962 年，一些小党加入社会民主党，其实力进一步加强。另一些政党组成联合阵线，尽管没有加入到社会民主党，但宣布支持总统。只有少数的小党继续独立存在，如莫尼玛党。

齐腊纳纳成功争取到小党的支持，孤立了独立大会党，加之齐腊纳纳的个人威望极高，社会民主党及其政治盟友在政府和国民议会都占有绝对的人数优势，完全控制了国家权力。1964 年举行地方议会选举，在所有的 788 个议席中，社会民主党人赢得 598 席，占 76%；独立大会党获得 132 席，占 17%；其他党派和独立候选人获 58 席，占 7%。1965 年 3 月 30 日，独立后首次总统选举，齐腊纳纳赢得 97% 的选票。1965 年 8 月的立法选举，社会民主党控制了国民议会 107 席中的 104 席，以及除两名由总统任命的对政治不关心的参议员外的全部参议院席位。①

① Harold D. Nelson：*Area Handbook for the Malagasy Republic*，U. S. Government Printing Office，1973，p. 163.

1969 年 12 月，地方政府选举，社会民主党获得全面胜利，但在一些决定性地区，对该党的支持显著下降，尤其是在城市选民中，对社会民主党的不满更为明显。在塔那那利佛，社会民主党尽管仍占优势，但独立大会党的得票增加一倍，社会民主党只有 7 席的优势；在图阿马西纳，社会民主党只赢得 49% 的选票，独立大会党赢得 31% 的选票，第三力量联盟得到 20% 的选票，在市议会中，反对派比社会民主党多了 1 席。

1972 年 1 月，在没有竞争者的情况下，齐腊纳纳以 99.7% 的选票赢得第三个总统任期。与此同时，广大民众对齐腊纳纳和社会民主党执行的政治经济政策已经表现出强烈的不满：一是齐腊纳纳和社会民主党坚持与法国保持密切关系；二是广大民众未能从政府制定的经济政策中获益；三是社会民主党内部的矛盾斗争愈演愈烈。反对派利用广大民众对政府和执政党的不满，逐渐壮大自己的力量。1972 年，陷入严重政治危机的第一共和国终于爆发"五月革命"，迫使齐腊纳纳将权力交给军方。

## 四 第二共和国的政治体制

### (一) 第二共和国的政权结构

**19** 75 年宪法以法律形式确定了在马达加斯加进行社会主义革命和建立社会主义社会的原则。宪法规定国家机构包括总统、最高革命委员会、议会、政府、军人发展委员会和最高宪法法院。

总统：总统为国家元首、全国武装力量的最高统帅，拥有最高权力，由全民直接选举产生，任期 7 年，可连选连任。1983 年 8 月，全国人民议会选举后，根据宪法修正案，共和国总统为终身总统。

最高革命委员会：1975 年成立，由军人组成，1976 年扩大为包括非军人在内的国家重要机构，由 22 名成员组成，包括总统、总理、参加"全国保卫革命阵线"的政党领袖和一些人民军军官，任期一般为7年，可连选连任。该委员会的2/3成员由总统直接任命，1/3成员由全国人民议会提名，总统委任。总统担任最高革命委员会主席。根据宪法，最高革命委员会拥有极大的权力，其职责是：协助总统制定国家的方针、政策并监督执行；在总统不能履行职权时，集体代行总统职权，直到选出新总统；在议会休会期间，有权颁布法令，并由议会下次会议确认；在发生紧急状态或政府宣布过渡时期行使立法权，颁布法令；审查向议会提交的法律草案是否符合《马达加斯加社会主义革命宪章》；就国家的法律草案提出举行公民投票。最高革命委员会下设生产和财政、供应和贸易、社会、司法和行政管理、国防安全、基本建设和领土整治等委员会。

全国人民议会：国家最高立法机构，实行一院制，议员137名，任期5年，各组织和党派提名候选人，在全国6个法里塔尼①（Faritany）分配名额，由全民选举产生。全国人民议会的职权主要是制定各项法律、讨论并通过国家发展计划和国家预算、批准条约和协定等。全国人民议会听取政府工作报告，对政府的活动有权提出质询。全国人民议会有权向总统提出公民投票的建议，但须得到3/4以上议员的同意方可实施。

全国人民议会每年举行两次会议，每次会期在30～60天之间，分别于7月10日前和12月10日前结束。如有特殊情况，根据总统提议或2/3以上议员的要求，可召开特别会议，但需在例会闭幕一个月后举行。特别会议一般公开举行，但若有1/4的议员要求，可秘密举行。

最高人民会议设常设局，由议长、5名副议长和2名财务行政主管组成，主持议会工作。第一次会议召开时，在没有选出议

---

① 法里塔尼就是原来的省。

会领导人之前，由最年长或最年轻的议员主持会议。最高人民会议下设司法委员会、财政经济委员会、外交和文化教育委员会、社会事务委员会、农村发展委员会和复兴委员会等 6 个委员会，6 名副议长分别兼任各委员会主席。

政府：政府是国家的最高行政管理机构，制定和执行国家的政策。总理是政府首脑，由总统任命。总理提名部长人选，由总统任命。

军人发展委员会：咨询机构，最初由 50 名现役军人和宪兵组成，后增至 64 人，总统根据国防部长提名任命。每年举行两次例会，主要讨论国防和军队参加生产建设问题，目的是使军队在完成保卫国防和保证治安的同时，积极参加经济和社会发展工作。

最高宪法法院：国家宪法的监督机构。其主要职能是：监督和检查宪法执行情况；监督共和国总统选举、最高革命委员会成员的任命、全国人民议会议员选举；裁决各种法令和规定，在法律公布实施前审核其是否符合宪法规定；对宪法的统一性、国家机构之间以及中央政府和地方政府的权限做出裁决。7 名成员组成最高宪法法院，总统、最高革命委员会和全国人民议会各指定 2 名，政府指定 1 名，由总统任命，任期 5 年，可连任。院长由总统在 7 名成员中任命。最高宪法法院的成员在任期间不得兼任最高革命委员会和政府成员，不得从事其他职业性活动。

司法机构：第二共和国的司法机构包括最高法院、上诉法院和法庭。

(二) 第二共和国的政治特点

根据《马达加斯加社会主义革命宪章》，进行社会主义革命和建设是第二共和国的显著政治特征。《马达加斯加社会主义革命宪章》从根本上否定了多党制，但承认在民族民主革命阶段，建立单一政党制度的时机尚不成熟，允许执政党外的其他政党的存在。在实践中，执政党"马达加斯加革命先锋"完全掌控着国家政权。

1983 年，马达加斯加革命先锋有党员 300 万名，3 万个基层支部遍布全国。在政府 18 名部长中占 12 名，在全部 137 名议员中占 112 名，在最高革命委员会 21 名委员中占 14 名，各级地方政府的负责人也几乎是马达加斯加革命先锋的成员。① 拉齐拉卡通过马达加斯加革命先锋完全掌控了马达加斯加政局，为推进其倡导的社会主义革命创造了条件。

拉齐拉卡在大力加强执政党建设的同时，严格限制其他政党的存在和活动能力。根据《马达加斯加社会主义革命宪章》的精神，为实现民族民主革命的胜利和逐步实现社会主义，需要在马达加斯加革命先锋领导下，建立全国统一战线组织。1977 年 1 月 10 日，马达加斯加革命先锋和赞成《马达加斯加社会主义革命宪章》的政党和组织组成的统一战线——全国保卫革命阵线正式成立，其中包括莫尼玛党、独立大会党、卑贱者争取政权党、翁济党、基督教民主同盟和工会等，拉齐拉卡任阵线的总书记。拉齐拉卡宣称"这个阵线是我们斗争的不可摧毁的堡垒"，"全国一切左派力量的联合是革命成功的条件"。拉齐拉卡颁布了全国保卫革命阵线组织条例：一切革命组织必须加入以革命先锋为核心的全国保卫革命阵线，反对者则予以取缔。《宪法》规定：除全国保卫革命阵线之外，任何政党不得从事政治活动。② 全国保卫革命阵线的成立，意味着马达加斯加根据《马达加斯加社会主义革命宪章》精神在向单一政党体制演变。

---

① 唐大盾等：《非洲社会主义：历史·理论·实践》，世界知识出版社，1988，第 305 页。

② 唐大盾等：《非洲社会主义：历史·理论·实践》，世界知识出版社，1988，第 306 页。

## 五 第三共和国的政治体制

### （一） 第三共和国的政权结构

**19** 92 年宪法规定，马达加斯加共和国是世俗的主权共和国，民主是共和国的基础。马达加斯加共和国的箴言是：祖国、革命、自由。

1992 年宪法规定的国家政权机构包括：

总统：总统是国家元首和武装力量最高统帅，经全民普选产生，任期 5 年，可连任 2 届。2007 年 4 月 4 日的全民公决通过宪法修正案，规定总统候选人的条件是：必须拥有马达加斯加国籍，且其父母亦须拥有马达加斯加国籍；候选人在提交参选材料前须年满 40 周岁，并在提交材料前在马达加斯加共和国境内居住满 6 个月。总统根据议会提名任命政府总理，根据总理的提名任命部长。总统主持内阁会议。总统在与内阁协商后，经国民议会议长、参议院议长、宪法法院院长同意，为保卫共和国、维护公共秩序或为了国家安全，可宣布国家紧急状态，颁布戒严令。

议会：议会是国家最高立法机构，实行两院制，由国民议会和参议院组成。国民议会议员称众议员，全部由直接普选产生，按照党派得票比例产生，任期 5 年。参议院的议员称参议员，任期 5 年（2007 年 4 月修宪，将原来的 6 年改为 5 年），2/3 参议员由地方选举产生，其余的 1/3 为经济、社会和文化界的代表，经各种合法成立的组织和集团提名，由共和国总统任命，任命可因特定原因取消。参议院每两年更换一半成员，两类参议员分别更换一半。

议会两院在分别以 2/3 多数同意后，可以总统身体或精神原因无法履行其职务为由，要求最高宪法法院宣布暂时中止总统职务。总统空缺或总统无法行使权力时，由参议院参议长代行总统

97

职权，并在 30～60 天内选出新总统。总统有权解散国民议会，并进行新一轮立法选举。新的选举后，总统在一年内不得再次解散国民议会。总统可以对议会所通过议案的全部或部分内容行使否决权，要求议会重新审议，国民议会和参议院两院的绝对多数可推翻总统的否决。

政府：政府是国家的最高行政管理机构，由总理和部长组成，对议会负责，向议会提交法案。总理被任命后的 30 天内，应向国民议会提交施政纲领，国民议会可就政府的施政纲领提出建议。经内阁会议批准，总理可就政府责任提出信任案。国民议会表决需在信任案提交 48 小时后进行。若国民议会以绝对多数票反对信任案，政府须向总统辞职。国民议会可对政府进行弹劾案投票，但弹劾案须由国民议会一半以上议员签署方可进行，且必须在提出弹劾案 48 小时后方能交国民议会表决。弹劾案获国民议会 2/3 以上议员赞成方能生效。弹劾案生效后，政府须向总统辞职。此后 10 天内，总统必须向参议院提交新内阁名单和新政府提出的施政纲领，在与参议院协商后，总统将被任命的新内阁名单和新政府的施政纲领送交国民议会。若国民议会再次拒绝新内阁及其施政纲领，国民议会自动解散，并在 40 天内举行国民议会选举，如果新议会仍未通过内阁的任命及其施政纲领，总统必须立刻辞职，并在 30 天内举行新的总统选举。

司法机构：设最高法院、最高司法法院、高等宪法法院。最高法院包括终审法院、国务委员会和审计法院。

### （二）第三共和国的政治特点

实行多党制的第三共和国政坛，政党间的政治和权力斗争非常激烈。自进入第三共和国时期后，政党数量逐年增加。1993 年立法选举时，经正式申请注册并获批准成立的政党和政治集团已经超过 100 个，1998 年统计有 152 个政党，拉瓦卢马纳纳执政时期有 173 个政党。① 政党间的政治和权力斗争非常激烈，每当政权更迭，主要政党间的力量对比就会发生显著变化。新任总统为稳固统治基础，着力加强执政党的实力，控制国家的行政和立法权，原执政党的实力则一落千丈。

1989 年的议会选举中，共有 137 个议席，马达加斯加革命先锋获得其中的 120 个。1993 年第三共和国首次立法选举中议席增加到 138 个，新任总统扎菲曾任主席的有生力量委员会获得 47 席，争取马达加斯加发展党 15 席，火炬领袖社 14 席，各地区共同发展组织 11 席，聚会社 9 席，社会民主党联盟 8 席，复兴独立大会党 5 席，全国发展与民主联盟 5 席，正义派全国民主与发展联盟 2 席，其他政党、团体及独立候选人 22 席。② 马达加斯加革命先锋在总统和立法选举先后失利后，于 1994 年 3 月更名为马达加斯加复兴行动党，拉齐拉卡任总书记。该党声明自己是反对党，但坚持信仰社会主义。

由于扎菲在 1996 年的总统选举中落败，其领导的由众多党派和团体组成的有生力量委员会的影响急剧下降，许多党派和团体相继退出。1997 年，该组织因内部党派权力之争，陷入分裂。在 1998 年 5 月的议会选举中，国民议会席位从 138 席扩大为 150 席。重返总统宝座的拉齐拉卡领导的马达加斯加复兴行动党获 63 席，其政治盟友火炬领袖社获 16 席，两党共拥有议会 52.7% 的席位。其他参政党社会民主联盟 11 席，马达加斯加复兴独立大会党 3 席。反对派共获 25 席，前总统扎菲为参加选举在 1998 年 4 月创建的工作、正义与发展协商委员会是主要反对党，仅获得 6 席，温和反对派众评社获 14 席，争取马达加斯加发展党 3 席，聚会社 1 席，为发展而反思、行动组织 1 席，独立人士获

① http：//www.fmprc.gov.cn/chn/pds/gjhdq/gj/fz/1206_ 31/.
② 《世界知识年鉴》，世界知识出版社，1997，第 356 页。

32 席。① 2001 年 3 月，60 名选举产生的参议员中，马达加斯加复兴行动党获得 49 席，火炬领袖社 5 席；反对党众评社获得 2 席，工作、正义与发展协商委员会 1 席；独立人士获 3 席。其余 30 名参议员由拉齐拉卡总统任命。

在 2001 年 12 月总统选举中获胜的拉瓦卢马纳纳，于 2002 年 10 月 16 日正式宣布解散马达加斯加国民议会，其主要理由是：世界银行和某些援助国要求提前举行议会选举，以换取它们对马达加斯加新政权的承认和提供财政援助。新议会选举在 2002 年 12 月 15 日举行，共有 163 个政党的候选人竞逐 160 个席位。选举结果是，拉瓦卢马纳纳创建的执政党——我爱马达加斯加党获 103 席，由参政党组成的民族团结联盟获 21 席，社会民主联盟获 5 席。前总统拉齐拉卡领导的马达加斯加复兴行动党仅获得 3 席，争取马达加斯加发展党 2 席，火炬领袖社获 1 席。其他党派共获 3 席，独立人士获 22 席。2002 年 7 月，拉瓦卢马纳纳总统撤销前总统拉齐拉卡对 30 名参议员的任命，重新任命 30 名参议员，全部为我爱马达加斯加党成员。

政权更迭与政治危机相伴相生是第三共和国的一个重要政治特征。政党间激烈的权力斗争造成国家政局难以长期稳定，或是政权更迭引发政治危机，或是政治危机导致政权更迭。每一次政治危机都引发严重的社会动荡，阻碍社会经济的正常发展。

扎菲就任第三共和国总统后，总统与总理、政府与议会之间激烈的权力斗争，引发第三共和国的政治危机，并最终酿成扎菲总统被议会弹劾。在随后提前举行的总统选举中，前总统拉齐拉卡当选总统。拉齐拉卡在任期间，以政治稳定和发展经济为首要任务，并取得初步成效，政治上形成了以复兴行动党为主体的多数派，经济上实行自由化经济政策，逐渐扭转了经济停滞的局

① EIU: *Country Profile*, Madagascar, 1999 - 2000, p. 6.

面，经济增长率逐年提高，通货膨胀率显著下降。但是，来之不易的经济恢复和政治稳定局面，被 2001 年总统大选后爆发的政治危机和社会骚乱破坏了。同样，拉瓦卢马纳纳就任总统后，着力稳定政局，以私有化和自由化推动经济发展，取得明显成效。然而，就在人们看好马达加斯加的政治经济形势，外国直接投资连年增长的时候，2008 年底和 2009 年初的又一场严重的政治危机中断了政治和经济发展进程，并导致总统拉瓦卢马纳纳被迫辞职，拉乔利纳就任过渡政府总统。

自进入第三共和国以来，总统职权不断扩大。第三共和国伊始，政府总理由议会选举产生，政府对议会负责。扎菲任总统以全民公决的方式，通过宪法修正案，将任命总理的权力收归总统，但议会可以对政府进行信任投票。2007 年 4 月 4 日，拉瓦卢马纳纳同样以全民公决的方式通过宪法修正案，原有的 6 个自治省被取消（过渡期为 30 个月），改由中央政府直接领导 22 个行政大区。

## 第二节　现行立法和司法制度[①]

一　立法制度

会是马达加斯加共和国的最高立法机构，由国民议会和参议院组成。

### （一）议会的产生

凡年满 18 周岁、在马达加斯加国内居住、拥有完全民事权利的马达加斯加公民都享有选举权，可以参加国民议会议员选举

---

① 本节内容参阅王晓民主编《世界各国议会全书》，世界知识出版社，2000；
http：//www. fmprc. gov. cn/chn/wjb/zzjg/fzs/gjlb/1585/1585x0/default. html.

的投票。凡年满 21 周岁、享有选举权、能良好地履行为国家服务和纳税义务的马达加斯加公民均可参加国民议会议员的竞选。但不包括下列人员：入籍不超过 10 年的人；担任其他经选举产生的职务的人；总统、调查官、民事或军事法院的法官、政府成员、全国选举委员会成员和宪法法院成员；除教师以外的任何公共雇员。

全国划分为 116 个选区，包括 82 个单选区和 34 个双选区。众议员竞选采用混合制。单选区是单轮简单多数制，双选区是使用最高平均数法的政党提名比例代表制。在两次大选之间出现的空缺，由同一政党提名名单上的下一人或指定的替补者担任。

### （二）议会的职权

国家立法权归国民议会和参议院行使。国民议会通过的所有法律议案送交参议院批准，参议员有 20 天的时间对议案进行审议，如果参议院在此期间未审议，议案则提交总统颁布为法律。如果参议院否决议案，将被送回国民议会再次审议。若国民议会再次通过，则直接提交总统颁布为法律。

### （三）议会的组织机构

国民议会议长由全体议员选举产生，在第一轮选举中必须获得绝对多数方可当选，若需举行第二轮选举，获得简单多数即可当选。议长任期 5 年，可因辞职、死亡、议会解散或 2/3 以上副议长同意而提前终止任期。议长负责议会日常事务和议会的对外关系，主持议会会议和辩论，可以参加投票。议长位居国家领导人的第二位，受军队保护。

国民议会设有 12 个专门委员会，即：财政委员会，国防和安全委员会，外交和国际关系委员会，农村发展（农业、牧业、渔业和水产资源）委员会，基础设施和通信（公共工程、领土整治、计划、邮电、通信和交通）委员会，社会事务（卫生和人口）委员会，教育和文化（教育、文化、研究、青年和体育）

委员会，司法和立法委员会，内政、地方分权和领土管理委员会，工业、手工业、贸易、矿产和能源委员会，就业（公职、公共和私人劳动）委员会，环境、水利、林业和旅游委员会。各委员会按议会党团人数的比例代表制组成，成员在 12～26 人之间，包括主席 1 名、副主席 1 名、报告员和助理报告员各 1 名。委员会主席由全体大会选举产生，主席召开委员会会议选举领导成员。1 名议员最多担任 1 个委员会的主席。议会主席团会议可要求各委员会讨论其职权范围内的事务。经各专门委员会审议后，凡涉及财政内容的事情，在提交给全体会议审议前须征询财政委员会的意见。

委员会根据主席的要求召开会议。所有议员都有权参加委员会会议及其辩论，但只有委员会成员有权参与表决。委员会开会时，每人每次发言时间不得超过 10 分钟。讨论同一问题或审议同一条款时，每名委员发言不得超过 3 次。在讨论时，若认为信息不足时，1 名委员可要求结束讨论。委员会将就他的要求进行表决，如果到会的多数委员支持其要求，讨论即告结束。反之则继续讨论。对任何偏离议题或重复性的讲话，委员会主席可予以制止。

议会各委员会的工作日程应告知政府，政府各部门应派代表参加相关委员会的会议。应参加委员会会议的有关部长无法参加会议时，可委派能够负责的人员与会。所有政府成员均可参加委员会会议并表明看法。

委员会的决定以表决的方式做出，只有在委员会与会委员超过半数的情况下，委员会的表决才生效。在票数相等的情况下，以委员会主席的意见为准。

委员会委员若无正当理由缺席所属委员会的会议，委员会主席有权要求其做出解释。委员缺席委员会会议须做出书面汇报。

国民议会设执行局，由议长、5 名副议长和 2 名总务长组

成，任期都是 4 年。执行局由议长每周召集一次会议，执行局集体行使职权并向议长提出建议。

（四）议会工作程序

**1. 立法程序：总理和议员均有权提交法案**

内阁会议制定的法案可提交议会两院中的任何一院，但关于国家收入与开支的法案应首先提交国民议会。

议员提交的法案或修正案应通知政府，政府对议员提交的法案和修正案分别拥有 30 天和 15 天的期限以提出其看法。期限过后，议会将审议决定是否通过相关法案或修正案。除财政法案外，议会不审议任何通过后将导致国家收入减少或支出增加的法案或修正案。在立法程序内，若出现法案或修正案不属法律范畴的情况，政府可提议不予审议。在政府和国民议会或参议院之间出现意见分歧时，应总理或两院任何一位议长的要求，高等宪法法院在 8 天内就相关争议做出裁决。

所有法案首先应由国民议会和参议院全体会议审议。若两院发生意见分歧，法案只能在两院均以两读的方式审议后通过；或者，若政府宣布为紧急法案，在两院均以一读方式审议后，总理有权要求召开由两院相等数目议员组成的混合委员会会议，负责就有争议条款提出一个建议文本。该建议文本可由政府提交议会两院批准。未经政府同意，不得对文本进行任何修改。或混合委员会未就文本内容达成一致，最终由国民议会以绝对多数做出裁决。

总统收到国民议会批准后的法案，应在 3 周内将其作为法律颁布。在 3 周时间内，总统可要求议会重新审议法案的条款，议会不得拒绝此要求。

**2. 预算审批程序：议会在其第二次常会中审议财政法案**

议会审议财政法案的最长期限为 60 天。国民议会一读审议财政法案的最长期限为 30 天，在此期限内，国民议会如果未就

财政法案发表意见，财政法案被视为获得通过并转送参议院审议。参议院一读审议财政法案的最长期限为 15 天。议会两院二读审议财政法案的最长期限为 5 天。在规定期限内若两院未就财政法案发表意见，则视为两院以多数赞成通过财政法案。如果议会未能在第二次常会期间通过财政法案，法案的相关规定在包含议会两院采纳的修改意见后以条例的形式生效。所有对预算法案的修改若将引起支出增加或收入减少，则须附有增加收入或平衡经济的建议。

**（五）议会会议制度**

会议种类：议会的全体会议分为常会和特别会议。国民议会每年召开两次常会，每次常会的会期须在 60 ~ 90 天。第一次常会在 5 月的第一个星期二开始；第二次常会于 9 月的最后一个星期二开始，主要讨论财政法案。

在总统的提议下，或应国民议会绝对多数成员的要求，经内阁会议通过后，共和国总统发布法令，可召开有确定日期的议会特别会议。特别会议不得超过 12 天。只有共和国总统有权在议会特别会议结束后 1 个月内提议召开新的议会特别会议。

新一届国民议会在立法选举结果公布后的第二个星期二举行特别会议，以选举产生常设机构。

参议院会期与国民议会一致。应政府要求，参议院可召开特别会议，会议日程由内阁会议通过的法令确定。

二 司法体制

**总**统保障司法独立，最高司法委员会协助总统工作，该委员会主席由总统兼任。设最高法院、最高司法法院、高等宪法法院。

最高法院负责监督司法、行政、财政系统法律机构的正常运转，包括终审法院、国务委员会和审计法院。

最高司法法院负责裁决总统、议长、总理和政府组成人员、最高宪法法院院长的叛国、违宪及渎职罪等。组成人员包括最高法院首席院长、2名终审法庭庭长、2名上诉法院院长、2名国民议会议员、2名参议员。

高等宪法法院负责依据宪法裁决条约、法律、条例、规章，裁决国家部门之间及地方之间的司法冲突，裁决有争议的选举，监督总统、国民议会议员和参议员的选举，宣布全民公决和选举的结果。高等宪法法院由9名成员组成，任期7年，不得连任。其中3名成员由总统任命，2名由国民议会任命，2名由参议院任命，2名由最高司法委员会选举产生。院长由总统任命。

# 第三节　主要政党和社会团体

一　主要政党

（一）社会民主党（Parti Social Démocrate，法文；简称PSD）

19 56年由齐腊纳纳创建，其成员主要来自海岸族的公务员，拥护戴高乐宪法，赞成"法兰西共同体"，反对立即独立，主张独立后与法国保持紧密关系。一些小党在自治共和国时期并入该党，势力逐渐壮大。1960年马尔加什共和国独立后，社会民主党成为执政党，垄断了政坛，主席齐腊纳纳任总统，总书记安德烈·雷桑帕任内政部长。在独立后首次国民议会选举中，该党占据了全部107个议席中的81席，重要内阁职务均为该党成员担任。1960年9月该党全国委员会通过施政纲领，提出土地改革、成立合作社和小型加工业、更多使用马达加斯加语等政策。

在 1972 年爆发农民暴动和工人学生运动前，社会民主党一直掌权，但其内部派系斗争十分严重，尤其是齐腊纳纳和雷桑帕的矛盾极为尖锐。齐腊纳纳政权垮台后，拉马南佐阿政府宣布社会民主党为非法组织，予以取缔。1974 年，齐腊纳纳与雷桑帕和解，组建马尔加什社会党（the Parti Socialiste Malgache）。1975 年，当时的国家元首拉齐曼德瓦拉被暗杀后，该党被取缔。部分党员后加入翁济党或马达加斯加革命先锋。1990 年，马达加斯加民主共和国允许成立新政党，雷桑帕重建社会民主党，于 1990 年 3 月 30 日开始恢复活动，主张起草新宪法，释放政治犯，实现民族和解，反对经济结构调整计划，要求重返法郎区，重返社会党国际。

（二）独立大会党（Independence Congress Party of Madagascar，英文；Antokon'ny Kongresin'ny Fahaleovantenan'I Madagasikara，马达加斯加文；简称 AKFM）

1958 年 5 月成立。1958 年 5 月 2～4 日，马达加斯加"全国争取独立代表大会"召开，与会的马尔加什人民联盟、马尔加什民族阵线、农民之友社、印度洋新民主党和全国独立运动等 5 个政党和组织组建了独立大会党。该党领导人大部分来自知识分子和首都的中产阶级，在首都塔那那利佛市影响很大。该党领导了当年的反对法国戴高乐宪法的运动，主张立即完全独立，收回被法国公司占有的土地，将欧洲人的企业收归国有，实行同工同酬。独立后，该党主张修改与法国签署的合作协定，清除殖民主义残余。1962 年 9 月，该党"三大"通过决议，要求建立国营经济部门，改革农业和畜牧业，进行土地改革；对外主张奉行积极的中立主义，在平等的基础上同所有国家建立关系。在第二共和国时期，该党向全国发展，成为马达加斯加第二大党，有党员 10 万人，基层支部 2721 个。该党是拉齐拉卡政权的有力支持者，是"全国保卫革命阵线"成员，主张在马达加斯加实行

"科学社会主义",加强同苏联和东欧社会主义国家的关系。在导致第二共和国终结的政治危机中,该党因是否继续支持拉齐拉卡而分裂。党主席里夏尔·安德里亚芒雅托(Richard AndriaManjato)宣布参加1989年总统竞选,挑战拉齐拉卡,但未获党内支持,于是宣布退出独立大会党,另立新党——复兴独立大会党(AKFM Renouveau)。独立大会党继续支持拉齐拉卡政府,反对修改宪法,1990年3月参加"保卫马尔加什社会主义战斗运动"(Mouvement Militant pour le Socialisme Malgache)。进入第三共和国后,该党逐渐淡出政治舞台的中心。

(三)马达加斯加革命先锋(Avant-Carde de la Révolution Malgache,法文;简称AREMA)

拉齐拉卡就任马达加斯加民主共和国总统后组建的执政党,1976年3月19日正式成立,拉齐拉卡任总书记。该党党章规定,该党是由"工人、农民、妇女、进步知识分子和人民武装力量中的最有觉悟的分子组成",是"人民群众的先锋队",是全国保卫革命阵线的核心组织。该党以建立社会主义新社会为最高使命,在全国范围内建立党的基层组织,大力发展党员,拥有300多万党员,为全国第一大党,政府、最高革命委员会、议会等机构中的绝大多数是该党成员,在国内政坛占有绝对优势。拉齐拉卡1993年下台后,该党于1994年3月更名为马达加斯加复兴行动党。

(四)争取马达加斯加独立全国运动(Mouvement National pour l'Indépendance de Madagascar,法文;简称MONIMA,莫尼玛党)

1958年由蒙加·乔纳(Monja Jaona)创建,大部分为工人、农民、职员和自由职业者,具有强烈的民族主义和地方主义色彩。成立之初,该党主张马达加斯加立即独立。在第一共和国的大部分时间内,该党是反对党,主张维护民族独立,发展民族经济与文化，彻底消除法国在马达加斯加的殖民势力，全面实行国有化，实行土地改革，实现社会主义。该党遭到齐腊纳纳政权和社会民主党的打压，影响减弱，主要局限于图利亚拉地区。1971年，当局以组织农民暴动为由，将其取缔。在第二共和国初期，恢复活动的莫尼玛党主张在马达加斯加实现社会主义，支持拉齐拉卡政权，加入全国保卫革命阵线，但在 1977 年退出。此后，该党分裂，一部分人成立莫尼玛社会主义联盟，指责蒙加·乔纳专横和独裁，重返全国保卫革命阵线，还有许多莫尼玛党成员投向马达加斯加革命先锋。1981 年，实力已大为减弱的莫尼玛党在蒙加·乔纳的领导下，重返全国保卫革命阵线。1982 年和1989 年，蒙加·乔纳两度与拉齐拉卡竞争总统宝座，但均以失败告终。在 20 世纪 80 年代末民主化和自由化浪潮中，莫尼玛党重新回到支持拉齐拉卡政权的立场。进入第三共和国后，莫尼玛党逐渐淡出马达加斯加政治舞台。

（五）**卑贱者争取政权党**（Mpitolona ho amin'ny Fanjakan Madinika，马达加斯加文；简称 MFM）

成立于 1972 年 12 月，最初是从莫尼玛党分裂出来的极左派组织，主要在知识界和青年学生中活动，主张实行马克思主义，与支持资本主义的政党作斗争，没收一切外国资本。第二共和国时期，支持拉齐拉卡政权，加入全国保卫革命阵线。20 世纪 80 年代后期开始，该党改变了意识形态，拥护自由市场经济政策。1990 年 10 月，更名为争取马达加斯加发展党。

（六）**争取马达加斯加发展党**（Parti Mititant pour le Développement de Madagascar，法文；简称 PMDM）

1990 年 10 月由卑贱者争取政权党更名而来。主张修改 1975年宪法，实行真正的自由市场经济，尊重人权和个人自由。该党是推动第三共和国建立的重要政治力量。在 1990 年的议会选举中，该党获得 15 个议席，为议会第二大党。拉齐拉卡 1996 年重

新执政后，该党成为反对党。拉瓦卢马纳纳当选总统后，成为总统派政党，在 2002 年 12 月的立法选举中获得 2 个席位。现任主席马南达菲·拉科托尼里纳（Manandafy Rakotonirina）。

（七）有生力量委员会（Comite Des Force Vives，马达加斯加文；简称 CFV）

1990 年 3 月成立，阿尔贝·扎菲任总统时期的执政党。该党是由反对拉齐拉卡政权的各党派组成的统一战线性组织，包括全国发展与民主联盟、复兴独立大会党、争取马达加斯加发展党、社会民主党等政党和团体组织。1991 年，马达加斯加爆发反对拉齐拉卡的群众运动，有生力量委员会各派领导人经常在以女殉道者拉扎拉马的名字命名的中学开会，故又称之为拉扎拉马有生力量。1992 年 4 月 28 日，拉扎拉马派有生力量政治部为协调各党派在竞选中的行动，以拉扎拉马派有生力量卡特尔的名称在内政部注册，扎菲任主席。

（八）全国发展与民主联盟（Union Nationale pour le Développement et la Démocratie，法文；简称 UNDD）

阿尔贝·扎菲在第二共和国后期组建的反对派政党，于 1990 年 3 月政府颁布《自由组织政党法令》后成立。该党主张政治多元化和经济自由化，发挥竞争机制的作用。该党是反对拉齐拉卡政权的有生力量委员会的核心力量。后该党分为两派，一派称正义派全国发展与民主联盟；另一派称拉扎拉马派有生力量全国发展与民主联盟，两派目前在马达加斯加政坛的影响均不大。

（九）马达加斯加复兴行动党（Action pour la Renaissance de Madagascar，法文；简称 AREMA）

拉齐拉卡第二次执政时期的执政党，前身为马达加斯加革命先锋。拉齐拉卡 1993 年下台后，马达加斯加革命先锋于 1994 年 3 月更名为马达加斯加复兴行动党，重申信仰社会主义，拉齐拉

卡任总书记。拉齐拉卡第二次当选总统后辞去总书记职务。1997
年11月举行第一次全国大会，选举负责地方分权和预算的副总
理皮埃罗·拉佐纳里韦卢（Pierrot Rajaonarivelo）为全国书记，
成立新的组织机构——指导委员会和全国委员会。该党主张促进
民主、发展自由经济；修改宪法，加强总统权力，建立自治省；
不再提倡社会主义。拉齐拉卡在2001年12月的总统选举失利
后，该党发生分裂，影响日渐衰微。2002年12月的立法选举
中，该党获3席。现任全国总书记是皮埃罗·拉左纳里韦卢
（Pierrot Rajaonarivelo）。

（十）"我爱马达加斯加"党（Tiako I Madagasikara，马达
加斯加文；简称 TIM）

拉瓦卢马纳纳任总统时期的执政党。拉瓦卢马纳纳在2001
年参加总统选举前，创建了"我爱马达加斯加协会"。2002年就
任总统后，于当年7月将其转变为政党，成为执政党。立法选举
后为议会第一大党。2004年12月，该党在塔那那利佛召开首次
全国代表大会，通过了党章、党纲，规划了新时期的总体方针和
奋斗目标，提出以促进发展为中心，努力落实减贫战略，重视提
高政府执政能力和效率，完善执政党组织体系，强化中央权威。
主席为拉祖利米哈贾·索罗福南特奈纳（Razoarimihaja
Solofonantenaina）。

（十一）社会民主联盟（Rassemblement Pour Le Social
Démocrate，法文；简称 RPSD ）

前身为齐腊纳纳创建的社会民主党。1992年社会民主党分
裂，以马尔松·埃瓦里斯特为首的一派成立社会民主联盟。该党
在2001年底的总统选举中支持拉瓦卢马纳纳。拉瓦卢马纳纳当
选总统后，成为总统派政党。在2002年的立法选举中，埃瓦里
斯特与该党总书记武依纳希奇在是否支持拉瓦卢马纳纳政权等问
题上发生严重分歧。埃瓦里斯特率领一派与我爱马达加斯加党和

众评社组成民族团结联盟联合参选，以武依纳希奇为首的另一派则以社会民主联盟名义参选。主席为马尔松·埃瓦里斯特（Marson Evarsite）。

**（十二）新社会民主联盟（RPSD Vaovao，马达加斯加文）**

2003 年 9 月，武依纳希奇从社会民主联盟脱离出来后成立的新党。该党认为拉瓦卢马纳纳政权在使国家走出困境方面毫无建树，主张成立新的过渡政府，通过新宪法和新选举法。要求政府接受其关于地区平衡、承诺民族和解和就外国人可否在马达加斯加购买土地举行全民公决的三项主张。2002 年 12 月的立法选举中获 5 个席位，是重要的反对党。主席为让·欧仁·武依纳希奇（Jean Eugene Voninahitsy），总书记为法哈罗·拉桑巴松（Faharo Ratsimbalson）。

**（十三）众评社（Asa Vita Noifampitsarana，马达加斯加文；简称 AVI）**

1997 年 1 月 28 日成立。1996 年总统大选时，总统候选人拉齐拉胡纳纳在各地的支持者自发成立了竞选委员会，后在该委员会的基础上成立政党，主张建立法制国家，实现国家政治生活的正常化，建立正常的社会和经济秩序。2001 年总统选举中，该党支持拉瓦卢马纳纳。拉瓦卢马纳纳当选后，成为总统派政党。2002 年 12 月的议会选举中获 8 个席位。主席为诺贝尔·拉齐拉胡纳纳（Norbert Ratsirahonana）。

**（十四）火炬领袖社（Leader Fanilo，马达加斯加文）**

1992 年 7 月成立的中间派政党，主要成员是拉齐拉卡时期的工商企业家，包括国有和私有企业。该党主张消除贫困和愚昧，通过人道自由主义实现发展，建立良政和法治，最终将马达加斯加建设成为自由、民主的现代国家。2002 年 12 月的立法选举中获得 1 个席位。总书记为马纳塞·埃苏阿维卢芒德鲁苏（Manassé Esoavelomandroso）。

（十五）　争取全国统一人民跃进党（Elan Populair pour L'Unité Nationale，法文；马达加斯加文缩写为 Vonjy，简称翁济党）

1973 年成立，是从社会民主党分裂出来的，在马达加斯加的东南部地区影响较大。该党主张社会主义原则，促进民族团结，强调各地区社会、经济均衡发展。第二共和国时期，加入全国保卫革命阵线，后因是否支持拉齐拉卡发生分裂。进入第三共和国时期后，该党影响减弱。主席为杰罗姆·拉扎纳巴希纳·马罗贾马（Jérome Razanabahina Marojama）。

二　社会团体

**根**据 2004 年修订的《劳动法》的规定，劳动者及雇主可自由加入工会及职业协会组织。工会具有法人资格，有权进行诉讼。当劳动者、雇主或组织的利益受到直接或间接损害时，工会可在包括最高法院在内的所有司法机构面前，行使法律赋予公民的所有权利。

主要的工会组织有：马达加斯加工人联合会（FMM），1957年成立，3 万会员；马达加斯加行业工人联盟，1956 年成立，由 8 个工会联合组成，6 万会员；马达加斯加自治工会联盟，由 46 个工会联合组成，3 万会员。各工会组织组成马达加斯加全国工会组织联盟。

# 第四节　重要历史人物

一　拉达马一世（Radama I，1793～1828 年）

**伊**麦利那王国国王，1810～1828 年在位。拉达马一世在位期间，征服了马达加斯加岛 2/3 以上的地区，成

为马达加斯加国王（King of Madagascar）。拉达马一世实行中央集权统治，削弱贵族权势，巩固统一成果；大力发展文化教育事业，在全岛推广马达加斯加语，推动岛内各民族的融合；对外开放，学习西方国家的先进技术，发展国家经济；加强军队建设，提高军队战斗力。拉达马一世的政治和经济政策奠定了马达加斯加全岛统一的基础。1828 年 7 月 27 日，年仅 35 岁的拉达马一世英年早逝。

## 二 赖尼莱阿里沃尼（Rainilaiarivony，1828 ~ 1896 年）

**18**64 ~ 1895 年任马达加斯加王国首相，兼任军队司令。在安德里亚纳姆波印伊麦利那于 18 世纪末 19 世纪初重新统一伊麦利那王国的进程中，赖尼哈罗（Rainiharo，赖尼莱阿里沃尼的父亲）起了重要作用。在拉达马一世时期，削弱贵族势力，平民在国家政治生活中的作用日益重要，地位不断提高，逐步形成了封建官僚集团，赖尼哈罗家族是其重要代表。赖尼哈罗在 1828 ~ 1851 年任首相，赖尼沃尼纳希特里尼奥尼（Rainivoninahitriniony，赖尼莱阿里沃尼的哥哥）1852 年就任军队司令，1861 年出任首相，但因其极端保守而招致统治阶层的不满，在 1864 年被赖尼莱阿里沃尼取而代之。

赖尼莱阿里沃尼年轻时曾接受教会教育，后参与其家族的商业和军事活动，并任拉纳瓦洛纳一世的私人秘书，是推翻拉达马二世的领导人之一。就任首相后，赖尼莱阿里沃尼与女王拉梭赫里纳结婚（女王原来的丈夫是其哥哥莱尼沃尼纳希特里尼奥尼），他也是后来的拉纳瓦洛纳二世和拉纳瓦洛纳三世两位女王的丈夫。

赖尼莱阿里沃尼主持朝政 30 余年，对国家的社会经济发展产生了极为重要的影响。当政期间正值国家面临西方列强殖民侵略的危难时期，为维护国家独立，发展民族经济，他在政治、经济、军事、外交、文化等领域进行了一系列改革。他主张与欧美各国均衡发展关系，利用列强间的矛盾，维护本国利益。他崇尚西方文明，在 1869 年和女王拉纳瓦洛纳二世一起皈依基督教，一定程度上带动了国家的西方化。赖尼莱阿里沃尼的改革推动了马达加斯加的经济发展，维护了国家独立，直到第一次马法战争。

19 世纪 80 年代，西方列强掀起瓜分殖民地的高潮，法国加快对马达加斯加的殖民侵略步伐。1883 年第一次马法战争后，赖尼莱阿里沃尼被迫与法国签署不平等的《塔马塔夫条约》。1894 ~ 1895 年第二次马法战争失败后，马达加斯加接受法国保护，赖尼莱阿里沃尼被罢免首相职务，流放至阿尔及尔。1896年，赖尼莱阿里沃尼客死异乡。

## 三 齐腊纳纳（Philibert · Tsiranana，1910 ~ 1978 年）

菲利贝尔·齐腊纳纳，第一共和国总统。出身于马达加斯加岛西北部希米赫特族的一个农民家庭。就读于塔那那利佛师范学校，毕业后从事教育工作。1945 ~ 1950 年在法国蒙彼利埃师范学院学习。1950 年回到马达加斯加，从事教育工作的同时参与政治活动。1952 年当选为马哈赞加省议员。1956 年当选法国国民议会议员，加入法国社会党。同年，创建马达加斯加社会党，任总书记，后改称主席。

20 世纪 50 年代，马达加斯加国内独立呼声高涨，但齐腊纳纳更热衷于在法兰西共同体内实现马达加斯加人的自治，不主张立即独立。齐腊纳纳的主张一方面是出于国内政治斗争的需要，他认为麦利那人在国内势力强大，完全独立后，国家政权势必由麦利那人所控制；在国际上，他认为像马达加斯加这样的小国将成为国际共产主义运动的牺牲品。1956 年马达加斯加获得法兰西联邦内半自治共和国的地位，齐腊纳纳任国务会议副主席。1958 年 10 月，马达加斯加成为法兰西共同体内的自治共和国，国务会议改组为以齐腊纳纳为首的内阁。1959 年，马尔加什共和国国民会议选举齐腊纳纳为总统。

鉴于国内以独立大会党为代表的要求立即独立的呼声越来越强烈，齐腊纳纳为掌握政治主动权，也加快了独立进程，与法国政府就独立问题展开谈判。1960 年 6 月 26 日，马尔加什共和国独立，但仍与法国保持紧密关系。

独立后，齐腊纳纳继续任总统，并在 1965 年和 1972 年两次连任。齐腊纳纳在国内利用社会党实行集权统治，对外奉行亲法方针，签署《马尔加什—法国合作协定》，使法国垄断资本控制了马达加斯加的经济命脉，国家经济发展迟缓。民众对齐腊纳纳内外政策的不满，导致 20 世纪 70 年代初的政局动荡，先是农民暴动，后有学生示威，最终爆发"五月革命"，齐腊纳纳被迫下台。

在拉马南佐阿执政时期，齐腊纳纳继续从事政治活动。1975 年，拉马南佐阿的继任者拉齐曼德拉瓦遇刺，齐腊纳纳被怀疑与此有关，以"共同谋杀罪"受到法庭审讯，后被释放。第二共和国时期，齐腊纳纳逐渐淡出政坛。1978 年因心脏病发作逝世。

四　拉齐拉卡（Didier·Ratsiraka，1936 ~　）

迪埃·拉齐拉卡，第二共和国总统，第三共和国第二任总统。1936 年 11 月 4 日生于图阿马西纳省瓦图曼德里县的一个贝希米扎拉卡族家庭，天主教徒。少年时期在塔那那利佛学习，后到法国求学。1962 年毕业于法国布雷斯特海军学校，获海军中尉军衔，回国后服役于海军。1965 年入法国土伦海军高等通讯学校进修，获通讯工程师证书。回国后被任命为海军"梅卡拉"号巡逻舰舰长。1970 年任马达加斯加驻法国大

使馆武官。

1972 年"五月革命"后，拉马南佐阿组建军政府，拉齐拉卡任外交部长，并由海军少校晋升为海军中校，后又晋升为海军上校。担任外交部长期间，拉齐拉卡通过与法国谈判，修改了《马尔加什—法国合作协定》，废止了法国在马达加斯加的经济和军事特权，赢得政界和民众拥护和支持。1975 年 6 月任军事指导委员会主席，国家元首。马达加斯加民主共和国成立后，任最高革命委员会主席，国家元首兼政府首脑。在 1975 年 12 月举行的全国公民投票中当选总统。1982 和 1989 年两次连任总统。1983 年 1 月晋升为海军上将。

拉齐拉卡主持制定了《马达加斯加社会主义革命宪章》，推行福科诺洛纳社会主义，指出社会主义革命是实现马达加斯加真正独立的唯一选择。1976 年创建执政党——马达加斯加革命先锋，严格限制其他政党的存在和活动。1977 年组成全国保卫革命阵线，任总书记。推行国有化和工业化运动，进行土地革命。对外奉行不结盟政策，支持民族解放斗争，反对种族隔离和种族歧视，主张建立印度洋和平区，建立国际经济新秩序。

盲目的国有化和工业化，以及大举外债，使马达加斯加在 20 世纪 80 年代初陷入严重的经济危机。20 世纪 80 年代末 90 年代初，自由化和民主化浪潮席卷非洲大陆，苏联东欧剧变，拉齐拉卡在内外压力下开始调整政策，实施经济结构调整，重点发展农业，逐步推进经济自由化；颁布《自由组织政党法令》，恢复多党制。

1992 年，拉齐拉卡在总统选举中败给了反对派领导人扎菲。第三共和国首任总统扎菲遭议会弹劾，被迫辞职。1996 年提前举行总统选举，拉齐拉卡再次当选总统。实行经济自由化政策，鼓励发展私人中小企业，吸引外商投资，经济形势逐渐好转。2001 年总统选举，拉齐拉卡在与拉瓦卢马纳纳的竞争中失利，但拒绝承认失败，导致双方爆发流血冲突。在最高法院宣布得到西方国家支持的拉瓦卢马纳纳当选总统后，拉齐拉卡被迫流亡海外。

任外交部长期间于 1972 年 11 月和 1974 年 1 月两次访华，其中在 1972 年 11 月访华时签署两国建交公报，任总统期间于 1976 年 6 月和 1985 年 10 月两度访华。

### 五 扎菲 （Albert Zafy，1927~  ）

尔贝·扎菲，第三共和国首任总统。1927 年 5 月 1 日生于安齐拉纳纳省的一个农民家庭。中学毕业后留学法国，就读于蒙彼利埃大学并获胸外科专业毕业文凭。1964 年回国后，在首都塔那那利佛公立医院任职。1966 年再度赴法深造，回国后就职于塔那那利佛总医院外科，并在马达加斯加大学医学系任教。1972~1975 年在拉马南佐阿政府中任卫生部长。拉齐拉卡掌权后，反对实施马达加斯加民主共和国宪法，退出政府，到马达加斯加大学任教。1989 年组建全国发展与民主联盟。1990 年加入反对派联盟"有生力量委员会"，任主席，领导旨在推翻拉齐拉卡政权的示威运动。1991 年 10 月，扎菲被指定为过渡时期最高权力机构主席。在 1993 年 2 月 10 日举行的总统选举第二轮投票中战胜拉齐拉卡，3 月 27 日就任第三共和国首任总统。

在总统任期内，经济改革进展缓慢，各党派热衷权力争斗，扎菲与政府和议会的矛盾不断激化。1996 年 7 月，国民议会以 2/3 以上的多数通过对扎菲的弹劾案，最高宪法法院在 9 月裁决终止总统权力。10 月 10 日，扎菲辞职。

1994 年 7 月 1 日至 6 日对中国进行了国事访问。

### 六 拉瓦卢马纳纳 （Marc Ravalomanana，1949~  ）

克·拉瓦卢马纳纳，第三共和国第三任总统。1949 年 12 月 12 日出生在首都塔那那利佛市郊，曾留学德国和瑞典，学习食品工程，获工程师证书。拉瓦卢马纳纳创业初期曾在家庭牛奶作坊打工，后创立蒂科公司和蒂科集团，并发展成为马达加斯加最大的食品加工企业，主要生产奶酪、牛奶、黄油、酸奶、食用油等。拉瓦卢马纳纳任集团总裁。

1999 年，拉瓦卢马纳纳以独立候选人身份当选塔那那利佛市市长。在 2001 年 12 月举行的总统选举中战胜拉齐拉卡，于 2002 年 5 月 6 日宣誓就任总统。2006 年 12 月成功连任。拉瓦卢马纳纳在总统任内，依托执政党"我爱马达加斯加"，强化中央的领导权威，逐步稳定了国内政局。确定以减贫为核心的中长期社会经济发展目标，加快经济私有化和自由化步伐，大力吸引外资，重视农业发展，经济形势逐步好转。

2008 年底，反对派领袖拉乔利纳发起旨在迫使拉瓦卢马纳纳辞职的游行示威。在发生流血冲突后，失去军队支持的拉瓦卢马纳纳被迫辞职，于 2009 年 3 月 17 日将权力移交给军方，后流亡海外。

拉瓦卢马纳纳于 2004 年 5 月 12 日至 18 日对中国进行国事访问。2006 年 4 月赴中国香港和深圳考察。2006 年 11 月出席中非论坛北京峰会。2007 年 5 月出席在中国上海举行的非洲开发银行集团理事会年会。2008 年 8 月出席北京奥运会开幕式。

## 七 拉乔利纳（Andry Rajoelina，1974 ~ ）

**安**德里·拉乔利纳，过渡政权领导人。1974 年 5 月 30 日生于塔那那利佛，出身商界，拥有广告公司、私人电台、电视台等。2007 年底以独立人士身份战胜"我爱马达加斯加"党候选人当选首都塔那那利佛市市长。2008 年 12 月，政府以擅自播放前总统拉齐拉卡的讲话为由，关闭了拉乔利纳经营的电视台。拉乔利纳随即组织反对派举行大规模的反政府示威游行。从 2009 年 1 月开始，反对派与拉瓦卢马纳纳政府的矛盾激化，多次爆发流血冲突。2月7日，拉乔利纳自行宣布出任"马达加斯加总统"，成立"过渡政府"，接管国家权力。在高等宪法法院裁决过渡政府合法后，拉乔利纳于3月21日宣誓就任过渡政府总统。

# 第五节 军事

## 一 建军简史

**在**伊麦利那王国统一马达加斯加岛的进程中，军事力量逐渐壮大，到了19世纪20年代，马达加斯加王国已经拥有了一支大约14000名职业军人组成的军队。沦为法国殖民地后，马达加斯加人在殖民当局的军队中服役。在第一次世界大战和第二次世界大战中，均有数千名马达加斯加士兵随法国殖民军队在法国、北非及其他战场参加战斗。

独立后，马达加斯加建立了自己的武装部队，由人民军（People's Armed Force）和国家宪兵（National Gendarmerie）组成。最初的士兵基本由殖民地时期在法国驻军中服役的马达加斯加士兵组成。1960～1972年，马达加斯加与法国保持了密切的军事联系，法国提供军事援助、技术训练等军事支持。直到1972年，武装部队的军官中，法国人和马达加斯加人几乎一样多。[①] 1972年以后随着齐腊纳纳政权的倒台，马达加斯加调整了外交政策，与苏联的关系日益紧密，苏联成为马达加斯加的主要军事援助来源，包括提供军事装备、军事顾问、军事训练等，苏联在马达加斯加军队中的影响颇深。20世纪90年代以后，随着

---

① Maureen Covell: *Historical Dictionary of Madagascar*, The Scarecrow Press, Inc. Lanham, Md., & London, 1995, pp. 146-148.

苏联解体和国际形势的剧变，俄罗斯与马达加斯加的军事合作处于停滞状态，大量的苏制武器装备已不能正常服役。在马达加斯加逐步调整外交政策后，军事装备的来源又转向法国、美国等西方国家。

独立之初，齐腊纳纳政府与法国签有军事协议，允许法国在马达加斯加驻军，因此本国军队规模不大，直到 1972 年，人民军有 4000 人，负责国土防卫；国家宪兵有 4000 人，负责公共秩序和内部安全；在乡镇有数千人的警察部队协助宪兵；另有一支共和国安全部队（Republican Security Force），归属内务部队，负责总统安全。[1] 随着外国军队撤出马达加斯加，其本国军队的规模逐步扩大。20 世纪 80 年代，拉齐拉卡任总统时期，军队总数最多时近 3 万人。目前，总兵力 2.16 万人，其中人民军 1.35 万人，宪兵 8100 人。

总统为马达加斯加军队最高统帅，国防部为军事行政机构，总参谋部为军事指挥机构。全国设 6 个军区，实行义务兵役制，服役年龄为 18 岁，服役期约 18 个月。尽管马达加斯加没有面临明显的外部威胁，但其国防开支在撒哈拉以南非洲国家中是比较高的，占 GDP 的 5.2%，达 3.8 亿美元。[2]

马达加斯加军队在国家政治生活中影响巨大，深深卷入国内的历次政治斗争，每一次国家陷入政治危机时，军队都成为影响危机结局的决定力量。

在 1972 年爆发的大规模反政府抗议行动中，示威者要求齐腊纳纳下台，赞成军队接管政权。当共和国安全部队向示威群众开枪致数人死亡，激起更大民愤后，军队和宪兵表示拒绝保卫齐

---

[1] Harold D. Nelson: *Area Handbook for the Malagasy Republic*, U. S. Government Printing Office, 1973, p. 273.

[2] EIU: *Country Profile*, Madagascar, 2008, p. 11.

腊纳纳政权，迫使齐腊纳纳辞职，将全部权力交给武装部队总参谋长拉马南佐阿将军。

军队的分裂是拉马南佐阿政权时期不稳定的一个主要原因。1975年6月，军事指导委员会选举军人出身的海军上校迪迪埃·拉齐拉卡接掌政权。拉齐拉卡执掌政权后，重组了武装部队，以减少军队的分裂，并保持对军队的控制。军队作为"革命的五大支柱"之一，军事开支占国家预算的1/3。在拉齐拉卡任总统期间，军队作为特殊的反暴乱的力量，与宪兵分担了维护内部安全的职责。

第二共和国末期，拉齐拉卡政权和反对派爆发严重冲突，军队在解决国家政治危机中再次发挥了决定性作用。在国家面临严重的政治和经济危机面前，军队离心倾向加深，军队中至少有60%的人支持或同情反对派，特别是一些军队高级将领和元老抛弃了执政16年的拉齐拉卡，转而支持反对派，甚至公开参加反对派的过渡政府，引起极大震动，许多军人明确表示，决不向示威群众开枪。最终反对派和政府在军队的压力下，达成分享权力的协议，成立过渡政府，军队和宪兵将保证过渡机构的合法性。

2002年和2009年，马达加斯加又爆发两次严重的政治危机，同样是军队决定了政治斗争的结局。2001年底总统选举后，拉瓦卢马纳纳宣布就任总统，并得到美国等国的承认后，拉齐拉卡等人拒绝承认失败，其支持者继续封锁通往首都的道路。最终武装部队宣布支持新政府，强行解除对首都的封锁，逮捕拉齐拉卡阵营的强硬分子，迫使拉齐拉卡流亡海外。2008年底和2009年初的政治危机中，武装部队又一次站到了反对派一面，军队坦克攻占了总统府，拉瓦卢马纳纳被迫宣布将权力交给军方后，流亡海外。军方将权力交给了以拉乔利纳为首的反对派。

## 二 军兵种和武器装备[①]

### (一) 陆军

陆军 1.25 万人，主要编成营战斗群 2 个，工兵团 1 个。

主要装备：PT - 76 轻型坦克 12 辆；装甲侦察车 70 余辆，包括 M - 3A1 型 20 辆，M - 8 型 8 辆，"雪豹"式 10 辆，BRDM - 2 型 35 辆；ZIS - 3 型 76 毫米榴弹炮 12 门，M - 101 型 105 毫米榴弹炮 5 门，D - 30 型 122 毫米榴弹炮 12 门；M - 43 型 82 毫米迫击炮 24 门，M - 43 型 120 毫米迫击炮 8 门，M - 29 型 81 毫米迫击炮若干门；LRAC 型 89 毫米火箭筒若干；M - 40A1 型 106 毫米无坐力炮若干；55 式 37 毫米高射炮 20 门；另有 ZPU - 4 型 14.5 毫米高射机枪 50 挺。

### (二) 海军

海军兵力 500 人，以 1 个海军陆战连为主，主要基地为安齐拉纳纳、陶拉尼亚鲁[②]、图阿马西纳、图利亚拉、马哈赞加等港口。

主要装备：1 艘法国 "Malaika" 巡逻艇，其他巡逻艇 6 艘；1 艘两栖战舰，1 艘坦克登陆艇，1 艘突击登陆艇，1 艘车辆人员登陆艇。

### (三) 空军

空军兵力 500 人，主要编成战斗机飞行中队 1 个、运输及飞行中队 1 个、直升机飞行中队 1 个。

主要装备：米格 - 21 战斗机 9 架，但均无法使用；米格 - 17F 高级教练机 4 架 (只有 2 架服役)，美国 "塞斯纳" -

---

① 本节内容主要引自 http：//en. wikipedia. org/wiki/Military_ of_ Madagascar

② 以前译为多凡堡。

172M 型初级教练机 4 架；安 - 26 运输机 3 架，英国 "霍克" - Srs28 型运输机 1 架，道格拉斯 C - 47 型运输机 10 架（只有 3 架服役），英国 BN - 2A 轻型运输机 1 架；美国 "塞斯纳" - 310R 型联络机 1 架，PA - 23 型联络机 1 架；米 - 8 型直升机 5 架。

# 第四章

# 经　济

## 第一节　经济发展简史

早在 14 世纪初伊麦利那王国初建时，麦利那人就掌握了较为先进的水稻栽培技术和冶铁技术，铁质工具和武器已经出现。17 世纪中叶，王国建立起以水稻种植为主的农业经济，实行梯田集约耕作的方式，水稻种植技术在马达加斯加全岛乃至非洲处于领先地位。到 18 世纪末，伊麦利那王国已发展成为马达加斯加岛上强盛的中央集权的封建王国。王国政府大力兴修水利灌溉设施，推广先进的水稻种植技术，广泛使用耕牛和铁质农具。封建土地所有制逐步确立，国王拥有土地的最高所有权，凡是向国王缴纳贡赋的居民都可获得土地使用权。贵族占有大量土地和世袭领地，可对其领地内居民行使审判权和征税募兵权，贵族领地内的居民需为国家服劳役。个体自由农民从国王那里得到土地，定期缴纳土地税，并无偿为国家服劳役，称"义务劳动"。集市贸易已经出现，国家统一管理，统一度量衡，规定货币交易原则。到 19 世纪初，伊麦利那王国的经济社会发展水平在马达加斯加岛上处于领先地位。

拉达马一世在 19 世纪初基本统一马达加斯加全岛后，倡导学习欧洲先进文化和技术，进一步推动了王国经济发展。19世纪下半叶，资本主义生产关系的萌芽在马达加斯加王国开始出现。由于各地自然条件和资源的不同，区域劳动分工渐趋明确，地区间经济交往增加，商品经济得到发展。随着小型农产品加工企业的出现，产生了企业主和雇佣劳动的关系。采矿业得到长足发展。供出口的经济作物也开始种植。农村土地开始可以买卖，加速了农村的阶级分化过程，土地出租和打短工的雇佣劳动形式取代了劳役制。

1896年，马达加斯加王国沦为法国殖民地后，殖民政府在马达加斯加发行法国货币，采用法国的关税率，法国垄断资本全面控制了马达加斯加的经济命脉，马达加斯加不仅成为法国垄断资本的投资场所和廉价的原料产地，并逐步形成以种植经济作物为主的单一经济结构。法国垄断资本在采矿业、交通运输和金融业中大量投资，开采矿山，修筑公路和铁路，以低廉的价格向法国输出云母、石墨、铬和黄金等矿产品。大量肥沃的土地被白人移民占有，1954年，全国耕地面积130万公顷，其中73%为白人占有的种植园和农场，种植供出口的经济作物，单一经济作物的出口值在出口总值中居支配地位，仅咖啡的出口值就占出口总值的53%。[①] 与技术先进、机械化程度高的种植园相比，当地农民在自己的小块土地上，使用传统的耕作方式，维持生计。在法国垄断资本的挤压下，马达加斯加的工业发展非常缓慢，仅限于部分手工业和小型工业，如纺织、印刷、植物油、肥皂、啤酒、香烟、饮料、砖瓦等，民族工业和手工业规模小，技术落后。

独立后，马达加斯加政府制定了"以农业为基础，以工业为主导"的国民经济发展方针，齐腊纳纳总统明确指出政府务

---

① 中国社会科学院西亚非洲研究所：《非洲经济》（二），人民出版社，1987，第130页。

力追求的目标是夺取和巩固经济独立,尽可能快地把居民,尤其
是农民的生活提高到合适的、像样的水平。[1] 但这个目标在 20
世纪 60 年代没有能够实现。齐腊纳纳政府执行的是依赖西方资
本主义国家,发展资本主义的方针,尤其是《马尔加什—法国
合作协定》使马达加斯加的经济命脉控制在法国资本手中。法
国垄断资本控制了马达加斯加的工矿、农牧、贸易和金融领域;
法国垄断财团占有土地 1000 万公顷,约占全岛面积的 1/6;在
马达加斯加的对外贸易中,法国占第一位。[2]

　　齐腊纳纳总统任命一个计划总委员会制定了 1964～1968 年
的五年发展计划,提出国家建设方向。在农业领域,开垦新土
地;通过技术现代化及对农民进行教育的办法来提高耕作区的生
产率;选择有稳定销路和价格适当、利润最大化的农作物;发展
以合作为基础的交易制度。在工业领域,充分利用地下资源;组
织手工业者;发展农产品加工和生产进口替代产品的企业。在交
通与贸易领域,打通边远地区的交通;逐步以合作社制度代替从
殖民地时代承袭下来的商业结构;减少贸易收支的不平衡。由于
政府财政有限,实际投资 900 亿～950 亿马法郎,仅占计划的
60%,经济增长率为 4.5%(计划中是 5%)。[3] 整个 20 世纪 60
年代,在政府投资导向的作用下,工业最具活力,制造业在
GDP 中的比例从 1960 年独立时的 5% 扩大到 1970 年的 11.7%。[4]
政府在农业上的投入严重不足,加之人口增长和人均粮食消费增

① G. 巴斯蒂昂:《马达加斯加——地理及经济研究》,商务印书馆,1978,第
　 66 页。
② 《各国概况·1972》(上),人民出版社,1972,第 544 页。
③ Harold D. Helson: *Area Handbook for the Malagasy Republic*, U. S. Government
　 Printing Office, 1973, p. 207, p. 209.
④ Harold D. Helson: *Area Handbook for the Malagasy Republic*, U. S. Government
　 Printing Office, 1973, p. 233.

长过快，导致粮食短缺，1969 年成为大米进口国。独立时，人口 528.7 万，大米产量 116 万吨；1969 年人口达 701.2 万，大米产量为 178.5 万吨。鉴于第一个五年计划未能达到发展目标，政府制定了 1968～1969 年的临时计划，加大农业投入。后又制定了 1972～1974 年的三年计划，目标是经济增长率高于第一个五年计划，达到 4.6％。农业发展缓慢导致城乡收入差距扩大，引起农民的不满。1966 年，城市人均收入 160 美元，农民人均收入仅 80 美元。① 独立后经济发展缓慢，经济命脉为法国人控制，是民众起来反对齐腊纳纳政权的重要原因。

拉齐拉卡执政后，推行福科诺洛纳社会主义政策，试图以国有化、工业化来摆脱法国资本的控制，加快国民经济的发展。但是，由于政策的失误，国家陷入严重的经济危机。激进的国有化政策使国家失去了外国投资来源；在资金匮乏的情况下，盲目举债兴建大型工业项目，管理不善，技术落后，导致经营严重亏损，债台高筑；国家对农业生产投资严重不足，农产品收购价格过低，严重挫伤了农民的生产积极性，农业生产长期不景气。

从 20 世纪 80 年代初开始，马达加斯加政府根据国际货币基金组织制定的经济结构调整方案，逐步实施经济自由化政策，把发展重点放在农业，加大农业投入，提高粮食产量。具体政策有：第一，整顿财政，削减财政预算，提高存款利率，争取国际援助；第二，改革价格体制，提高大米和主要经济作物的收购价格；第三，改革流通体制，将农产品统购统销逐步改为自由贸易；第四，国有企业私有化，建立免税出口加工区，对国内外的私人投资给予税收和财政上的优惠；第五，本国货币马法郎贬值，以利出口，减少进口，取消政府一直以来严格控制的咖啡、

① Harold D. Helson: *Area Handbook for the Malagasy Republic*, U. S. Government Printing Office, 1973, p. 199.

华尼拉、丁香等出口农作物的出口税；第六，接受国际货币基金组织的要求，放弃对本国货币和资本交易的管制。

经济自由化政策在改革初期一度导致物价飞涨，人民购买力急剧下降，引发社会极度不稳定。20 世纪 80 年代末，经济有所好转，经济增长率从 1985 年的 2.3% 提高到 1989 年的 4%。进入 20 世纪 90 年代后，在国际局势剧变的影响下，马达加斯加国内政局出现动荡，经济发展严重受挫，1992 ~ 1995 年国内生产总值增长率徘徊在 1% ~ 2%。20 世纪 90 年代后期，在拉齐拉卡再度出任总统后，加快了私有化进程，得到国际货币基金组织、世界银行以及法国等西方国家的资金支持，加之国内政局趋于稳定，经济渐有起色，扭转了经济长期停滞的局面，1998 年国民生产总值实现了 3.9% 的增长率[1]，1997 ~ 2000 年平均增长率为 4.5%。[2]

## 第二节 现行经济政策

拉瓦卢马纳纳在 2002 年执政后提出"快速、持续"的发展口号，2003 年出台国家 10 年"减贫战略文件"，确定以减贫为核心的中长期社会经济发展目标，加快经济自由化和私有化，鼓励私营部门发展，改善投资环境，吸引外资，将农村发展、基础设施、环保、旅游和矿业能源等领域作为拉动经济增长的重点，同时加大对教育、卫生等领域的投入。2003 ~ 2006 年保持了经济的持续增长，年均经济增长率达 6.2%。

2006 年，马达加斯加政府推出《马达加斯加行动计划》，进一步加快国家减贫步伐，提出在良政、基础设施建设、教育、农村发展、卫生和计划生育、环境、民族团结等方面推动国家社会

---

① EIU, *Country Profile*, Madagascar, 2000, p. 21.
② EIU, *Country Profile*, Madagascar, 2001, p. 20.

经济全面发展。马达加斯加政府发展经济的努力得到国际社会肯定，世界银行和国际货币基金组织以及法、德、美、日、意以及中国等大幅度减免其债务。2008 年 9 月，国际货币基金组织代表团对马达加斯加进行了主旨为"减贫与增长"的工作考察，对马达加斯加的宏观经济形势给予积极评价。代表团认为，马达加斯加的经济增长得益于其谨慎的宏观经济政策及对大型矿业项目的支持，紧缩银根的货币政策发挥了作用，税收效益得以显现，2008 年初食品和石油涨价所引起的通货膨胀压力到 8 月底有所缓解，全年经济增长率达到 7.1%，比 2007 年增加 0.9 个百分点。① 然而，就在国内外对马达加斯加经济发展前景看好之时，2009 年，受到国际金融危机和国内政治危机的双重打击，经济发展严重受挫，全年经济增长率仅为 0.7%，远远低于年初预计的 7.5%。②

一　确定以减贫为核心的社会经济发展战略

从 1960 年独立至 20 世纪末，马达加斯加的国民生活水平呈下降趋势，实际人均收入减少了近 40%，2001 年只有 240 美元。③ 20 世纪 60 年代，马达加斯加的贫困人口约占总人口的 45%，20 世纪 90 年代贫困率上升到 70% 以上。④ 2001 年底的总统选举导致国内危机，经济和社会发展再度严重受挫，贫困问题进一步恶化，2002 年通货膨胀率达 15.9%，国内生产总值下降 12.7%，贫困率超过 80%。⑤

2003 年，政府颁布《减贫战略文件》（The poverty reduction

① http：//mg. mofcom. gov. cn/aarticle/jmxw/200901/20090105989980. html
② http：//mg. mofcom. gov. cn/aarticle/jmxw/200911/20091106605700. html.
③ http：//mg. mofcom. gov. cn/aarticle/jmxw/200308/20030800115996. html.
④ http：//mg. mofcom. gov. cn/aarticle/jmxw/200308/20030800115996. html.
⑤ EIU, Country profile：Madagascar, 2003, p. 23；Madagascar, 2007, p. 47.

strategy paper，PRSP），提出通过 10 年的努力逐步减少贫困人口，至 2013 年将贫困率减至 34.2%。① 马达加斯加国家统计局 2004 年下半年对全国人民的生活状况进行了一次民意调查，结果显示，政府实施减贫战略计划以来，全国百姓的生活未见改善，最贫困者仍最贫困。在被调查的家庭中，只有 4.4% 认为生活还过得去，51.5% 认为日子过得艰难。2003 年，22.9% 的居民家庭略有存款，而到 2004 年只有 8.7% 的家庭有存款。为了维持生计，22.3% 的家庭只能动用积蓄，40% 的家庭靠借债度日。②

　　2006 年，马达加斯加政府进一步加大减贫力度，制定并公布了《马达加斯加行动计划》（Madagascar Action Plan，MAP），取代 2003 年的《减贫战略文件》。计划提出将贫困率从 2003 年的 85.1% 减少到 2012 年的 50%，将人均国内生产总值提高到 476 美元。《马达加斯加行动计划》得到了世界银行和国际货币基金组织等国际金融机构和主要捐助国的认可。经过几年的努力，马达加斯加政府的减贫战略取得初步成效。平均年经济增长率达到 5%，贫困率从超过 80% 降至 2007 年的 69%。③ 但是，年平均 5% 的经济增长率尚不能满足实现《马达加斯加行动计划》提出的减贫目标的需要，扩大公共投资和吸引更多的外国直接投资是政府的当务之急。

## 二　加大农村经济改革力度，加快农业发展步伐

在马达加斯加的经济结构中，农业产值对国内生产总值的贡献率为 27%。④ 农牧业产品的出口占全国出口收

---

① http：//mg. mofcom. gov. cn/aarticle/jmxw/200308/20030800115994. html.
② http：//mg. mofcom. gov. cn/aarticle/jmxw/200411/20041100308134. html.
③ http：//mg. mofcom. gov. cn/aarticle/jmxw/200702/20070204402402. html.
④ http：//mg. mofcom. gov. cn/aarticle/jmxw/200703/20070304421096. html.

入的 70% 左右。① 全国 80% 的贫困人口生活在农村，提高农民的收入是实现减贫战略目标的关键。优先发展农业和农村经济、提高粮食产量、实现粮食自给成为马达加斯加的基本国策。在《马达加斯加行动计划》中，政府提出在未来五年内，投资近15.9 亿美元用于农村发展，其中 8.6 亿美元用于实施"绿色革命"工程、1.5 亿美元用于促进市场建设、2 亿美元用于促进农产品多样化生产、1.7 亿美元用于促进农产品加工业建设，其余2.1 亿美元用于土地安全管理及金融支持体系建设等。② 政府制定的目标是：水稻产量到 2012 年翻一番，达到 700 万吨；农民年收入 5 年内要从 123 美元提高到 370 美元。为此，政府出台一系列发展农业，尤其是增加粮食产量的政策措施。

**（一）改革土地制度**

长期以来，马达加斯加农业以小农生产为主，但在已开垦的耕地中，直到 20 世纪末，全国只发放了 33 万份土地产权证，即只有不到 10% 的耕地拥有土地所有权证。③ 土地权属不清的现状已无法满足农民和大投资者的要求，严重影响了私人资本投资，土地改革势在必行。土地改革的指导思想是对农业投资者给予法律保护，让所有土地所有者感到安全。政府启动国家土地计划，在全国设立 21 个土地产权登记处，为土地转让提供方便，计划到 2012 年使 75% 的土地有土地所有权证。④

为挖掘农业生产的潜力，加快土地开发，马达加斯加政府提出，决不允许土地成为"闲置资产"。为此，政府在 2008 年提出，准备对闲置未开发的大面积土地开征更高的税收，促使拥有

---

① http：//mg. mofcom. gov. cn/aarticle/ddgk/zwjingji/200212/20021200056353. html.

② http：//mg. mofcom. gov. cn/aarticle/ztdy/200806/20080605633118. html.

③ http：//mg. mofcom. gov. cn/aarticle/jmxw/200701/20070104274409. html.

④ IMF Country Report No. 07/59：Republic of Madagascar：Poverty Reduction Strategy Paper, February 2007, http：//www. imf. org/external/pubs/ft/scr/2007/cr0759. pdf.

100 公顷以上土地的人对土地进行开发。①

**（二）出台惠农政策，调动农民的生产积极性**

政府放宽贷款条件，对农机、农业生产资料免税。2004 年，政府正式启动"国家小额贷款资助行动"，目标是到 2009 年使享有小额贷款资助者的比例达到 12%。但是，由于小额贷款资助渠道不畅，宣传推广力度不强，农民对其缺乏了解，实际获得贷款的农民很少。同时，月息 3% 的农业信贷，年利率高达 19.5%，农民难以承受。2005 年，享有小额贷款资助的比例仍不足 4%。② 2006 年 11 月，马达加斯加成立小额信贷银行，决定自 2007 年起，政府对农业信贷给予每月 2% 的贴息，即马达加斯加的农业信贷利率由月息 3% 降为 1%。用于贴息的资金由日本政府无偿提供。③

2008 年，马达加斯加政府为最大程度地扶持农业生产，对所有进口农业机械和零部件实施全额免税（之前，这方面的进口需缴纳 10% 的海关税和 20% 的增值税），包括收割脱粒机、播种机等 10 多类农业机械和零部件（进口拖拉机已经实施全额免税措施，因此该机械未列入本次免税的名单）。除农业机械设备外，所有奶制品生产设备同样享受免除进口环节的增值税和海关税的优惠，包括挤奶机以及与奶制品储藏和运输相关的机械设备，奶制品转化设备，如奶酪生产设备等也可享受该项免税政策。④

**（三）吸引私人资本和增加政府投入双管齐下**

2005 年，马达加斯加政府为吸引外资投资于农业领域，决定建立农业投资开发区。2006 年后，相继建立了 71 个农业投资开发区，总规划面积 95581 公顷，其中面积最大的 21280 公顷，最小的

---

① http：//mg. mofcom. gov. cn/aarticle/jmxw/200807/20080705657693. html.

② http：//mg. mofcom. gov. cn/aarticle/jmxw/200507/20050700153665. html.

③ http：//mg. mofcom. gov. cn/aarticle/jmxw/200612/20061204158470. html.

④ http：//mg. mofcom. gov. cn/aarticle/jmxw/200807/20080705652008. html.

50 公顷。外国投资者可直接与马达加斯加政府洽谈合作开发事宜，租赁农业土地（租期最长为 99 年）。[①] 政府给予投资者优惠政策，对进口农业物资实行免税，对农业信贷给予补贴，对农产品在当地加工给予优惠税率。此举收效不错，仅贝塔佛县的 5000 公顷农业投资区就有 15 家马达加斯加公司进入，从事水稻、木薯和玉米等粮食作物种植。[②] 同时，政府加大农业投资力度，计划到 2012 年农业投资占政府投资的比例从目前的 6% 提高到 13%。[③]

**（四）加强农业综合治理，倡导绿色革命**

在《马达加斯加行动计划》中，政府提出"绿色革命"的农业发展方向，即以提高农业劳动生产率来提高农产品产量。主要措施有：①增加灌溉面积。马达加斯加大米产量的 88% 来自灌溉地区，扩大灌溉面积对增加大米产量至关重要。全国大约 40% 的耕地可以灌溉，而撒哈拉以南非洲平均只有 6%。因此，政府着力修复和新建水利设施，扩大灌溉面积。②提高服务水平。在各个地区建立农业经济中心，对农民给予技术培训，让农民掌握科学的种植技术，向农民提供灌溉、仓储设备及种子、化肥等。③建立农户合作组织，提高农业生产机械化水平。④加强交通等基础设施建设，完善国内农产品市场体系，引导农民进入市场，帮助农民生产高附加值的加工产品。⑤引进优良稻种。2007 年 11 月，中国援助马达加斯加的杂交水稻示范中心项目正式启动。中马双方将进行为期 3 年的杂交水稻实验合作，通过综合实验和比较，优选出适合马达加斯加种植的高产水稻品种。

**（五）发展畜牧业和农产品多样化，增加农民收入**

通过鼓励发展奶牛饲养业来增加农民收入，是马达加斯加政

---

① http://mg.mofcom.gov.cn/aarticle/ztdy/200806/20080605633118.html.

② http://mg.mofcom.gov.cn/aarticle/jmxw/200706/20070604741785.html.

③ http://mg.mofcom.gov.cn/aarticle/jmxw/200706/20070604771568.html.

府减少农村贫困人口的重要举措。2004 年以来，马达加斯加政府
在木腊芒加地区建立了两处总面积为 660 公顷的奶牛饲养和集散
中心，从新西兰进口 900 多头奶牛。① 2005 年 7 月，拉瓦卢马纳纳
总统在参观马达加斯加农牧产品展览会时强调，提高粮食产量不是
解决农村人口温饱问题的唯一途径，只有大力发展畜牧和经济作物
才是出路。他表示，今后两年，将继续从畜牧业发达的国家进口 2
万头奶牛，推广奶牛饲养，进而带动奶制品生产，增加农民收入。②

近年，国际市场大米等粮食价格的上涨给马达加斯加带来沉
重负担，政府决定自 2007 年起，恢复在南部地区种植高粱，使
粮食构成多样化。在美国政府的帮助下，马达加斯加从赞比亚进
口了 60 吨优良品种，在气候干燥，比较适宜种植高粱的南部地
区进行试种，面积将达 12000 公顷，预计产量可达 1 万吨。③

## 三 改善投资环境，加大吸引外资的力度

为实现经济快速、持续发展，拉瓦卢马纳纳执政伊始，
就把吸引外国投资放在重要地位。为使外国投资者放
心地在马达加斯加投资，把马达加斯加打造成"投资天堂"，拉
瓦卢马纳纳总统宣布对土地所有权进行改革，今后在旅游、工
业、不动产领域投资的外国人可以获得土地所有权。④ 在颁布一
系列法律法规的同时，增强政府的服务意识，加强管理，投资环
境逐渐改善。

### （一）出台一系列法律法规，用优厚的条件吸引投资

1.《土地法》

根据拉瓦卢马纳纳总统的提议，马达加斯加议会于 2003 年

---

① http：//mg. mofcom. gov. cn/aarticle/jmxw/200505/20050500090913. html.
② http：//mg. mofcom. gov. cn/aarticle/jmxw/200505/20050500102439. html.
③ http：//mg. mofcom. gov. cn/aarticle/jmxw/200804/20080405506612. html.
④ http：//mg. mofcom. gov. cn/aarticle/jmxw/200308/20030800114144. html.

8 月 20 日通过新《土地法》，自 9 月 1 日起，允许来马达加斯加投资的外国人购买土地。此前的法律只允许外国人租用土地，最长租期 99 年。新《土地法》的出台，引起马达加斯加社会各界的强烈反响。反对者认为，允许外国人购买土地不符合国家利益，等于出卖国土。赞成者则认为，此举将对激励外国人来马达加斯加投资起到积极作用。①

新《土地法》颁布实施后，政府又公布了有关的办理程序，以及外国投资者需要提交的相关证明材料，包括国籍证明、在马达加斯加投资在 50 万美元或 50 万美元以上的资金证明等。不同领域的投资可以购买土地的最大面积不同，分别是：银行、保险业可购买 10000 平方米土地，不动产业可购买 15000 平方米，旅游业可购买 25000 平方米，其他领域的投资企业可购买 500 平方米。对于投资额特别大的，可个案处理，即允许购买的土地面积可增加。②

## 2.《矿业法》

矿业在马达加斯加经济发展战略上具有重要地位，是政府吸引外资的重要领域，2007 年开始实施新的《矿业法》。与以往相比，新《矿业法》主要有两点修改：一是缩小矿业区块，限制矿业区块的占地面积，由过去的 6.25 平方公里（2.5 公里 × 2.5 公里）缩小到 0.39 平方公里（625 米 × 625 米）。这不仅能减少勘探者的勘探费用，而且还可将其余的一时无法开采的土地用于建设公路与其他设施。二是矿业区块的租金直接交付地区矿业部门。③

## 3.《投资法》

马达加斯加议会于 2007 年 12 月 19 日通过新《投资法》，新

---

① http：//mg. mofcom. gov. cn/aarticle/jmxw/200309/20030900123686. html.
② http：//mg. mofcom. gov. cn/aarticle/jmxw/200311/20031100142600. html.
③ http：//mg. mofcom. gov. cn/aarticle/jmxw/200706/20070604759411. html.

《投资法》的立法宗旨是：为投资确立指导性框架；使国内投资者和外国投资者处于平等地位；简化行政程序；加强在马达加斯加设立企业的竞争性；马达加斯加企业无论是否由外资控股，均可以购买土地。新《投资法》确立了马达加斯加经济发展局在促进投资活动中的中心地位。经济发展局直属总统府，有权发放签证、发放取得土地许可、出具免税企业证明等。①

**4.《免税区和免税企业法》**

马达加斯加议会于 2007 年 12 月 19 日审议并一致通过新的《免税区和免税企业法》，取代 1989 年颁布的《免税企业法》。新法的最大亮点是由经济发展局的宣告制度取代过去的部长会议审批制度。新法在免税制度中排除了农业和金融业，企业能否享受免税主要取决于其所从事的行业，必须是出口型的并且能够产生附加值。②

**（二）简化手续，加强管理，提高服务意识**

为改善投资环境，便于国内外投资者开办企业，马达加斯加工业、贸易、私有领域发展部设立"投资和企业发展单一窗口"，2003 年 10 月 13 日正式启动。"单一窗口"服务就是由政府各相关部门派出工作人员，集中合署办公，大大简化了各种行政手续和程序，提高了办事效率，过去需要数周甚至几个月才能办齐的手续，现在只需数天即可办理完毕，此举受到外国投资者的普遍欢迎。"投资和企业发展单一窗口"的服务范围包括：企业注册、投资者签证、投资者工作准证、办理旅游业经营许可、办理免税区企业免税手续、办理外国投资者购买土地手续。办理上述相关手续所需时间大概是：取得企业注册行政文件 3 天，投资者长期签证 5 天，工作准证 3 天，免税区企业免税手续 20 天，

---

① http：//mg. mofcom. gov. cn/aarticle/jmxw/200712/20071205300636. html.

② http：//mg. mofcom. gov. cn/aarticle/jmxw/200712/20071205300622. html.

购买土地手续 65 天，其中旅游项目开发用地 20 天。

"单一窗口"服务取得一定效果。2004 年注册企业达到 817 家，外国企业占注册企业总数的 57%，其中，法国占外国注册企业的 48%、中国占 23%、毛里求斯占 21%、印度占 4%、英国和意大利分别占 2%。这些外国企业主要经营进出口贸易、公共工程承包和土地长期租赁及使用。本地占注册企业的 43%，其中，77% 经营第三产业，23% 经营商品批发和零售业。[①]

**（三）新建免税区**

2005 年，马达加斯加政府决定在最大港口城市图阿马西纳市郊新建一个国家级免税工业区，占地 143 公顷，由政府和 1 家私营企业合作开发，企业负责工程建设，包括平整土地、建筑房屋以及寻找投资者。图阿马西纳免税区凭借其优越的地理位置，以及海上、陆路和铁路的便利运输条件，被业内人士认为是促进马达加斯加出口和引进外资的新的"引擎"，前景看好。

四　加快私有化进程

**拉**瓦卢马纳纳执政后，为最大限度地获得国际金融机构和援助国的资金支持，适应出资机构和出资国的要求，加快了国有企业的私有化进程，私有化领域逐步扩大。

**（一）交通领域私有化**

多年来，马达加斯加国家铁路网运行不畅，铁路设施遭到严重损坏，铁路员工的工资没有着落。政府决定以特许经营的方式，引进外资经营。2003 年，马达加斯加内阁会议通过了关于北部铁路网络特许经营的决定。北部铁路网络包括塔那那利佛—东海岸、塔那那利佛—安齐拉贝、塔那那利佛—木腊芒加等铁路。这些铁路由获得特许经营权的私营企业管理，国家仍掌握铁

---

① http：//mg. mofcom. gov. cn/aarticle/jmxw/200412/20041200326392. html.

路基础设施的所有权。① 根据马达加斯加政府与南非的马达加斯加铁路公司（Madarail）签订的协议，从 2003 年 6 月起原马达加斯加国家铁路公司由南非的马达加斯加铁路公司接管经营。该公司接管后首先就是精减人员，将公司原先的 1800 多人减少至 800 人。被裁减人员的名单公布后引起其极大的不满，他们要求给付解雇补偿费、上月工资及未支付的带薪假期工资。据悉，每位员工应得 600 万马法郎（约 1000 美元）。未被裁减的员工则要求公司为他们上浮 20% 的工资。②

2004 年，政府决定对全国最大的港口图阿马西纳港实施私有化，向私人企业转让集装箱码头的经营权，转让以公开招标的方式进行。中标者应对集装箱码头的现有设备支付租金，并对现有设备进行更新改造，扩大其吞吐量，承担对集装箱码头的管理。③ 经过激烈角逐，世界第六大国际集装箱调配服务企业菲律宾集装箱国际运营服务公司竞得图阿马西纳港集装箱码头的经营权。合同规定，转让经营期限为 20 年，在此期限内，菲律宾集装箱国际运营服务公司全部承包图阿马西纳港集装箱仓储、装卸、调运、后勤作业、码头基础设施和现场设备改造管理。菲律宾集装箱国际运营服务公司承诺，公司将挖掘潜能，努力提高装卸能力，从现在的 20 个集装箱/小时，提高到 30 个集装箱/小时，到 2010 年装卸能力达到 45 个集装箱/小时，原有 380 多名员工继续留用。④

马达加斯加第一家有固定航线的私营航空公司（ATTR – AIR TRANSPORT ET TRANSIT REGIONAL）于 2006 年 12 月 23 日实现首次商业飞行，飞行航线是塔那那利佛—图阿马西纳—圣

① http：//mg. mofcom. gov. cn/aarticle/jmxw/200304/20030400083912. html.
② http：//mg. mofcom. gov. cn/aarticle/jmxw/200306/20030600097146. html.
③ http：//mg. mofcom. gov. cn/aarticle/jmxw/200412/20041200316414. html.
④ http：//mg. mofcom. gov. cn/aarticle/jmxw/200506/20050600110951. html.

玛丽岛—图阿马西纳—桑巴瓦—塔那那利佛。运营初期，该公司业务涵盖客运、货运和邮包业务。[①]

**（二）石油业私有化**

2003 年 10 月 10 日，拉瓦卢马纳纳宣布："马达加斯加石油行业要完全自由化，此事刻不容缓。"[②] 2004 年，马达加斯加议会通过一项法律，对在马达加斯加从事石油进口、加工、运输、仓储和销售实行全面开放政策。这一政策的实施旨在打破行业垄断，建立市场竞争机制，满足消费者的需求，提高对用户的服务水平。根据该法律规定，石油行业的经营权向所有马达加斯加和外国自然人及在马达加斯加合法注册的公司开放。经营者可向国家燃料署提出申请，获准后，即可从事石油产品的经营和开发活动。按国家规定，石油产品的经营者必须建立一定数量的安全供应储备并纳入国家储备计划。[③]

**（三）旅游业私有化**

2003 年，马达加斯加旅游部长指出，要对宾馆、饭店进行私有化改革，政府欢迎国内外投资者投资旅游业。[④] 此前，塔那那利佛的希尔顿饭店、圣玛丽岛的百帝饭店、马哈赞加的扎哈饭店以及安齐拉贝的温泉宾馆 4 家宾馆饭店已实施私有化改造。

**（四）电信业私有化**

2004 年，马达加斯加电信公司（Telma）实施私有化改造，Distacom 公司出资 1260 万美元从马达加斯加政府手中购得 34% 的国家股，加上法国电缆广播公司出让的 34% 的股份，该公司拥有马达加斯加电信公司 68% 的股权，成为最大的新股东。根据协议规定，在今后 4 年内 Distacom 公司可独家经营马达加斯加

---

① http：//mg. mofcom. gov. cn/aarticle/jmxw/200612/20061204169401. html.
② http：//mg. mofcom. gov. cn/aarticle/jmxw/200310/20031000141056. html.
③ http：//mg. mofcom. gov. cn/aarticle/jmxw/200405/20040500221869. html.
④ http：//mg. mofcom. gov. cn/aarticle/jmxw/200310/20031000141057. html.

的固定电话业务，并从 2007 年 6 月起涉足移动电话服务。①

2005 年，科威特 MTC 集团的子公司 Celtel International 正式入主马达加斯加移动通讯公司（Madacom），持有该公司 66% 的股份。Celtel International 公司是非洲第三大移动电话运营商，马达加斯加移动通讯公司更名为 Celtel Madagascar。②

五　加强交通基础设施建设

长期以来，落后的交通设施严重制约着马达加斯加的经济社会发展。拉瓦卢马纳纳总统上任后把修路作为推动经济发展的一项重要战略举措，多次强调政府所关注的重中之重是发展公路建设。③ 在欧盟、世界银行和非洲发展银行等国际金融机构的资助下，马达加斯加掀起了公路建设高潮，重点是修复国道。2003 年 4 月发起修路战役，目标是修建一个由 4400 公里国道和 14000 公里的农村公路组成的国家公路网，总造价 20 亿美元，历时 6 年完成。④ 在 2006 年公布的《马达加斯加行动计划》中，政府进一步加大了基础设施建设的力度，提出到 2012 年新建和修复国道 7800 公里，新建和修复乡村公路 12000 公里，并明确提出吸引国内外私人资本进入交通设施建设，国道修复实行招投标制度。包括中国公司在内的多家外国公司中标马达加斯加公路建设项目。通过实行特许经营，恢复铁路客货运输。

港口和机场建设是基础设施建设的另一重点。2003 年，由世界银行贷款的图利亚拉和马哈赞加港口修复工程第一期结束。随着南部非洲发展共同体国家间经贸合作规模的进一步扩大，马达加斯加最大的港口图阿马西纳港已不能满足需求。2008 年 2

① http：//mg. mofcom. gov. cn/aarticle/jmxw/200406/20040600235965. html.
② http：//mg. mofcom. gov. cn/aarticle/jmxw/200512/20051201182126. html.
③ http：//mg. mofcom. gov. cn/aarticle/jmxw/200303/20030300074368. html.
④ http：//mg. mofcom. gov. cn/aarticle/jmxw/200304/20030400080778. html.

月，在赞比亚首都卢萨卡召开的南共体部长会议上通过一项决议，确定对该港口进行扩建，使之成为南共体的第二大港口（第一港口为南非的德班港）。①

为迎接 2009 年在马达加斯加召开的非洲联盟首脑会议②，在世界银行、非洲发展银行、欧盟等传统出资者的资助下，马达加斯加首都伊瓦多（Ivato）国际机场扩建工程（一、二期）和安齐拉贝机场扩建工程先后开工。2008 年 6 月举行的马达加斯加发展筹资圆桌会议宣布，马达加斯加未来五年发展规划需要投资总额将超过 92 亿美元，其中，用于维修和扩建港口、机场等基础设施的投资为 30 亿美元。③

## 六 优化能源结构

优先发展水电站项目是马达加斯加政府发展国民经济的战略工程。马达加斯加用于发电的水力资源潜力巨大，但开发利用率低。水力资源主要分布在中部、西北部、北部和东部地区。2005 年，马达加斯加的农村通电率不足 5%，远低于城市家庭 72% 的通电率。④ 电力供应不足造成电费居高不下，2003 年马达加斯加主要城镇每度电 0.06 美元，而南部非洲国家为 0.04 美元。热力供电占供电总量的一半以上，也是造成电费偏高的主要原因。⑤ 电费偏高使木材成为主要燃料和照明材料，大面积砍伐森林给环境造成严重破坏。

马达加斯加政府把加强电力建设作为消除贫穷的战略任务，

---

① http：//mg. mofcom. gov. cn/aarticle/jmxw/200803/20080305422743. html.
② 第 13 届非盟首脑会议原定 2009 年 7 月 1 日至 3 日在马达加斯加首都塔那那利佛召开，因马达加斯加发生政治危机，会议改在利比亚的苏特尔举行。
③ http：//mg. mofcom. gov. cn/aarticle/jmxw/200806/20080605606944. html.
④ http：//mg. mofcom. gov. cn/aarticle/jmxw/200704/20070404563793. html.
⑤ http：//mg. mofcom. gov. cn/aarticle/jmxw/200304/20030400080782. html.

推出一系列开发能源的政策，着手电力体制改革和供电设施改造。政府计划将水力发电提高至发电总量的75%，热力发电量保持在25%左右，以降低用电成本。为提高农村通电率，政府专门成立农村电力发展所，引导私人企业投资农村电力市场，力争在2010年农村通电率达到10%。①

### 七 大力发展旅游业

马达加斯加独特的自然风光使其旅游资源极为丰富，发展潜力巨大。近年来，旅游业已成为国民经济的支柱产业，是促进马达加斯加经济发展的重要推动力。

公路、机场、宾馆饭店等基础设施建设为发展旅游业创造了条件，年接待游客数量逐年攀升。为迎接2009年在马达加斯加召开的非盟首脑会议，鼓励投资旅游设施，政府决定对在建的三星级以上酒店给予免增值税待遇，但该规定仅适用于首都塔那那利佛，而且必须满足三个条件：酒店项目必须是在2008年1月14日以后开工建设的，所建项目必须是三星级以上的酒店，酒店必须在2009年6月15日之前营业，为非盟首脑会议服务。此次免增值税采用先征后退的方法，由相关业者向经济发展局提出申请，再由旅游部和财政部审批，2009年开始办理。扩建和翻修酒店也可酌情享受免增值税待遇。②

# 第三节 宏观经济形势

随着改革的不断深入，改革措施初见成效，经济形势逐渐好转，尽管各项经济指标仍未达到预期目标。2007

---

① http：//mg. mofcom. gov. cn/aarticle/jmxw/200304/20030400080782. html.
② http：//mg. mofcom. gov. cn/aarticle/jmxw/200807/20080705699078. html.

年 GDP 增长 6.3%，GDP 总值 74 亿美元，人均 GDP 376 美元，农业、工业和服务业分别占 GDP 的 26.8%、15.8% 和 57.4%；通货膨胀率 10.3%；经常账户差额亏损 8 亿美元，占 GDP 的 11.0%；进出口总额 30 亿美元（离岸价格），其中出口 11 亿美元，进口 19 亿美元；外债总计 17 亿美元，外债清偿比率（年度应付外债本息占当年外汇收入的比率）为 2.0%；汇率为 1873.9 阿里亚里兑换 1 美元，政府财政收入和获得捐赠共近 12 亿美元，其中财政收入 8.6 亿多美元（税收收入为 8.4 亿美元），获得赠款 3.2 亿美元，全年财政赤字约 2 亿美元。[①]

2008 年经济形势进一步好转，GDP 增长率为 7.1%，主要得益于私人投资规模扩大，特别是外国直接投资增长显著，投资额占国内生产总值的 36%，其中私人投资占 25.7%，国家投资占 10.3%，外国直接投资占私人投资的 16.3%。第一产业增长率从 2007 年的 2.2% 提高到 3.1%，其中农业得益于反季节作物的种植，增长率达 4.5%；第二产业增长率为 8.8%，其中能源产业从 2007 年的 5.6% 提高到 12%，采矿业增长率为 9.0%；第三产业是经济增长最快的领域，增长率为 8.9%，房屋和公共工程建设从 2007 年的 21.8% 提高到 2008 年的 24%。

2008 年全国财政预算收入为 19785 亿阿里亚里（约合 10.7 亿美元），其中 19316 亿阿里亚里（约合 10.44 亿美元）来自税收。[②] 对外贸易进出口总额为 46.39 亿美元，其中进口 34.55 亿美元，出口 11.84 亿美元，与 2007 年相比，分别增长 21.60%、36.29% 及下降 7.49%。[③]

2009 年，受世界金融危机和年初国内政治危机的双重打击，尽

---

① EIU：*Country Profile*，Madagascar，2008，pp. 11 - 23. 以阿里亚里统计的数据，按当年底汇率换成以美元为单位。

② http：//mg. mofcom. gov. cn/aarticle/jmxw/200901/20090105989980. html.

③ http：//mg. mofcom. gov. cn/aarticle/ztdy/200905/20090506247578. html.

管以拉乔利纳为首的过渡政府强调保持经济政策不变，并且加大招商引资的力度，但面对不利的国际经济形势和国际制裁，马达加斯加的经济急剧下滑。据估计2009年经济增长率仅为0.7%，远低于年初预计的7.5%，国际货币基金组织更悲观地估计为 -0.4% 的增长率。经济低迷，失业人口激增，据马达加斯加官方统计，2009年全国总计约有23万人失业，主要集中在家庭服务领域6.5万人、运输领域4.6万人、运输配套服务领域1.4万人、纺织服装领域2万多人、建筑领域1.9万人和贸易领域2.6万人。① 2009年头9个月，全国消费价格指数较2008年同期上涨了7.9%。② 2009年1～8月，马达加斯加入境旅客数量为134.605人次，与2008年同期相比，下降了58%。③ 2009年上半年，马达加斯加进出口总额17.69亿美元，其中进口13.38亿美元，出口4.31亿美元，与2008年同期相比分别下降21.89%、19.32%、28.91%。④ 根据联合国开发计划署（UNDP）发布的《2009年人文发展报告》显示，马达加斯加在全球182个国家和地区的人文发展排行榜上位列第145位（指数为0.543），比2008年后退2位。⑤

## 第四节 农林牧渔业

一 农林牧渔业资源

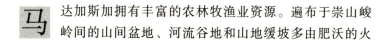

马达加斯加拥有丰富的农林牧渔业资源。遍布于崇山峻岭间的山间盆地、河流谷地和山地缓坡多由肥沃的火

① http://mg. mofcom. gov. cn/aarticle/jmxw/200911/20091106605700. html.
② http://mg. mofcom. gov. cn/aarticle/jmxw/200910/20091006564762. html.
③ http://mg. mofcom. gov. cn/aarticle/jmxw/200910/20091006564188. html.
④ http://mg. mofcom. gov. cn/aarticle/jmxw/200909/20090906515332. html.
⑤ http://mg. mofcom. gov. cn/aarticle/jmxw/200910/20091006549953. html.

山灰所覆盖，为农业生产提供了良好的土壤条件。属热带雨林气候的东南沿海低地和平原地带，热带植被生长茂盛。岛的南部是一望无际的大草原。作为世界第四大岛，拥有漫长的海岸线，海洋渔业发展潜力巨大。

**（一）土地资源**

在马达加斯加约 5900 万公顷国土中，800 万公顷可用于农业开发。截至 2007 年底，实际已开发的各类用地约 266 万公顷，其中，农业用地约 235 万公顷（130 万公顷用于种植水稻和旱稻，33 万公顷用于种植玉米，31 万公顷种植木薯，41 万公顷种植红薯、土豆、花生及大豆等）；31 万公顷用于种植经济作物。马达加斯加的主要粮食作物有水稻、玉米、木薯、红薯等，主要经济作物有甘蔗、咖啡、可可、华尼拉、胡椒、剑麻、烟草和棉花等。

**（二）林业资源**

据马达加斯加政府统计，截至 2005 年底，全国森林覆盖面积约 931 万公顷（其中，湿林 450 万公顷，旱林 250 万公顷，其他 230 万公顷），占国土总面积的 15.7%。[①] 马达加斯加的树种以针叶林为主，也有红木、紫檀、黑木及巴里桑等名贵树种。沿海地区共有 30 万公顷红树群落，构成重要的保护屏障。

**（三）畜牧业资源**

马达加斯加大约一半的国土是牧场，畜牧业是马达加斯加重要的经济部门，牲畜存栏数居非洲之首，尤其是牛的存栏数曾经高于人口总数。20 世纪 80 年代初，马达加斯加全国人口总数近 900 万，牛的存栏数为 1000 万头，是世界上按人口平均养牛比例最高的国家之一，是当之无愧的"牛之国"。2005 年，马达加斯加牛的存栏数是 969 万头，平均两个人一头牛。

---

① http：//mg. mofcom. gov. cn/aarticle/ztdy/200807/20080705652371. html.

### （四） 渔业资源

马达加斯加拥有 5000 多公里海岸线，114 万平方公里的专属经济区和 11.7 万平方公里的大陆架，海岸线长，海域面积广阔，海洋渔业资源丰富。此外，还有 15.5 万公顷湖泊和潟湖供淡水养殖。据估算，马达加斯加每年的渔业开发潜力为 48 万吨，其中 30 万吨具有商业价值。海产品主要有金枪鱼、对虾、龙虾、海参、石斑鱼、鲷鱼、火鱼、鲨鱼、比目鱼、鳗鱼和鲛鱼等，经济鱼类比例较大。其中，火鱼、鲷鱼、石斑鱼和鳗鱼等具有良好前景的海产品尚待开发。

## 二 农业生产发展缓慢的原因

独立以来的半个世纪中，马达加斯加的农业生产始终在低水平徘徊。全国人口从独立时的 529 万增加到 2005 年的 1860 万，增长两倍多，但农业耕种面积仅从独立时的 180 万公顷[①]，增加到 2007 年的 266 万公顷[②]，仅增加 48%。1960 年马达加斯加水稻平均产量为每公顷 1.8 吨，与印度尼西亚的水平接近[③]，当年出口大米 2.36 万吨。[④] 到了 20 世纪末 21 世纪初，印度尼西亚水稻产量翻了一番多，而马达加斯加的产量却基本保持不变。[⑤] 目前，马达加斯加每公顷水稻产量仅 2 ~ 2.5 吨。[⑥] 粮

---

① 世界知识年鉴编委会编《世界知识年鉴》，世界知识出版社，1961，第 540 页。

② http：//mg. mofcom. gov. cn/aarticle/ztdy/200806/20080605633118. html.

③ 世界银行：《2003 年世界发展报告》，中国财政经济出版社，2003，第 166 页。

④ 世界知识年鉴编委会编《世界知识年鉴》，世界知识出版社，1961，第 541 页。

⑤ 世界银行：《2003 年世界发展报告》，中国财政经济出版社，2003，第 166 页。

⑥ http：//mg. mofcom. gov. cn/aarticle/ztdy/200806/20080605633118. html.

食产量的提高远不及人口的增长速度，造成粮食严重短缺，每年要进口数十吨大米。全国约 800 万人口尚未解决温饱问题，农村人口贫困严重。造成马达加斯加农业落后的原因主要有以下几点。

**（一）政府农业投入严重不足**

独立后的马达加斯加政府制定了"以农业为基础，以工业为主导"的国民经济发展方针，希望通过"合作化、国有化"等措施逐步实现经济独立。但在实际操作中，更多地倾向于工业建设，忽视了农业的发展。1975 年，迪迪埃·拉齐拉卡出任总统后，推行"福科诺洛纳社会主义"，实施更为激进的国有化政策。在资金严重匮乏的情况下，盲目举债兴建大型工业项目，对农业投入严重不足，农产品收购价格过低，严重挫伤了农民的生产积极性，农业生产长期不景气。20 世纪 80 年代以后，马达加斯加政府逐步调整经济政策，实施经济自由化政策，提出把发展重点放在农业生产。受国家财政收入的制约，政府每年对农业的投入仍十分有限。农村金融体系不健全，农民借贷困难，据统计，农业信贷只占金融系统全部信贷的 5%，只有 1.5% 的小农场主能获得贷款。①

**（二）农业生产技术和管理水平落后**

受政府农业投入小的影响，马达加斯加缺乏优质的农作物种子，肥料投入不足，水利系统老化。长期以来，农业研究尤其是优质良种的培育和推广进展不大，许多农户自 20 世纪 60 年代以来一直在种植未经改良的种子。马达加斯加每公顷土地使用肥料仅 4 公斤，而撒哈拉以南非洲地区的平均使用量为 12 公斤，发展中国家的平均使用量高达 96 公斤。② 马达加斯加雨量丰沛，

---

① EIU, *Country Profile*：Madagascar, 2007, p. 26.
② 世界银行：《2003 年世界发展报告》，中国财政经济出版社，2003，第 166 页。

淡水资源充裕，但灌溉水网不足且严重老化，目前耕地只有16%是灌溉地[1]，这严重制约了马达加斯加主要粮食作物水稻的生产。小农户粗放式生产是马达加斯加农业生产的主要方式，平均每户只有 1.5 公顷的土地[2]，农业机械化水平不高，一些地区甚至仍处于刀耕火种、广种薄收的状态。

### （三）土地荒漠化严重

马达加斯加是深受土地荒漠化危害的国家。长期大规模的森林砍伐，使马达加斯加岛上的植被破坏严重，森林覆盖率从 1965 年的 31% 降至 1987 年 25%。[3] 植被破坏导致土壤被侵蚀，荒漠化现象非常严重。20 世纪 70 ~ 80 年代，每年有 1200 万 ~ 4000 万吨的土壤流失，流失率为每年每公顷 25 ~ 250 吨。严重的土地荒漠化使耕地大面积荒芜，农业生产下降，国内生产总值减少 5% ~ 10%。近 10 年来，土地荒漠化面积日益扩大，森林覆盖率仅有 15%。[4] 1997 年，马达加斯加加入了世界反荒芜化组织，但由于缺乏宣传、资金不足、减贫负担沉重等原因，反荒漠化行动收效甚微。

### （四）交通基础设施落后，尤其是陆路交通不便

马达加斯加农村大多远离城镇，农村公路的建设对农村经济的发展至关重要。但由于国家财政困难和频繁发生的飓风等自然灾害对交通设施的破坏非常严重，全国的陆路交通条件极为恶劣，许多公路在雨季根本无法使用。2008 年初的两次飓风就使 11 条国家公路和许多辅助公路被截断或损坏，一些主要桥梁和排水系统陷入瘫痪。据世界银行统计，自独立以来，马达加斯加公路网络设施维护经费严重不足，造成可用的公路里程不仅没有

---

[1]　EIU, *Country Profile*：Madagascar, 2007, p. 26.

[2]　EIU, *Country Profile*：Madagascar, 2007, p. 25.

[3]　陈宗德等主编《非洲各国农业概况 (2)》，中国财政经济出版社，2000，第 269 页。

[4]　http：//mg. mofcom. gov. cn/aarticle/jmxw/200507/20050700153665. html.

增加，反而大幅减少。从 1960 年的 55000 公里减少到 2000 年的 33000 公里。[①] 交通基础设施落后造成农产品流通不畅，农产品市场发展缓慢，难以吸引私人资本投资于农业和农村经济，从而严重制约了农业生产水平的提高和农村经济的发展。

**（五）受国际初级产品市场价格动荡和国际竞争加剧的影响，经济作物出口收入大幅减少**

马达加斯加是全球华尼拉（Vanilla，一种香草）市场的主要供应国，2003 年占国际市场份额的 62.3%。马达加斯加从事华尼拉种植的农民有 8 万户，有 30 多个华尼拉专营出口商。20 世纪 90 年代，国际市场华尼拉价格暴跌，从 1992 年的每公斤 74 美元降至 1997 年的 25 美元。1993 年马达加斯加的华尼拉出口收入为 6000 万美元，而 1996 年只有 1500 万美元。进入 21 世纪后，华尼拉价格曾一度涨至 2002 年的每公斤 400 美元，随后又急剧暴跌至 2006 年的每公斤 20 美元。[②] 在国际市场价格下跌的同时，马达加斯加的华尼拉出口还面临越来越激烈的市场竞争，印度尼西亚、印度、乌干达、科摩罗等国近年的华尼拉产量均有增加，国际市场已出现过剩。[③] 2009~2010 年度马达加斯加全国华尼拉产量预计为 1500 吨，全球华尼拉供应总量将超过 4200 吨，而世界每年华尼拉需求量仅为 2200 吨。[④] 华尼拉价格下跌严重打击了马达加斯加华尼拉种植者和出口商的积极性。

**（六）农业生产抵御自然灾害的能力差**

马达加斯加是受飓风影响很大的国家。每年 1~4 月常受来自印度洋的飓风袭击，对农业生产破坏极大。此外，还有蝗灾和

---

① 世界银行：《2003 年世界发展报告》，中国财政经济出版社，2003，第 166 页。
② http：//mg. mofcom. gov. cn/aarticle/jmxw/200705/20070504671352. html.
③ http：//mg. mofcom. gov. cn/aarticle/jmxw/200505/20050500097664. html.
④ http：//mg. mofcom. gov. cn/aarticle/jmxw/200905/20090506238026. html.

旱灾。2004 年 3 月的飓风导致 4 万多公顷农田受灾，包括重要
出口作物华尼拉的主产区，30 多万人无家可归，数百人死亡；
2007 年初，飓风使 35 万人无家可归，部分地区 80% 的农作物被
摧毁①，华尼拉出口总量比上年的 1600 吨减少 1/4；2008 年 2 月
17～19 日袭击马达加斯加的飓风"伊万"（Ivan）导致近一个星
期连续强降雨，共有 21 万民众受灾，2 万公顷水稻田被淹。②

三 近年农林牧渔业生产情况

马 达加斯加政府近年实行的改革措施，对农业生产的发
展起到了积极的推动作用，减贫战略取得初步成效，
贫困率从 2002 年的 80% 降至 2007 年的 69%。③ 农业种植面积逐
年扩大，主要农作物种植面积从 2005 年的 258 万公顷增加到 2007
年的 266 万公顷；主要农作物的产量也有所增加，尤其是水稻增
幅较大，从 2003 年的 280 万吨增加到 2007 年的 401 万吨。④

马达加斯加的红木、紫檀木和巴里桑等名贵木材在国际市场
供不应求，树种存量急剧减少。近年来，政府已禁止各类名贵树
种的原木出口，但加工成品仍可出口。1990 年实有森林面积 960
万公顷，1990～2000 年砍伐森林 79 万公顷，每年砍伐面积占森林
面积的 0.82%；2000 年实有森林面积 886 万公顷，2000～2005 年
砍伐 24 万公顷，每年砍伐面积占森林总面积的 0.55%。2007 年，
马达加斯加木材出口约 4.7 万吨，出口额 1540 多万美元。⑤

全国约 1/2 的农户从事养牛业，但牛的存栏数比 20 世纪 80

① EIU, *Country Profile*, Madagascar, 2007, p. 24.

② http://mg. mofcom. gov. cn/aarticle/jmxw/200802/20080205402815. html.

③ http://mg. mofcom. gov. cn/aarticle/jmxw/200702/20070204402402. html.

④ 马达加斯加各类农作物种植面积和产量参见 http://mg. mofcom. gov. cn/
aarticle/ddgk/zwjingji/200807/20080705652437. html.

⑤ http://mg. mofcom. gov. cn/aarticle/ddgk/zwjingji/200807/20080705652437. html.

年代的最高水平有所减少。牛的饲养主要集中在西南部的图利亚拉地区和西北部的马哈赞加地区，分别为 320 万头和 260 万头。养猪业近几年有了较快的发展，猪的饲养主要集中在首都塔那那利佛地区和中南部地区，分别有 50 万头和 34 万头。[①] 此外，家禽养殖也占有重要地位。

马达加斯加现有约 12 万人从事捕鱼业，但捕鱼工具不仅非常简陋，而且数量少，很多渔民仍沿用传统的捕捞方式，平均每个渔民只拥有 1.6 张渔网、3 把渔叉和 0.6 艘独木舟。技术落后导致产量增长缓慢，2007 年水产品产量为 11.68 万吨。[②] 捕虾业是马达加斯加渔业生产中规模最大的产业，拥有 75 艘 25 米长的工业捕捞船和 36 条 10 米长的手工捕捞船。直接雇员有 1 万人，间接雇员 3 万人。金枪鱼捕捞近年有了长足发展，从事金枪鱼捕捞的都是外国公司，主要是西班牙、法国和意大利的渔业公司。根据协议规定，捕捞金枪鱼许可证每年收费 1500 欧元，每捕捞一吨金枪鱼另外征收 20 欧元。1991 年，在迪亚戈—苏亚雷斯成立了第一家生产金枪鱼罐头的外资免税企业，该公司已经加工了 2.2 万吨金枪鱼，生产供出口的金枪鱼罐头 1 亿听，营业额达到 2500 万欧元。[③]

# 第五节　工业和矿业

## 一　工业

独立以来，马达加斯加工业基础薄弱的局面始终没有改变，以纺织服装生产、食品加工等轻工业为主，重工

---

① http：//mg. mofcom. gov. cn/aarticle/ddgk/zwjingji/200807/20080705652437. html.

② http：//mg. mofcom. gov. cn/aarticle/ztdy/200807/20080705652371. html.

③ http：//mg. mofcom. gov. cn/aarticle/ddgk/zwjingji/200807/20080705652437. html.

业极少。

独立之初，制糖、大米加工、肥皂、肉类加工等轻工企业，大多由欧洲人控制，民族工业大部分是手工业和半手工业，经营纺织、草帽和小金属加工等。在第二共和国时期的国有化和工业化运动中兴建了一批工业企业，主要分布在中部高原和图阿马西纳港周边地区，但由于资金缺乏和技术力量不足等原因，工业生产水平提高不大，反而背上了沉重的债务负担。

在经济自由化和私有化政策以后，马达加斯加的工业生产有了长足发展，尤其是免税工业区的设立，吸引大量外资，以服装加工为主的出口企业成为马达加斯加工业发展的龙头企业。

2005 年，工业部门雇佣的劳动力占就业劳动力的 3.4%；1996 ~ 2006 年，工业的 GDP 年均增长 3.0%。[1] 2007 年，工业生产总值占国内生产总值比例为 15.2%。2004 年，在工业的增加值中，食品、饮料和烟草占 42%，纺织和服装占 27%，机械和交通设备占 1%，化学药品占 2%，其他占 29%。[2] 近年来，水泥生产能力有了大幅提高，从 2001 年的年产 5 万吨增加到 2007 年的近 125 万吨。[3]

全国现有工业企业大多数集中在免税工业区，其中，64% 的企业从事服装加工，8% 的企业从事通信和信息产业，6% 的企业从事农产品加工，5% 的企业从事手工艺加工，4% 的企业从事化工制造，其他企业占 13%。[4]

位于首都塔那那利佛的免税工业区始建于 1990 年。截至 2007 年底，共有 465 家企业在免税区落户，提供就业岗位 140727 个。2007 年，免税区企业进出口贸易总额为 12.7388 亿

---

① Europa Regional Surveys of the World: *Africa*, *South of the Sahara*, 2010, p. 716.
② World Bank: *World Development Indicators*, 2008, p. 207.
③ Europa Regional Surveys of the World: *Africa*, *South of the Sahara*, 2010, p. 716.
④ http://mg. mofcom. gov. cn/aarticle/ddgk/zwjingji/200807/20080705652437. html.

美元，占全国进出口总额的 33.4%，其中，进口占进口总额的 22%，出口占出口总额的 56%。①

2005 年在图阿马西纳市郊兴建的又一个国家级免税工业区，是马达加斯加第二大免税工业区，已开始招商。该免税区拥有便利的海上、陆路和铁路运输条件，对吸引外商投资和加大出口具有重要作用。

从 2005 年 1 月 1 日起，国际纺织品贸易取消配额，实施纺织品贸易一体化，马达加斯加免税区内的纺织企业承受了巨大的竞争压力，当年马达加斯加免税区纺织品向欧美出口下降了 20%②，部分企业缩小了经营规模，有的企业甚至倒闭。面对新的形势，马达加斯加工业化、商业和私营部门发展部长表示，要调整结构以吸引投资者，发展食品加工、信息产业等具吸引力的行业。

二　矿业

达加斯加矿业资源丰富，素有矿业"博物馆"之美称，但长期缺乏资金投入制约了矿产品的开发和利用，2005 年矿产品出口收入仅 2000 万~3000 万美元，只达到计划出口目标的十分之一。2005 年以来，马达加斯加政府把矿产开发视为加快经济发展的"引擎"，先后出台了《矿业法》和《大型矿业投资优惠条例》等法律法规，鼓励外资参与本国矿业开发，开展互利合作。通过资金和技术的引进，马达加斯加的矿产品出口逐年增加。《大型矿业投资优惠条例》规定，投资额在 2500 万美元以上（含 2500 万美元）的矿业开发项目，可享受免关税等优惠政策。2007 年马达加斯加政府再次对矿产和能源的开

---

①　http：//mg. mofcom. gov. cn/aarticle/ddgk/zwjingji/200807/20080705652437. html.

②　http：//mg. mofcom. gov. cn/aarticle/jmxw/200604/20060401950243. html.

发利用实施改革，成立马达加斯加矿产开发巨额投资协调委员会，旨在向矿产开发巨额投资项目提供良好的服务，包括法律咨询服务、简化行政审批程序等。根据矿产开发巨额投资项目受理条例规定，投资在 2500 万美元以上项目为矿产开发巨额投资项目。

马达加斯加政府的引资政策效果明显，加拿大、日本、韩国、英国、南非、中国等国的公司与马达加斯加矿产能源部签署了矿山开采或勘探协议，签约项目总投资已达 50 亿美元。其中，与加拿大—日本—韩国联合体及英国公司签署的关于镍钴矿和钛铁矿开采协议，总投资额约 42 亿美元。其中镍钴矿 35 亿美元、钛铁矿 7 亿美元。此外，还有铝矾土矿、煤矿、铁矿、铀矿等正在进行研究或招标。政府对矿业开发实行矿产证登记管理，由矿产能源部矿产测绘管理局负责管理和颁发矿产许可证。

**（一）钛铁矿**

位于马达加斯加东南部钛铁矿项目，经力拓（Rio Tinto）矿业公司出资成立的马达加斯加矿业公司（QMM 公司，Qit Minerals Madagascar）历时三年的准备，于 2006 年 2 月 26 日正式开工建设基础设施。该项目总投资约 10 亿美元，建设工期 3 年，开采期 60 年，设计年产 75 万吨钛矿和 6 万吨锆石。[①] 预计投产后每年将向马达加斯加政府上缴 2600 万美元的税金[②]，创造 600 个直接就业岗位和 1000 个季节工。[③] 从 2009 年 5 月该项目投产至 2010 年初，已经向加拿大出口 11 万吨钛铁矿石，向马达加斯加政府上缴各种税费 1100 万美元。[④]

**（二）镍钴矿**

镍钴矿的主矿区位于马达加斯加东部的安巴图维（Ambatovy）

---

① http：//mg. mofcom. gov. cn/aarticle/jmxw/201002/20100206779198. html.

② http：//mg. mofcom. gov. cn/aarticle/ddgk/zwjingji/200807/20080705652437. html.

③ http：//mg. mofcom. gov. cn/aarticle/jmxw/200602/20060201500012. html.

④ http：//mg. mofcom. gov. cn/aarticle/jmxw/201002/20100206779198. html.

地区。项目总投资额约 33 亿美元，由来自加拿大、日本和韩国的 4 家公司共同出资。镍钴矿储量为 13000 万吨，镍和钴的品位分别是 1.04%、0.099%，可年产镍 6 万吨，钴 5600 吨，硫酸铵 19 万吨，开采期约 27 年。该项目于 2007 年 11 月正式启动，计划 2010 年前后正式投产。该项目是马达加斯加目前最大的外资投资项目，具有良好的经济和社会效益，投产后，将为当地提供 11000 个就业机会，每年将向马达加斯加政府缴纳超过 1 亿美元的资源费，马达加斯加政府还将从该项目的利润中征收 35% 的利润税。①

2007 年，非洲发展银行董事会宣布向马达加斯加安巴图维地区的镍钴矿项目提供 1.5 亿美元的贷款。这是非洲发展银行在马达加斯加私营领域投资的第一个矿业项目。②

**（三）铝矾土矿**

铝矾土项目位于马达加斯加东南部的马纳特尼阿（Manatenia）地区，储量约 16500 万吨，三氧化二铝含量约 47%。目前，加拿大铝业集团（Alcan）正在就矿山开发进行研究，计划与马达加斯加政府签约建立一个炼铝厂。目前，整个项目尚处在研究阶段，所需投资额尚未确定，估计需要 8 亿~10 亿美元。③

**（四）煤矿**

煤矿项目位于马达加斯加西南部的萨库阿（Sakoa）地区。2008 年，一家由澳大利亚公司控股的马达加斯加矿业公司委托马达加斯加公共工程执行局就萨库阿煤矿开采所需基础设施建设进行可行性研究。马达加斯加公共工程执行局是代表马达加斯加政府，专门为公共或私营投资的大型基础设施建设进行可行性研

① http：//mg. mofcom. gov. cn/aarticle/jmxw/200711/20071105247398. html.
② http：//mg. mofcom. gov. cn/aarticle/jmxw/200705/20070504636621. html.
③ http：//mg. mofcom. gov. cn/aarticle/ddgk/zwjingji/200807/20080705652437. html.

究的机构。此项研究预计耗资 100 万美元，研究的重点包括基础
设施的建设、环境评估以及与此相关的技术协调，涉及港口建
设、公路建设、环境评估、项目财经分析，以及项目所需水、电
供应等相关领域。

萨库阿煤矿储量约 10700 万吨①，开采总投资需 3 亿 ~ 4 亿
美元（包括建设 140 公里的道路、多座桥梁、矿业港口）。开采
的煤炭除出口外，可供应本地市场。

**（五）铀矿**

根据马达加斯加政府规定，铀矿资源属于战略性资源，铀矿
资源由马达加斯加国家战略矿业资源管理局负责审批和跟踪管
理，马达加斯加核能科技研究所主要负责对铀矿项目的环境评
估。法国公司在 20 世纪 40 ~ 50 年代曾在马达加斯加开采铀矿达
1000 多吨②，马达加斯加独立后，法国公司放弃了开采。目前，
来自澳大利亚、法国、印度、韩国、以色列等数十家外国公司已
获准在马达加斯加勘探或开采铀矿。

加拿大泛非矿业公司从 2005 年开始在马达加斯加的福洛卡拉
（Folakara）、福拉奇奥（Faratsiho）、特拉诺马卢（Tranomaro）和
马卡伊（Makay）共 4 个地点进行铀矿勘探，每处勘探预算为
392 万美元。2007 年底，该公司在特拉诺马卢（Tranomaro）地
区的勘探取得成果，在对深度为 83 ~ 95 米的 4 个钻孔样品进行
分析后，显示该地区存在高质量铀矿迹象。③

2007 年，澳大利亚红岛资源公司与马达加斯加国家战略矿
业资源管理局签署合作协议，投资马达加斯加的铀矿勘探和开
采。该公司首先投资 100 万美元，对其在木腊芒加地区获得勘

① http：//mg. mofcom. gov. cn/aarticle/jmxw/200806/20080605606938. html.
② http：//mg. mofcom. gov. cn/aarticle/ddgk/zwjingji/200807/20080705652437. html.
③ http：//mg. mofcom. gov. cn/aarticle/jmxw/200712/20071205267851. html.

探许可的 14000 个方格区块进行放射性测定和航空测定，然后再投资 400 万美元进行钻探试验。一旦确定开采，该项目总投资将达 2 亿美元。该公司还在该铀矿地区同时开采金矿和铜矿。[1]

2008 年，来自印度的亚洲金融公司与马达加斯加国家战略矿业资源管理局以及马达加斯加核能科技研究所签署三方合作协议。根据协议，印度公司用三个月的时间，在马达加斯加阿莫罗尼马尼亚（Amoroni Mania）地区进行开采铀矿的先期考察，最终根据考察结论确定是否投资开采。[2]

### （六）铁矿

马达加斯加境内有多处铁矿，目前发现的最大铁矿位于西北部的苏阿拉拉（Soalala）地区，探明储量约 8 亿吨，含铁品位平均为 35%。近年来，日本、印度、中国等多家公司先后到该矿区考察，并希望与马达加斯加政府签署开采协议。考虑到多国公司均想得到该矿区的开采权，马达加斯加政府决定通过国际招标方式择优选定承担单位，并在递交投标意向申请的外国公司中确定 21 家公司参加竞标。[3]

### （七）铬矿

目前，马达加斯加的铬矿开采和经营仍由国家控制，马达加斯加国家铬矿公司负责开采和经营，全部供出口，主要销往中国、日本、新加坡、瑞典和意大利等国。2005 年铬矿出口量 9.2 万吨，创汇 1160 万美元，比 2004 年同期增长 34%；2006 年出口 11 万多吨，创汇 1200 余万美元。[4] 2007 年的产量约 15 万吨。

① http：//mg. mofcom. gov. cn/aarticle/jmxw/200708/20070805008140. html.
② http：//mg. mofcom. gov. cn/aarticle/jmxw/200806/20080605606952. html.
③ http：//mg. mofcom. gov. cn/aarticle/jmxw/200811/20081105894521. html.
④ http：//mg. mofcom. gov. cn/aarticle/jmxw/200607/20060702672145. html.

中国每年从马达加斯加进口约 6 ~ 7 万吨铬矿。<sup>①</sup> 马达加斯加铬
矿开采的主要问题是矿区地处偏远地区，交通运输不便。

**（八）金矿**

2008 年 3 月，马达加斯加国营铬矿公司（Khroma）与以色
列的马达加斯加控股公司（Madagascar Holding）合作参加投标，
取得位于马达加斯加北部昂比卢贝县（Ambilobe）贝齐亚卡
（Betsiaka）金矿区的勘探和开采权。以色列公司成为第一个在马
达加斯加建设工业化开采金矿项目的公司，计划投入 2000 万欧
元。整个贝齐亚卡金矿区占地 42.5 平方公里，据马达加斯加矿产
资源管理计划（Projet de gouvernance des ressources minerales –
PGRM）的数据显示，该地区黄金储量丰富，早在 1906 ~ 1934 年
就出产黄金 7200 公斤。<sup>②</sup>

**（九）宝石**

在马达加斯加宝石系列中，蓝宝石、红宝石、翡翠等在世
界上享有盛名，但以往都是通过中间商进行宝石交易，利润大
都被中间商赚走了，许多原产马达加斯加的宝石都是在其他国
家加工，并冠以别国品牌。为改变这一状况，2008 年 10 月 6
日，VOGUE 集团同 IGM 国际珠宝有限公司在马达加斯加能源
矿产部正式签订合作协议，决定在迪拜开设马达加斯加宝石加
工厂及销售中心，目的是对产自马达加斯加的宝石进行加工并
通过正规的商业化渠道使其增值。根据协议，VOGUE 集团投资
100 万美元，IGM 负责进行人员培训，将雇用 50 名员工，拟于
2009 年正式开业。开业后，中心将采用先进工艺对矿石进行鉴
定。<sup>③</sup>

---

① http：//mg. mofcom. gov. cn/aarticle/ddgk/zwjingji/200807/20080705652437. html.

② http：//mg. mofcom. gov. cn/aarticle/jmxw/200803/20080305452762. html.

③ http：//mg. mofcom. gov. cn/aarticle/jmxw/200810/20081005829292. html.

### 三　能源

#### （一）水力资源与开发

马达加斯加多数地区降水丰沛，境内河流、湖泊众多，水力资源极为丰富，且受地势落差大的影响，极具灌溉、发电潜力。据马达加斯加政府有关部门估计，全国水电开发潜能有 7800 兆瓦，目前仅 3% 得到开发①，全国电力供需矛盾十分突出，极大制约了马达加斯加的经济发展。马达加斯加是世界上电价最高的国家之一，2007 年时民用电价格为 0.09 美元/度，工业用电 0.13 美元/度。② 近年来，马达加斯加政府将水力发电列为国家优先发展领域，计划从 2009 至 2012 年，全国新增供电能力 325.4 兆瓦，其中的 142.5 兆瓦来自水力发电。③ 政府目前共规划了 28 个水电站开发项目，总发电容量将达到 4468.5 兆瓦。其中，60 兆瓦以上的项目 18 个，总发电容量为 4195 兆瓦，60 兆瓦以下电站 10 个，总容量为 273.5 兆瓦。这些项目大多已完成了可行性报告或技术论证。由于资金没有落实，尚未进入实施阶段。政府正在积极寻求合作伙伴，以期尽快建设上述电站。

#### （二）石油资源与开发

马达加斯加石油消费一直依赖进口。从 20 世纪 60 年代至 80 年代，数家石油公司发现在马哈赞加和木伦达瓦附近可能储有石油，但这些可能储有石油的矿层因开采技术难度大且经济价值低，勘探风险太大，一直没有公司贸然开采。随着石油生产技术的快速发展，以及国际石油市场价格飙升，马达加斯加的石油资源吸引了世界各大石油公司的关注。

① http：//mg. mofcom. gov. cn/aarticle/jmxw/200902/20090206038466. html.

② http：//mg. mofcom. gov. cn/aarticle/ztdy/200702/20070204376135. html.

③ http：//mg. mofcom. gov. cn/aarticle/jmxw/200903/20090306084892. html.

2005 年以来，马达加斯加国家战略矿业资源管理局在西部沿海可能储藏石油的地区划分 20 个陆地区块和 200 个海上区块，向国际社会招标。20 个陆地石油区块中的 19 个已出售给外国公司，其中印度公司 3 个、中国香港公司 4 个、英国公司 4 个、美国公司 7 个、加拿大公司 1 个，每块面积约 1 万平方公里，余下的 1 个由马达加斯加政府保有。海上区块由于勘探成本高等原因，只有 6 个区块售出，其中美国公司和英国公司各 2 块，澳大利亚和加拿大公司各 1 块。每个区块的面积约 1900 平方公里。按马达加斯加政府的有关规定，上述公司在获得区块后必须在两年内开始钻探工作，否则，获得的区块将被收回另行出售。目前，共计 13 家石油公司在所获区块进行了实实在在的投资。陆地区块已经有 6 家公司进入实质性钻探阶段，其余公司的钻探工作在 2008 年已全面展开。[1]

经过几年的勘探，石油专家初步确认位于木伦达瓦和马哈赞加地区之间的齐米鲁鲁（Tsimiroro）和贝莫兰戈（Bemolanga）地区具有可观的石油储量前景，并且存在重油。英、美合资的马达加斯加石油公司决定对齐米鲁鲁区块实施勘探和采油试生产。2008 年 3 月 12 日，马达加斯加国家战略矿业资源管理局与马达加斯加石油公司（美国全资公司）分别在马达加斯加首都塔那那利佛和美国休斯敦发表联合公告称，马达加斯加石油公司在马达加斯加西部齐米鲁鲁地区 3104 区块的试验性开采石油获得成功。作为试验性开采，该公司目前每天从编号为 P－1－4 号油井中采出稀油 65 桶（可获得纯油 45 桶），大约相当于该井日产量的 25%。根据计划，该区块每天采油将达到 1000 桶。[2]

2008 年 6 月，马达加斯加石油公司齐米鲁鲁地区开采的第

---

① http：//mg. mofcom. gov. cn/aarticle/jmxw/200711/20071105257340. html.

② http：//mg. mofcom. gov. cn/aarticle/jmxw/200803/20080305429649. html.

二口油井通过注入蒸汽的方式已经开始产油（重油），日产450桶，比预期的日产100桶的目标增加了3倍多，比3个多月前出油的第一口油井日产45桶的纪录增加了10倍。[①] 为使重油能早日产生经济效益，该公司正在与马达加斯加水电公司商谈合作，将产出的重油优先供应给该公司，用作柴油发电站所需的燃料。

在陆地成功产出石油的同时，马达加斯加加紧进行海上石油的勘探工作，实质性生产将在4~5年之后。可以预期，石油开采量的增加，将对缓解马达加斯加的能源紧张局面和调整能源结构起到极为重要的作用。

# 第六节　交通和通讯

## 一　交通运输

**马**达加斯加城市与乡村间的交通运输以公路运输为主，全国约90%的货物运输和人的出行是通过公路运输完成的。但道路状况差，运输成本高，运输安全状况堪忧。同样，铁路、港口、机场的运输能力也十分有限，2007年铁路运输货物约35万吨，机场每年运送旅客约35万人次，港口每年运输集装箱30万个标箱。交通问题成为制约马达加斯加经济发展的瓶颈。拉瓦卢马纳纳执政后，通过向国际金融机构融资，大力发展交通基础设施。

### （一）公路

截至2007年底，马达加斯加拥有各种道路总里程为37730公里，其中国道12000公里（沥青路面5700公里，土路6300公里）；地区道路17730公里（沥青路面366公里，土路17364公

---

① http：//mg. mofcom. gov. cn/aarticle/jmxw/200806/20080605632912. html.

里）；农村土路 8000 公里。①

（二）铁路

马达加斯加共有两条铁路运输线，分北线和南线，总长度为895公里。北部铁路网包括塔那那利佛—东海岸、塔那那利佛—安齐拉贝、塔那那利佛—木腊芒加等铁路段；塔那那利佛—菲亚纳兰楚阿市为南线铁路。

马达加斯加铁路运输原由马达加斯加国家铁路公司经营，因经营不善而濒临倒闭，铁路运输几乎陷于停顿。在拉瓦卢马纳纳政府决定实行铁路特许经营后，成立了马达加斯加铁路公司（Madarail），该公司由一家比利时公司控股，马达加斯加政府占25%股份。几年来，特许经营已见成效，铁路运输能力逐年提高，2003～2007年货物运输量分别为6万吨、18万吨、23万吨、28万吨和30万吨，2008年的货物运输能力将达到42万吨，实际投入运行里程数达673公里。②

（三）机场

马达加斯加目前有55个机场对公众开放。主要机场有12个，其中首都塔那那利佛伊瓦多（Ivato）国际机场和旅游胜地诺西贝岛机场可以起降大型运输飞机；另有10个二级机场和33个简易机场。12个主要机场由马达加斯加机场公司直接管理，10个二级机场由马达加斯加民航局管理，33个简易机场则主要由马达加斯加航空公司负责管理。目前，在马达加斯加经营国际长途（塔那那利佛至巴黎或马赛）航空运输业务的公司有3家：马达加斯加航空公司（Air Madagascar）、法国航空公司（Air France）和留尼旺航空公司（Corsair）；经营塔那那利佛至非洲或亚洲国家航空运输业务的公司有7家，主要有：毛里求斯航空

① http：//mg. mofcom. gov. cn/aarticle/ddgk/zwjingji/200807/20080705652437. html.
② http：//mg. mofcom. gov. cn/aarticle/ddgk/zwjingji/200807/20080705652437. html.

*163*

公司（塔那那利佛—毛里求斯—中国香港）、马达加斯加航空公司（塔那那利佛—留尼旺—曼谷）、南非航空公司（塔那那利佛—约翰内斯堡）等。①

近年，马达加斯加政府从多方筹措资金，加紧对机场进行改扩建，马达加斯加首都国际机场扩建工程（一、二期）和安齐拉贝机场扩建工程都已开工。

**（四）港口**

马达加斯加目前共有 17 个港口，包括 1 个主要港口（图阿马西纳港）和 3 个辅助港口（马哈赞加、图利亚拉和安齐拉纳纳港），其他 13 个港口为内航沿岸停靠港。2007 年马达加斯加进出口货物共计为 266 万吨（进口 206 万吨，出口 60 万吨），其中 70% 由图阿马西纳港口进出，20% 由 3 个辅助港口进出，10% 由 13 个内航沿岸港口进出。②

二　邮电通讯

近年来，马达加斯加通讯业发展迅速。2005 年电信营业额 2240 亿阿里亚里（约合 1.03 亿美元），比 2004 年增长 16.9%。电话普及率由 2004 年的 2.3% 提高到 2005 年的 3.22%。2005 年移动电话用户为 505660 个，比 2004 年增加 34%；固定电话用户为 54159 个，比 2004 年的 46527 个增长 16.4%。③ 2006 年，移动通讯是马达加斯加经济活动最活跃的领域之一。2006 年底，全国移动电话用户超过 100 万。④ 2007 年底移动电话用户约 220 万，固定电话用户约 15 万户。⑤

---

① http：//mg. mofcom. gov. cn/aarticle/ztdy/200807/20080705652371. html.

② http：//mg. mofcom. gov. cn/aarticle/ddgk/zwjingji/200807/20080705652437. html.

③ http：//mg. mofcom. gov. cn/aarticle/jmxw/200607/20060702616934. html.

④ http：//mg. mofcom. gov. cn/aarticle/jmxw/200701/20070104238456. html.

⑤ http：//mg. mofcom. gov. cn/aarticle/ddgk/zwjingji/200807/20080705652437. html.

马达加斯加目前拥有 3 家从事移动通讯的服务商,分别拥有用户 120 万户、80 万户和 20 万户。第 4 家移动通讯公司"马达加斯加移动"(Madamobile)即将成立,投资来自迪拜。马达加斯加国内媒体对此持积极态度,认为该公司的加入将大大推动马达加斯加移动电话业务的增长。根据《马达加斯加行动计划》制定的目标,2012 年移动电话持有率将达到 33%,而 2008 年是 18%。[①]

马达加斯加是"联结印度洋沿岸东非各国海底光缆项目"(EASSY 项目)成员国。该项目南起好望角,向北联结南非、莫桑比克、马达加斯加、科摩罗、坦桑尼亚、肯尼亚、索马里、吉布提和苏丹等 9 个国家,全长 10500 公里,实际耗资约 2.5 亿美元。项目已于 2008 年 3 月开工,预计在 2010 年 1 月竣工,2010 年 9 月 1 日前投入运行。马达加斯加境内光纤铺设工程也已开工,马达加斯加电信公司出资 1220 万美元,占总投资的 5%。[②]

# 第七节 财政和金融

一 财政

**财**政改革是马达加斯加政府经济改革的重要内容,其宗旨是:强化税收征管,增加税收收入;提高社会公共事业的财政投入比例;加强公共开支的管理。

由于基础设施建设和公共服务业规模的不断扩大,如何使国家税收收入满足公共财政支出,是政府财政预算考虑的首要问题。

---

① http://mg. mofcom. gov. cn/aarticle/jmxw/200811/20081105915807. html.

② http://mg. mofcom. gov. cn/aarticle/jmxw/200805/20080505541005. html.

马达加斯加的政府财政收入主要包括年度总收入和接受的捐赠，2007 年财政总收入 11.75 亿美元。近年，随着矿业和纺织业加速发展，国家的税收收入逐年增加，从 2003 年的 5.48 亿美元增加到了 2007 年的 8.48 亿美元，税收收入占 2007 年度总收入的 97.8%；接受的捐赠包括资金捐赠和项目捐赠，2007 年度接受的捐赠占全年总收入的 27%。由于公共服务领域支出的增长加快，连年都是赤字财政。2007 年财政总支出 13.71 亿美元，其中经常费用支出 8.11 亿美元，固定资产支出 5.60 亿美元，全年财政赤字约 2 亿美元。①

二　税收②

（一）相关法律

马达加斯加实行属人税制，即对所有法人、自然人进行征税。在马达加斯加投资的企业，所应承担的税费和所享有的待遇在普通税法中都有规定，并按照税务总则执行，免税区企业不包括在内。与税收相关的主要法律法规有：《普通税法》、《海关法》和《免税区及免税企业法》等。

1. 《普通税法》：适用于在马达加斯加从事各种经济活动的投资者。

2. 《海关法》：马达加斯加实现较严格的海关监管制度，2007 年颁布新《海关法》，国家对进口商品征收关税，每年公布新的海关税则表，作为海关法的附属文件。

3. 《免税区及免税企业法》：凡从事出口生产和加工活动的企业均可享受该制度规定的优惠。

---

① EIU：*Country Profile*，Madagascar，2008，pp. 16 – 17.
② 相关内容详见 http：//mg. mofcom. gov. cn/aarticle/ddfg/sshzhd/200908/20090806483602. html，http：//mg. mofcom. gov. cn/aarticle/ddfg/haiguan/2009 08/20090806483601. html.

**（二）主要赋税和税率**

马达加斯加税种大致分为两大类，即国家税和地方税。国家税由所得税、注册登记税、间接税和增值税构成；地方税则由土地税、地产税、酒精及其产品的许可证税、自动设备年税等构成。

**1. 公司利润税和增值税**

除享受《免税区和免税企业法》规定的优惠政策的企业外①，在马达加斯加投资的公司企业需缴纳高达 25% 的公司利润税和 20% 的增值税。

**2. 关税**

根据马达加斯加财政与预算部和海关总署发布的马达加斯加 2007 年版关税税目，进口税税率分为 3 个类别：

（1）进口原料关税为 5%。（2）进口机器和零配件关税为 10%（例如电力机车、客车车厢、火车车厢和邮政车厢、家用电器等）。此外，进口拖拉机、卡车（载重量 5 吨以上，20 吨以下）免征进口税。（3）进口制成品和加工产品关税为 20%（例如服装）。

免征进口关税的商品有：救护车和成药、肥料（矿物肥料、化肥和动物肥料）、手扶拖拉机。

**3. 承包工程预付税款**

从事承包工程的企业必须预缴纳占合同总额 5‰ 的税款。所有企业在任何情况下，都必须缴纳占营业额 5‰ 的公司利润税。

**4. 工资税**

月工资收入超过 18 万阿里亚里应缴纳 25% 工资收入税，18 万阿里亚里（含及以下者），每月缴纳 4000～200 阿里亚里。

**5. 雇员劳动福利保险费**

除正常工资外，雇主每月还应为雇员缴纳占其工资总额

---

① 《免税区和免税企业法》规定的相关优惠税率详见"对外经济关系"一节。

14%的社会福利保险费（其中1%由雇员自己承担）和6%的医疗保险费（其中1%由雇员自己承担）。这两项费用占工资总额的20%，往往都由雇主一起缴纳。

包括地产税、建筑税等其他各种税费均在普通税法中有所规定。从2008年初开始，马达加斯加税务部门对国家税制进行了一系列改革，包括将增值税从18%增加到20%。

**（三）报税程序**

**1. 报税时间**

马达加斯加税务年度为当年1月1日~12月31日或当年7月1日至下一年6月30日两种，企业可根据自己的会计年度按上述税务年度决定报税时间。逾期将增加千分之五的税率。

**2. 报税渠道**

由企业自己到税务总局上报税务。

**3. 报税手续**

由企业到税务局领取相关税务报表，并缴纳税款。

**4. 报税资料**

企业在马达加斯加报税需要提供的相关资料包括：每月报资产增值税、资产税；每季预报企业所得税；年度末报企业所得税申报表、资产税申报表，附企业资产负债表、损益表。

**三 金融**

**（一）银行体系**

达加斯加的银行体系在非洲国家中是较为完善的。独立之初的银行体系包括：新成立的相当于中央银行的"马尔加什（货币）发行机构"（Malagasy Institute of Issue，法文为 Institut d'Emission Malgache，简称为 IEM），马尔加什国家发展银行（the Malagasy National Development Bank）、国家投资公司（the National Investment Company）、储蓄银行（the Savings Bank）

以及 4 家商业银行。商业银行大多是外国资本，以法国资本居多，但政府在马尔加什信贷和贴现银行（the Malagasy Credit and Discount Bank）拥有 35% 的应募股款，在马达加斯加和科摩罗银行（the Bank of Madagascar and Comores）拥有 12.5% 的应募股款。[1]

　　1975 年进入第二共和国时期后，奉行福科诺洛纳社会主义的拉齐拉卡总统在全国掀起了国有化运动，银行是国有化的主要对象。到了 20 世纪 90 年代，拉齐拉卡面对国内经济困难和国际形势的剧变，开始推行经济自由化政策。2002 年，拉瓦卢马纳纳执政后，进一步深化经济改革，加快私有化进程，商业银行陆续完成了私有化。目前，除了负责制订国家金融货币政策的马达加斯加中央银行外，共有 8 家主要的商业银行，其中法国人控股银行 3 家，毛里求斯人控股银行 2 家，德国人控股银行 1 家，中国香港人控股银行 1 家，马达加斯加人与非洲金融投资机构合营的银行 1 家。各商业银行及控股人分别是：

　　马达加斯加印度洋银行（BMOI），法国人控股；

　　农业信贷投资银行（CA – BNI），法国人控股；

　　投资银行总公司（BFV – SG），法国人控股；

　　毛里求斯商业银行，毛里求斯人控股；

　　毛里求斯国家银行，毛里求斯人控股；

　　马达加斯加银行，德国人控股；

　　马达加斯加工商银行，中国香港人控股；[2]

　　非洲银行（BOA），非洲金融机构占股 38.4%，马达加斯加私人占股 27.1%，马达加斯加金融投资公司占股 12.8%，荷兰

---

① Harold D. Nelson: *Area Handbook for the Malagasy Republic*, U. S. Government Printing Office, 1973, p. 215.

② http：//mg. mofcom. gov. cn/accessory/200905/1243341275670. pdf.

金融发展公司占股 10.1% 等。

为加强对中小企业、城市家庭、农民的金融服务，马达加斯加在 20 世纪 90 年代开始推行小额贷款业务，迄今发展顺利，据 2006 年的统计，小额贷款回收率为 98%，其中农村小额贷款回收率为 100%。[①] 2006 年 11 月，马达加斯加成立了马达加斯加小额信贷银行（Société Microcred），2007 年初正式营业。据马达加斯加小额贷款协调局提供的信息，到 2008 年第一季度末，马达加斯加小额贷款家庭覆盖率已经从 2005 年的 6.37%，上升到 2008 年初的 9.25%。[②]

由于商业银行优先支持的是在马达加斯加经商和投资的外国企业，而非马达加斯加本国企业，为此，马达加斯加政府在 2008 年宣布拟成立一家新的主要为马达加斯加的中小企业提供金融服务的国家银行——马达加斯加发展和建设银行。[③] 该项目的可行性研究由马达加斯加专项研究工作组和德国咨询小组共同承担，所需费用 40 万欧元由德国政府资助。该银行的成立将使更多的马达加斯加中小企业获得贷款支持，对于加快马达加斯加的经济发展具有非常积极的意义。

### （二）货币与汇率

马达加斯加中央银行负责本国货币阿里亚里（Ariary）的发行及制定货币政策。

独立之初，马达加斯加以"法属非洲殖民地法郎"为本国货币，从 1962 年 11 月 1 日起改用"非洲金融共同体法郎"（African Financial Community franc，法文为 Communauté Financière Africaine，简称为 CFA），成为法郎区国家。1963 年 7 月 1 日，

---

① http：//mg. mofcom. gov. cn/aarticle/jmxw/200612/20061204169412. html.
② http：//mg. mofcom. gov. cn/aarticle/jmxw/200807/20080705657703. html.
③ http：//mg. mofcom. gov. cn/aarticle/jmxw/200805/20080505541044. html.

马达加斯加开始发行本国货币——马尔加什法郎（Malagasy
franc，简称马法郎，MGF），由相当于中央银行的"马尔加什
（货币）发行机构"（Malagasy Institute of Issue）负责发行。马法
郎与非洲金融共同体法郎等值，1 法国法郎兑换 50 马法郎，1 美
元兑换 246. 853 马法郎。根据与法国的相关协议，马尔加什（货
币）发行机构采取马法郎盯住法国法郎的政策，以法国法郎作
为本国的外汇储备金，马法郎与其他货币的交易须在巴黎的外汇
市场进行，当法国决定法国法郎贬值时，应与马达加斯加政府磋
商，以保护马达加斯加的利益。1969 年 8 月 11 日，马法郎随法
国法郎贬值 11.11%，新的官方汇率为 1 美元兑换 277.71 马法
郎。20 世纪 70 年代初，马法郎仿照法国法郎，实行双重汇率，
马法郎的固定商业汇率适用于外贸交易，自由浮动金融汇率则适
用于其他交易。

　　齐腊纳纳政府倒台后，以拉马南佐阿将军为首的新政府在
1973 年 5 月 22 日宣布退出法郎区，但其货币仍与法国法郎维持
以往的关系。6 月 12 日，马尔加什共和国中央银行成立（第二
共和国以后称马达加斯加中央银行），取代马尔加什（货币）发
行机构。中央银行定出对法国法郎的买卖价格，1 法国法郎兑换
49.75（买入价）/50.25（卖出价）马法郎，取消过去的 1 法国
法郎兑 50 马法郎的单一汇价。8 月 6 日，政府取消双重汇率制，
所有外汇交易均按贸易法郎结算。1982 年 4 月 2 日，马法郎不
再紧盯法国法郎，改与一揽子货币挂钩。

　　20 世纪 80 年代初开始，马达加斯加陷入严重经济危机。国
际货币基金组织和世界银行认为马法郎币值高估导致的贸易逆
差，是其经济困难的一个重要原因。国际货币基金组织制定的结
构调整方案中，马法郎贬值和放开外汇市场是重要内容。此后，
马法郎对主要货币开始实行国家控制的浮动汇率，连年贬值，
1982 年 5 月贬值 15%，1983 年 9 月贬值 10%，1984 年 3 月贬值

15%。1987 年 6 月 29 日，经国际货币基金组织同意，马法郎贬值 40%，对美元的比率为 1360∶1，到了 1993 年马法郎对美元的比率为 1914∶1。1994 年 5 月 6 日，马达加斯加政府为得到国际货币基金组织和世界银行的贷款，宣布马法郎实行浮动汇率制度，成立银行间外汇市场负责核定每天马法郎与世界各主要货币的比价。马法郎随即急剧下跌至 4000 马法郎兑换 1 美元，1995 年平均汇率为 4266 马法郎兑换 1 美元。[①] 2002 年的政治危机引发严重骚乱，略有起色的经济受到沉重打击，马法郎再度大幅贬值，2003 年 6192 马法郎兑换 1 美元。马法郎的大幅贬值，虽然可以加强马达加斯加出口产品的竞争力，但也导致了严重的通货膨胀，1996 年通货膨胀率为 19.8%，2000 年为 12.1%，2002 年为 15.9%，严重的通货膨胀引发社会的剧烈动荡。

1999 年欧元诞生，2002 年法国法郎被欧元取代，与法国法郎挂钩的马法郎失去了参照货币。马达加斯加政府在 2003 年 5 月通过决议，停止使用马法郎，以"阿里亚里"（Ariary）[②] 取代。随后，马达加斯加议会议案，确定"阿里亚里"为马达加斯加新货币，5 个马法郎兑换 1 个阿里亚里。2003 年 7 月 31 日，正式发行面值 10000、5000、2000 阿里亚里的钞票（分别合 50000、25000、10000 马法郎），马法郎的流通截止日期为 2004 年 11 月 30 日。从 2004 年 11 月 30 日～2005 年 12 月 31 日，所有马法郎可在各个金融、信贷机构兑换阿里亚里，中央银行的兑换期至 2009 年 12 月 31 日。从 2005 年 1 月 1 日起，马达加斯加货币正式过渡到阿里亚里，所有合同、契约必须使用阿里亚里。"衣莱姆比郎甲"（Iraimbilanja 的音译）是唯一小于阿里亚里的货币单位，1 "衣莱姆比郎甲"相当于 1/5 阿里亚里。在计算

---

① EIU：*Country Profile*，Madagascar，1996－1997，p. 8.
② "阿里亚里"曾经是马达加斯加独立前的法定货币，独立后仍然流通。

中，对于第一位小数大于或等于"衣莱姆比郎甲"1/2 的，按 1"衣莱姆比郎甲"计算，否则舍去不算。

马达加斯加政府尽管以新货币取代了贬值严重的马法郎，但外汇短缺难以遏制本国货币继续贬值。2005 年 4 月 20 日，阿里亚里对欧元和美元的汇率分别为：1 欧元兑换 2515.66 阿里亚里，1 美元兑换 1948.92 阿里亚里[1]；2006 年 6 月 27 日的汇率为：1 欧元兑换 2742.84 阿里亚里，1 美元兑换 2183.13 阿里亚里。[2] 为遏制通货膨胀和保持本国货币的稳定，马达加斯加中央银行近年来坚持实行货币紧缩政策，遏制通货膨胀，使之从 2005 年的 18.5% 降至 2007 年的 10.3%[3]，阿里亚里币值回升，2009 年初升至 1800 阿里亚里兑换 1 美元。[4]

# 第八节　对外经济关系

## 一　对外贸易

### （一）外贸商品构成

马达加斯加独立时是一个落后的农业国，工业生产基础十分薄弱，受殖民地时期形成的以种植经济作物为主的经济结构的影响，出口产品以热带经济作物为主，主要有咖啡、丁香、华尼拉等，咖啡在 20 世纪 60 年代占出口总额的 28%，华尼拉出口位居世界第一。进口产品主要是日用消费品、食品、固定资产设备、原材料、能源产品等，进口主要源自法国。从 20 世纪 60 年代下半叶开始，政府实施进口多元化政策，

---

① http：//mg. mofcom. gov. cn/aarticle/jmxw/200504/20050400078983. html.
② http：//mg. mofcom. gov. cn/aarticle/jmxw/200607/20060702616955. html.
③ EIU：*Country Profile*，Madagascar，2006，p. 19；2008，p. 21.
④ http：//mg. mofcom. gov. cn/aarticle/jmxw/200904/20090406207542. html.

力图改变过于依赖法国的状况，到 1970 年，来自法国的进口产
品占进口总量的比例从 1967 年的 2/3 降至 55%，来自欧共体其
他国家以及美国、日本的产品增加。[①] 由于人口增长过快和农业
生产发展缓慢，到了 20 世纪 70 年代，曾经出口大米的马达加斯
加成为大米进口国，每年需进口数十万吨大米。

　　第二共和国时期，政府试图通过大力推行工业化改变国家的
经济结构，但事与愿违，经济陷入危机。长期忽视农业，投入严
重不足，加之 20 世纪 80 年代末以后国际市场初级产品价格大幅
下降，马达加斯加的外汇收入大幅减少。1991 ~ 1996 年与
1986 ~ 1990 年相比，咖啡、华尼拉、丁香和胡椒的价格分别下
降了 13%、14%、73% 和 40%。[②] 矿产品有铬铁矿、石墨和云母
出口，但占出口比重很小，20 世纪 90 年代末矿产品出口尚不到
总出口的 10%。[③]

　　马达加斯加对外贸易一直处于逆差状态，1986 年国际市场
咖啡价格较高，贸易逆差 3800 万美元；咖啡价格大跌之后，贸
易逆差加大，1990 年出口减少 9%，进口激增 55%，贸易逆差
高达 2.60 亿美元。[④]

　　1990 年，马达加斯加成立免税出口加工区，吸引外资，兴
办以纺织业为主的现代工业。随着免税出口加工区内投资规模的
不断扩大，源自免税区产品在出口总额中所占比例逐年扩大。政
府利用马达加斯加岛丰富的海洋资源，大力开发海产品出口，对
虾等海产品成为新的重要出口产品。

　　到 20 世纪 90 年代末，马达加斯加对外贸易的产品结构已有

　① Harold D. Nelson: *Area Handbook for the Malagasy Republic*, U. S. Government
　　Printing Office, 1973, pp. 225 – 226.
　② EIU: *Country Profile*, Madagascar, 1997 – 1998, p. 26.
　③ EIU: *Country Profile*, Madagascar, 1996 – 1997, p. 30.
　④ EIU: *Country Profile*, Madagascar, 1996 – 1997, p. 29.

了很大改变。传统的热带经济作物——咖啡、华尼拉、丁香和胡椒所占比例下降，从 1984 年的 70% 降至 1998 年的 13%，1993~1997 年，非传统产品的出口额增长 89%，传统产品出口额下降 5%。① 1998 年出口总额 5.23 亿美元，其中免税出口加工区产品 1.95 亿美元，占 37.4%，水产品 6700 万美元，占 12.8%，两者总计超过出口总额的一半。达 50.2%；咖啡 4300 万美元，占 8.1%；丁香、华尼拉和胡椒共计 2500 万美元，占 4.8%；棉花 2100 万美元，占 4.1%。②

进入 21 世纪后，马达加斯加外贸结构进一步转变。2000 年美国通过《非洲增长与机遇法案》（African Growth and Opportunity Act，AGOA），该法案对促进美国和撒哈拉以南非洲国家的贸易与经济合作发挥了积极的作用，给非洲国家带来了前所未有的发展机遇。2000 年 10 月，马达加斯加获准享有《非洲增长与机遇法案》纺织品服装优惠条款资格，可以免关税、免配额向美国出口用美国没有商业产量的纱线和织物等原料加工制作的服装、用美国产的纱线和织物等原料加工制作的服装、以美利奴羊毛和开司米为原料的毛衫、手工制作、民族和传统印染的服装。《非洲增长与机遇法案》极大地推动了马达加斯加免税加工区的发展，整个国家约 60% 的外汇收入来自免税出口加工区。③

### （二）对外贸易现状

2008 年，马达加斯加对外贸易进出口总额为 46.39 亿美元，其中进口 34.55 亿美元，出口 11.84 亿美元，比 2007 年分别增长 21.60%、36.29% 及 -7.49%。在 34.55 亿美元的进口中，免税区进口 4.65 亿美元，一般贸易进口 29.9 亿美元，同比分

---

① EIU：*Country Profile*，Madagascar，1999 – 2000，p.27.
② EIU：*Country Profile*，Madagascar，1999 – 2000，p.26.
③ http：//mg.mofcom.gov.cn/aarticle/ztdy/200908/20090806436866.html.

别增长 -15. 85% 和 50. 84% 。在 11. 84 亿美元的出口中，免税区出口 6. 73 亿美元，一般贸易出口 5. 11 亿美元，同比分别增长 -6. 67% 和 -8. 56% 。[1]

2008 年，马达加斯加共计从 170 个国家和地区进口了商品，其中进口额列前 10 位的国家和地区共计 23. 9507 亿美元，占进口总额的 69. 31% 。同年，马达加斯加向 147 个国家和地区出口了商品，其中进口额列前 10 位的国家和地区共计 9. 6289 亿美元，占出口总额的 81. 34% 。[2]

2008 年，马达加斯加进口商品居前 10 位的是柴油、钢筋和轧钢、家电、塑料产品、煤油、卡车、棉布、旅游车和巴士、大米、汽油，共计 11. 0605 亿美元，占进口总额的 32. 0% 。同年，马达加斯加出口商品居前 10 位的是纺织服装、虾、石油产品、香草、铬矿石、金枪鱼罐头、丁香、可可、咖啡、香精油，共计 8. 7813 亿美元，占出口总额的 74. 17% 。[3]

法国迄今一直是马达加斯加的主要贸易伙伴，尽管所占比例有所下降，但 2007 年仍占马达加斯加出口的 34. 7% ，进口的 19. 4% ；美国、中国近年来成为马达加斯加重要的贸易伙伴，美国是马达加斯加纺织品出口的重要市场，据统计，2008 年马达加斯加免税区产品的 40% 出口至美国和加拿大市场，仅在免税区为美国市场工作的纺织企业就有 50 多家，涉及 10 万个直接就业，30 万个间接就业岗位。[4] 中国是仅次于法国的马达加斯加进口商品来源地，伊朗则是重要的燃料供应国。

### （三）中马贸易

1974 年中国和马达加斯加签订贸易协定。20 世纪 90 年代以

① http：//mg. mofcom. gov. cn/aarticle/ztdy/200905/20090506247578. html.

② http：//mg. mofcom. gov. cn/aarticle/ztdy/200905/20090506247578. html.

③ http：//mg. mofcom. gov. cn/aarticle/ztdy/200905/20090506247578. html.

④ http：//mg. mofcom. gov. cn/aarticle/ztdy/200908/20090806436866. html.

后，双边贸易逐步扩大。进入 21 世纪，两国贸易迅速增长，2006 年，中国成为马达加斯加的第二大贸易伙伴。2008 年，马达加斯加与中国（不包括中国香港地区和台湾省）的进出口贸易额约为 8.08 亿美元，其中，马达加斯加对中国出口为 4109 万美元，从中国进口 7.67 亿美元，分别比 2007 年增长 56.35%、48.66% 和 56.78%。[①]

2008 年，马达加斯加对中国出口的前 10 种商品为：铬矿石、原木、牛皮（原皮）、工业石料、剑麻、拉菲草、丁香精油、石英、衬衫和木材（锯材），总额 2396 万美元，占出口总额的 86.6%；马达加斯加从中国进口的前 10 种商品为：家电、棉布、钢筋和轧钢、水泥、塑料制品、卡车、制药产品、棉线、轮胎和文具用品，总额 1.66 亿美元，占进口总额的 21.70%。

### （四）相关法律[②]

马达加斯加经济、贸易与工业部是政府主管对外贸易的部门，其主要职责是制定国家经济和社会发展总政策，并负责对这些政策的协调、跟踪和评估；加快私营领域特别是工业、手工业、技术转让等领域的发展，加强马达加斯加经济竞争力。

在马达加斯加，与贸易相关的法律法规主要有《公司法》、《投资法》、《海关法》等，马达加斯加所有经济实体享有经营对外贸易的同等权利。

马达加斯加对进口商品暂无配额限制，对部分商品实施免关税待遇，包括成药、肥料（矿物肥料、化肥和动物肥料）、手扶拖拉机等。

为保护本国稀缺资源，马达加斯加将其拥有的世界上多种珍

---

① http：//mg.mofcom.gov.cn/aarticle/ztdy/200905/20090506247578.html.
② 与对外贸易相关的法律法规的详细内容见商务部网站，http：//mg.mofcom.gov.cn/aarticle/ddfg/waimao/200908/20090806483604.html.

稀动植物列为限制出口资源，禁止红木、紫檀木和巴里桑等名贵树种的原木出口（但加工成品仍可出口）。

农产品、畜产品进出口须向马达加斯加农牧渔业部部提交申请。

马达加斯加对各类动植物产品的进口有检疫的要求，活动物进口商需向农牧渔业部下属"动物检疫局"申请动物进口许可证。商品入境时由驻口岸的动物检疫员查验产地国签发的原产地证书和动物检疫证及马达加斯加农牧渔业部"动物检疫局"签发的进口许可证。活虾进口由"水产管理局"负责检疫工作并颁发进口许可证。进口植物及植物产品应向马达加斯加农牧渔业部"植物保护处"申请进口许可证，接受设在海关的植检办公室检查，出示产品原产国有关机构签发的植物检疫证书，并准备样品以供"植物保护处"检疫。禁止入境的植物、植物产品及有害生物目录由农牧渔业部部长发布。

二　外资和外债

（一）外国直接投资

始于 1975 年的国有化运动阻挡了外国直接投资进入马达加斯加。1985 年，政府着手制定新的投资条例，对外国投资者给予税收等方面的优惠，允许外国投资者自由地向境外转移股息和经营所得（包括清算后的资金）。1990 年建立免税出口加工区，吸引投资者投资出口产业。最早的外国直接投资者主要来自毛里求斯和法国，投资领域以纺织业和旅游业为主。

20 世纪 90 年代实行经济自由化和市场化以后，进入马达加斯加的外国直接投资逐渐增加，但总量仍很少。1994 ~ 1997 年外国直接投资年均 1000 万美元，1998 年提高到 2800 万美元。①

---

① EIU：*Country Profile*：Madagascar，1999 - 2000，p. 28.

在政府加大改革力度，尤其是加快出口加工区建设和私有化进程后，外国直接投资在 1999~2000 年有所上升，达 8300 万美元。[①]免税出口加工区仍是外资投资的重点，但外资投资领域逐步多元化，开始进入基础设施建设、矿产和能源领域，尤其是私人投资开始进入铁路和通讯产业。

由于多年来马达加斯加政治局势不稳，以及各种服务滞后，国际社会对马达加斯加的投资环境评价不高，制约了外国直接投资的增长速度。2002 年的政治危机后，法国 1 家评级机构认为马达加斯加的"政治、经济环境表现出极大的风险并严重危及其一般性收支状况"，将其投资风险评为 D 级，即"高风险国家"。[②]在拉瓦卢马纳纳执政时期，马达加斯加政局逐步趋稳，政府加大推进经济自由化和私有化的力度，增强了外国投资者的信心。自 2003 年实施"减贫战略行动"以后，马达加斯加的基础设施建设，尤其是道路建设成绩显著，政府在现代化行政管理方面都得到改善和进步，2005 年被上述法国评级机构评为 C 级投资风险国，但仍认为马达加斯加的经济和政治环境尚不能增强外国投资者的信心，主要表现在：宏观经济走势还不平稳、经济增长势头不明显、国民购买力继续下降、法律环境不够完善等。

2006 年，马达加斯加政府推出《马达加斯加行动计划》后，加紧落实《土地法》、《投资法》、《矿产法》、《免税区和免税企业法》等新的法律法规，经济增长势头良好，通货膨胀率下降，投资环境大有改善。2007 年初，根据隶属于世界银行的多边投资担保机构（MIGA）发表的年度报告，马达加斯加的投资环境改善，与加纳、肯尼亚、莱索托、马里、莫桑比克、乌干达、塞内加尔和坦桑尼亚一起被列为撒哈拉以南非洲 9 个"引人注目

---

① EIU：*Country Profile*：Madagascar，2003，p. 46.

② http：//mg. mofcom. gov. cn/aarticle/jmxw/200304/20030400080789. html.

的投资目的国",并将纺织、制衣、食品和饮料、园艺、旅游及电信列为重点投资领域。[①]

2007 年,马达加斯加实际利用外资总额为 10.37 亿美元,比 2006 年增加 229%,增加幅度如此之高主要是政府加快矿产和能源开发的政策,吸引大量外国直接投资,由加拿大、日本和韩国共同投资 35 亿美元的镍钴矿项目在 2007 年进展顺利,资金到位。2007 年,马达加斯加外资主要来源国是:加拿大、日本、韩国、美国,分别为 5.0311 亿美元、2.0066 亿美元、2.0066 亿美元和 8583 万美元。2007 年,外资主要投资领域为矿产、金融、制造业、交通、石油产品分销、汽车销售和维修、水产、通讯,其中矿产开采投资额为 9.8916 亿美元,占 2007 年外资投资总额的 95.38%,比 2006 年增长 347.48%。[②]

### (二) 外债

20 世纪 80 年代和 90 年代,马达加斯加大举借债。根据世界银行的数据,1986 年以后,外债总额已经超过国民生产总值。20 世纪 80 年代初,马达加斯加外债大幅增加的一个重要原因是全球利率的提高。据世界银行的数据,1984 年,马达加斯加应还本付息的外债增加了 1/3,达到 1.17 亿美元,实际仅偿付4200 万美元。[③] 20 世纪 90 年代,马达加斯加每年到期未付的债务更是急剧增长,1996 年达到 18 亿美元,占外债总额 41 亿美元的 44%。[④] 马达加斯加政府根本无力偿还到期债务,债务国和国际金融机构在 20 世纪 90 年代数次减免其到期债务,但到了2000 年外债总额仍高达 47.01 亿美元,外债总额占国民生产总

---

① http://mg. mofcom. gov. cn/aarticle/jmxw/200702/20070204359912. html.
② http://mg. mofcom. gov. cn/aarticle/ddgk/zwjingji/200807/20080705652437. html.
③ EIU: *Country Profile*, Madagascar, 1996 – 1997, p. 34.
④ EIU: *Country Profile*, Madagascar, 1999 – 2000, p. 29.

值 124%，当年债务偿还占货物和劳务出口的 9.6%。[1]

2000 年，马达加斯加被国际货币基金组织和世界银行列为
"重债贫穷国家"（the Heavily Indebted Poor Countries，缩写为
HIPC）。此后，债权国和国际金融机构相继减免了马达加斯加的
外债，其外债总额从 2003 年的峰值 50 亿美元降至 2007 年的约
17 亿美元。[2]

马达加斯加的外债以长期债务为主，国际金融机构为主要债
权人。2007 年的约 17 亿美元的外债中，欠国际金融机构 9.6 亿
美元（主要是世界银行的 7.5 亿美元和非洲发展银行的 1.2 亿美
元）；欠巴黎俱乐部成员国 0.96 亿美元；欠巴黎俱乐部成员国以
外国家 6.16 亿美元。2007 年，马达加斯加还款总额为 2140 万
美元。[3]

### （三）相关法律

2008 年，马达加斯加颁布新《投资法》和《免税区和免税
企业法》。[4] 新《投资法》的宗旨是构建对在马达加斯加进行私
营投资具有刺激作用的政策框架，进一步优化投资环境，强调政
府的作用主要是推动私营经济的发展。新《投资法》的主要内
容包括：

（1）所有马达加斯加本国和外国的自然人和法人均可在遵
守马达加斯加现行法律的前提下，在马达加斯加境内进行自由投
资和设立企业，但金融、保险、矿业、石油、电信、医疗、医药
和医药辅助行业，须经特别批准后方可经营；

（2）外国投资者与本国投资者享受同样的待遇；

（3）允许外国投资者将其税后利润、股息、工资收入、补

---

① EIU：*Country Profile*，Madagascar，1996 – 1997，p. 34；2004，p. 54.
② EIU：*Country Profile*，Madagascar，2008，p. 21.
③ http：//mg. mofcom. gov. cn/aarticle/ztdy/200807/20080705652371. html.
④ 法律全文参阅商务部网站。

偿金及外籍员工工资储蓄等正常收入自由汇出；

（4）外国投资者可以涉足不动产经营，凡在马达加斯加注册的公司，只要其经营管理置于外国人或属于他们自己的机构的控制下，可以购买不动产，但只可进行商业活动，不可重新销售，外国自然人和法人不可直接购买土地，但可在无须实现批准的情况下，与马达加斯加公民自由签署土地租赁合同，期限最长99 年，并可延续；

（5）成立马达加斯加经济发展局（EDBM），负责促进、推动并加快在马达加斯加投资的项目。①

《免税区和免税企业法》的宗旨同样是吸引投资、促进私营领域发展。该法保留了 1989 年颁布的《关于建立马达加斯加免税区法令》中刺激投资的主要内容，未增加新的激励措施，只是简化和减少了行政干预，主要内容包括：

（1）取消原来的行政体制批准程序，由新设立的马达加斯加经济发展局负责统一审批。

（2）免税区是指马达加斯加境内划定的区域，该区域内有若干家免税企业从事生产经营活动。免税企业是指专门从事出口的企业，包括以下三个种类：加工制造企业、服务产品生产企业、基础密集型生产企业。

（3）所有免税区及免税企业均可以其公司的名义向外国金融机构筹借外汇，也可向在马达加斯加的金融机构筹借当地币资金。所有免税区及免税企业均可在外国设立银行账户，也可在马达加斯加当地银行设立外汇账户，并可在马达加斯加购买用于实施其经营活动所需的外汇。

（4）如果企业终止经营活动，企业在结清所有在马达加斯加境内所欠债务的情况下，马达加斯加政府允许该企业自由转移

---

① http：//mg. mofcom. gov. cn/accessory/200906/1244833936072. pdf.

其剩余的资金。政府保证在免税区企业工作的外籍员工自由转移工资。

（5）免税区及免税企业享受的税收优惠政策有：

企业利润税：免税区及企业按 10% 的费率缴纳企业利润税，最低征收标准为 5‰；免税区在正式运营的头 15 年，享受免交企业利润税及最低标准征收税的优惠政策；从事加工制造业及基础密集型生产的免税企业，在其正式投产的头 5 年享受上述免税待遇；从事服务产品生产的免税企业在其正式运营的头 2 年享受上述免税待遇。

投资税的减免：对于在享受免除公司利润税的期限结束后所实施的可折旧项目的投资，在缴纳公司利润税时可以享受减税，减税幅度相当于新投资总额的 75%；减税待遇如未能使用，可无限期延长。

工资收入或类似收入税：在免税企业工作的外籍员工的工资收入税的征收标准是，不超过基本征税标准的 30%，或者采用针对普通企业员工征税标准范围内的任何别的更加优惠的税率。

转移支付的定额税：对于免税区及免税企业与在马达加斯加没有代表机构的外国企业就购买商品或服务产品过程中办理结算时所发生的资金支付转移，不需要支付转移定额税或任何别的税费。

登记费：免税企业在办理登记手续时，免交登记费。

增值税：免税区及免税企业在从事进口时，免交增值税；免税企业在马达加斯加境内实施销售和提供服务产品时，应按照普通企业的标准缴纳增值税；免税企业进行商品出口和服务产品出口，以及将商品和服务产品销售给免税企业的行为，其需要缴纳的增值税为零（0%）；当地普通企业向免税企业销售商品或服务产品时，需按普通企业标准缴纳增值税。

课税及清算规则：除本法令规定的特别条款外，《税法总则》确定的课税基数及其清算规则对免税区及免税企业同样适用。

（6）免税区和免税企业的关税优惠政策包括：

根据需要，在与马达加斯加经济发展局协商后，国家可以发布专门针对免税区及免税企业的海关通关程序；依据国家加入的国际协定所规定的相关条件，免税区及免税企业的商品享受给予马达加斯加的各种优惠贸易政策。

用于免税区及免税企业筹备、建设和生产所需的建筑设备及材料、工地运输设备、商品运输车辆、工厂设备、原材料、半成品、包装材料、各种零配件、培训设备、家具、计算机设备、办公设备以及办公用品，在进口时可免交关税及各种进口税。

设立在未被国家电网覆盖的边远地区的免税区及免税企业，在购买用于保障生产所需的发电能源燃料时，可享受免税。

免税区及免税企业出口的商品及服务类产品在出口时享受免税。

免税区及免税企业的产品、废品和废料、设备及材料，在向马达加斯加当地销售时需遵守的规定有：免税区及企业每年可将其5%的出口商品用于在马达加斯加当地自由销售；其生产的废品和废料可自由销售；对于依据财务计划报告已经达到完全折旧期的设备和材料，可以自由销售；对于达到部分折旧的设备和材料亦可以自由销售，但这种销售应依据财务计划的折旧期，对于剩余的未折旧年限补交有关进口关税。发生上述情况下的销售，需缴纳增值税。

免税企业之间的商品及服务产品的可自由销售，并被视为出口业务。

普通企业向免税企业提供的商品及服务产品，无须履行任何特别的海关程序。

（7）在每周每个员工加班不超过5小时的范围内，免税区企业可自由决定加班，只要向当地主管劳动的监察机关提交声明即可。对于超过 5 小时加班标准的，企业应专门向劳动监察部门提出申请，只要在《劳动法》规定的加班最大时限范围内，劳动监察机构应予批准，除非大多数工人表示反对。如果劳动监察机构在 3 个工作日未做答复，将视做批准。

# 第九节　旅游业

## 一　旅游资源

马达加斯加旅游资源丰富，是著名的旅游胜地。马达加斯加独特的动植物种群和丰富多彩的自然景观，每年吸引着众多的旅游爱好者。

### （一）动植物种群的唯一性

独特的地理位置和气候条件，使其形成了具有唯一性特征的动植物种群。马达加斯加岛在地质结构上是非洲古大陆的一部分，在第三纪时与非洲大陆断裂而成，一些古老的动植物种群在与世隔绝的岛上继续繁衍进化，而在非洲大陆的同类却逐渐消失了。动植物圈的唯一性，不仅在生态科研、物种保护方面具有极其重要的价值，也构成了马达加斯加极具特色的旅游资源。

在马达加斯加岛，狐猴是最富特色和观赏性的动物。在目前地球上已知的狐猴种群中，98％生活在马达加斯加，从小到 10 公分的指猴，大到 70 公分的大猴。狐猴头小，像狐狸；两臂长，似猿猴；耳朵大，尾巴长。狐猴的尾巴一般长约 50 厘米，占其身长的 1/2。狐猴的习性与猴相似，可直立行走，但以侧身跳跃为主。狐猴动作异常敏捷，喜夜间活动，多结伴而行，雄猴在队伍的首尾，雌猴和幼仔在中间。狐猴的跳跃能力极强，在树间可跳跃 9 ~ 10 米。香蕉、芒果、橘子和咖啡豆是狐猴的主要食物。狐猴已经成为马达加斯加的旅游名片，狐猴公园是游客的必去之地。

马达加斯加岛上特有的植物中以"猴面包树"最为著名。猴面包树是地球上一种古老的树种①，属大型落叶乔木，树冠巨大，树权千奇百怪，果实巨大如足球，甘甜汁多，是猴子等动物最喜欢的美味。猴面包树分布在非洲大陆、北美部分地区和马达加斯加岛等地。尽管猴面包树并非马达加斯加所独有，但全世界目前只有马达加斯加岛还保存有成片的猴面包树林，全球现存的8种猴面包树在马达加斯加都能见到，其中的7种为马达加斯加所独有。② 马达加斯加的猴面包树不仅种类齐全，而且以高大粗壮、造型奇特出名，形成别具一格的风景，尤其是距离木伦达瓦市区19公里处的猴面包树大道，几十株高大挺拔的猴面包树排列成行，令人称奇。

"旅人蕉"是马达加斯加另一别具特色的树种，笔直的树干没有枝权，只有形状宛如一把巨大扇子的树叶，树干中空，里面贮满清甜的水，旅行者可赖以解渴，人们称它为"天然茶水站"。旅人蕉的叶子可用做盖房顶，编织席子。在山区还有一种"面条树"，每年四五月开花，六七月结出条状果实，最长的达二米左右。成熟后，当地居民将其割下，晒干储存供食用。食用时，只要把它放在水里煮软，加上佐料，就成为味道鲜美的"面条"。

### （二）自然景观的多样性

自然景观多样性是马达加斯加旅游资源的一个重要特色。马达加斯加的陆地面积为587040平方公里，马达加斯加岛南北长1600公里，东西宽370～580公里，由于气候、地形和海拔不同，各地的植被也不同，自然景观丰富。高山峡谷、森林草原、河流湖泊、岛屿沙滩，各种景观分布在全岛及附近岛屿，使之成

---

① 猴面包树学名叫波巴布树，又名猢狲木，别称猴面包树或酸瓠树。由于猴子和阿拉伯狗面狒狒都喜欢吃它的果实，故被称为"猴面包树"。

② http：//mg. mofcom. gov. cn/aarticle/ztdy/200905/20090506249105. html.

为世界上原始生态环境保存最完美的国家之一。

马达加斯加岛及其附近岛屿共有大约 5000 公里的海岸线，海滩众多，诺西贝岛和圣玛丽岛犹如两颗镶嵌在大海中的珍珠，天然海滩吸引着爱好海水浴的游客。诺西贝岛位于马达加斯加岛的西北海岸线上，平缓的白色沙滩被誉为世界上最美的沙滩，清澈的海水使其成为理想的海水浴和潜水场所。圣玛丽岛位于马达加斯加岛的东海岸，南北长约 60 公里、东西宽仅 5 公里，可以为游客提供森林徒步探险、自行车环岛游和潜水等旅游项目，一年一度的鲸鱼节更是岛上的保留项目。每年的 7~9 月，大量的鲸鱼回游至圣玛丽岛附近海域交尾和分娩，游客不仅可以乘坐小型飞机俯瞰鲸鱼群，还可以潜水与鲸鱼近距离接触。

迄今，马达加斯加全国共有国家公园 40 多个，总面积超过 150 万公顷，其中 7 个自然保护区国家公园名列联合国教科文组织公布的世界自然遗产名录；全国共有 146 处名胜古迹，目前开放的有 27 处，3 处为世界文化遗产。①

二　旅游业发展概况

**近**年来，马达加斯加政府利用丰富的旅游资源大力发展旅游业，旅游收入逐年增加，成为创汇大户。2007年入境游客带来的旅游收入达 2.11 亿美元，比 2004 年的 1.04亿美元增加 100% 以上。② 2008 年仅第一季度入境旅游总收入就高达约 1.5 亿美元，平均每名游客能为马达加斯加带来约 1000美元的收入，提供直接就业机会 2.5 万个。③ 旅游业已成为马达加斯加经济发展的支柱产业。

---

① http：//mg. mofcom. gov. cn/aarticle/ztdy/200905/20090506249105. html.
② http：//mg. mofcom. gov. cn/aarticle/ztdy/200807/20080705652371. html.
③ http：//mg. mofcom. gov. cn/aarticle/jmxw/200809/20080905796538. html.

到马达加斯加旅游的游客中，以来自法国和留尼旺的游客最多，2007 年分别占到境外游客总数的 58% 和 11%。游客可分为以下几类：生态游占 55%，沙滩日光浴游占 19%，文化游占15%，探险游占 8%，其他目的旅游占 3%。游客的目的地为：38.4% 的游客去南部地区，21.1% 去北部地区，19.30% 去西部地区，7.3% 去中部高原地区，13.9% 去其他地区。游客中，63% 属于专为观光旅游而来，37% 则属于商务和旅游兼顾。[1]

2007 年，马达加斯加大约有 1181 座宾馆，其中五星级宾馆2 家和四星级宾馆 5 家，三星级或准三星级约 40 家，共有房间13340 间。根据国家旅游业发展计划，到 2012 年，供接待游客的宾馆房间将增加到 21900 间，游客数量由 2007 年的 21 万多人增加到 50 万人。[2] 为此，马达加斯加交通和旅游部已经规划出20 余块旅游储备用地，供潜在的投资者使用，着重提高诺西贝岛、圣玛丽岛和图拉尼亚罗等著名旅游区酒店的接待能力。

# 第十节　国民生活

## 一　《劳动法》[3]

马达加斯加于 1995 年颁布《劳动法》，经修订后于2004 年颁布新《劳动法》。《劳动法》适用于所有劳动者和雇主，只要其劳动合同（无论属于何种形式）是在马达加斯加执行的，但不适用于国家公务员和根据《海洋法》规定

---

[1]　http：//mg. mofcom. gov. cn/aarticle/ddgk/zwjingji/200807/20080705652437. html.
[2]　游客数 = 入境外国人数 × 63%，2007 年入境马达加斯加的旅客为 344348人，游客为 344348 × 63% = 216939 人。
[3]　引自 http：//mg. mofcom. gov. cn/aarticle/ddfg/laogong/200908/200908064790 31. html.

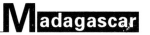

管理的工作人员。劳动者系指不论性别和国籍，在 1 个由国营或私营企业自然人或法人领导下，在马达加斯加境内从事职业活动、并取得报酬的劳动者。《劳动法》主要内容包括以下几点。

（一）劳动合同

劳资双方可自由签署劳动合同，但必须遵守公共秩序的规定。合同条款必须符合普通法规定，特别是应得到双方同意，签约者必须具备签署合同的能力，且合同的签署应具有某个主题和正当理由。在签署雇佣合同时，应写明雇工的职务、技术种类、最低级别参考指数、劳动者的工资标准以及合同生效日期等内容。合同的文本需使用马达加斯加语或法语起草。在没有签署书面合同的情况下，劳动合同的事实存在可通过其他各种方式证明。劳动合同可按不固定期限和固定期限两种形式签署。

任何雇主不得在合同中止时取消劳动合同。出现以下 4 种情况，劳动合同将被取消：由于雇主方面要求解雇；由于劳动者方面要求辞职；由于雇主和劳动者双方均同意解除劳动关系；由于出现经司法当局认定的不可抗力因素。

（二）工资

在雇员们从事同一技术等级、同一工种和价值的工作时，将不分地区、肤色、国籍、性别、年龄、所属工会及所持政见、按照本章规定条件所处的社会地位，一律享有同样的工资标准。所有员工工资，不管其工资按何种方式计算，均应按期发放。发放期限对于按天或周计薪的雇员不超过 8 天，对按半月计薪的雇员则不超过 20 天。对于按月发放的工资，最迟应在该员工享有工资的工作月结束后的第 8 天发放。

（三）工作时间

在《劳动法》所涉及的所有企业，包括教育或福利机构，

所有从事按时间、任务或数量完成情况计发工资的雇员或劳动者，不分性别和年龄，其每月工作时间不得超过 173.33 小时。在所有农业企业，每年工作时间以 2200 小时作为基础标准。在此限度内，工作时间依据有关法令确定，该法令同时还将对加班时间的管理及其薪酬支付办法做出具体规定。在上述法定时间以外所进行的工作，将按加班时间对待，并需另计薪酬。

（四）妇女和儿童保护

求职的妇女不必声明其怀孕状况。身孕状况不能成为雇主在试用期内解除劳动合同的理由。身孕状况被确认的妇女，可凭企业系统或企业内部医生或具有行医执照的医生出具的证明，要求调换工作岗位。在调换岗位期间，该雇员的固定工资及相关津贴标准保持不变。

所有在马达加斯加境内从事工作的最低法定年龄不得低于 15 岁。这一最低年龄不得低于中止义务教育的年龄。不得雇用 18 岁以下徒工和未成年人从事每天 8 小时以上或每周 40 小时以上的实际工作。禁止雇用 18 岁以下童工从事夜间工作或加班。必须保证 18 岁以下童工每天能连续休息 12 小时。

（五）工会

劳动者及雇主可自由加入工会及职业协会组织。雇员超过 11 人（含 11 人）的企业必须选举职工代表。职工代表的职责是：向雇主提交有关工作条件、劳动者保护、集体合同的执行、技术等级及工资比例等方面的集体或个体要求；向劳动监察部门反映有关企业在执行现行法律法规方面存在的问题；监督企业执行国家关于职工卫生、安全和社保方面的现行规定，并提出相应的改进措施；向雇主转达各种有用的建议并与雇主研究旨在改进企业的组织和产量的各种措施；当企业因生产规模压缩或企业内部重组而需要解雇员工时，负责向雇主提出意见和建议。

固定工人数达到 50 人的企业应设立企业委员会。企业委员会作为劳资双方的咨询机构，是企业内部进行谈判、对话和合作的平台。企业委员会可对劳动者提出的问题提供咨询并发表意见，包括工作条件、社会文化事务、卫生、安全、健康和工作环境、因经济原因导致的个体或集体解雇以及工作中引起的纠纷等。

内部规章是一个书面文件，通过该文件，雇主就公司技术组织、总体纪律制定总体规章，并确定可采取制裁措施的等级和种类，以及保障企业运行所必须遵守的卫生、安全规则的相关执行程序。但内部规章的其他条款，尤其是关于工资标准的条款将被视为无任何法律效力。所有长期雇用劳动者达 11 人（含 11 人）以上的企业均应制定内部规章。

### （六）国家劳动委员会

在劳动部内设立国家劳动委员会，该委员会是一个集咨询、谈判和监督三项功能于一体的国家机构。该机构可在劳资双方代表之间就工资、工作条件进行协商和谈判；同时负有以下职责：监督所定政策的执行；在其职权范围内就设定相关法律和法规提供咨询意见；确定最低工资的定额机制和薪酬最低标准计算率。

### （七）职业培训

职业培训是劳动者的权利和国家的一项义务。职业培训的目的是：使劳动者适应技术和劳动条件的变化，以利于劳动者社会地位的提高，并获得不同的技术级别。对于在岗劳动者的职业培训主要包括：初级技术培训和继续教育职业培训。

### （八）劳动纠纷

所有劳动者或雇主均可要求劳动监察部门通过友好方式解决劳动纠纷。然而，在司法当局介入处理尚处在合同期内的劳动者对其雇主存在的纠纷之前，必须先向劳动监察部门提起诉讼。在法院内设立劳动审判庭，以受理劳动者和雇主之间存在的个体纠纷。集体纠纷，必须具备以下两个特点：存在一个具有一定数量劳动者组成的合法团体或事实上的团体；存在代表集体利益的具体诉求。解决集体纠纷需分以下三个阶段：即谈判阶段，调解阶段和仲裁阶段。遇到调解失败的情况时，集体纠纷将提交劳动和社会事务部进行仲裁。

二 就 业

**独**立以来，马达加斯加人口快速增长，1990～2006 年的年均人口增长速度为 2.9%。根据 2006 年的统计，1920 万总人口中，0～14 岁人口占 43.6%，15～64 岁的占 53.3%，65 岁以上的占 3.1%。[①] 人口结构的年轻化使马达加斯加的劳动力十分充裕，1990～2006 年，15 岁及以上的劳动力年均增长 3.2%。2006 年，男性劳动力占男性人口的 86%；女性劳动力占女性人口的 79%，占劳动力的 48.3%。[②]

马达加斯加的劳动力就业以农业为主，2003～2006 年劳动力就业的产业分布情况为：农业吸纳了男性就业总数的 77%，女性的 79%；在工业领域就业的男性和女性分别占其就业总数的 7% 和 6%；在服务业就业的男性和女性分别占其就业总数的 16% 和 15%。[③] 2006 年，就业人口占 15 岁以上人口总数的 78%，占 15～24 岁人口的 63%。[④]

由于劳动力充足，经济发展缓慢，失业率长期偏高，尤其是城市甚至出现两位数的失业率。2002 年的危机过后的城市失业

① The World Bank：*World Development Indicators*，2008，p. 41.
② The World Bank：*World Development Indicators*，2008，p. 45.
③ The World Bank：*World Development Indicators*，2008，p. 49.
④ The World Bank：*World Development Indicators*，2008，p. 53.

率高达 12%。① 2003 ~ 2005 年，失业人数占全部劳动力的
5.0%；其中男性失业人数占全部男性劳动力的 3.8%，女性失
业者占全部女性劳动力的 6.2%。②

尽管马达加斯加的适龄儿童入学率很高，但能够进入初中学
习的学生不到一半，加之职业培训基础差，劳动力的整体素质不
高，失业人口中，小学文化水平的占 61.5%。③

三 工资

**拉** 瓦卢马纳纳 2002 年执政以后，数次调升了全国最低
工资标准。2003 年 4 月，内阁会议决定修订最低工
资标准，规定最低工资应按阶段提高，目标是达到月薪 250000
万马法郎（约合 39 美元）。从 2003 年 1 月 1 日起，非农业领域
员工最低工资从 180090 马法郎（27.9 美元）提高到 197075 马
法郎（30.5 美元），农业领域员工的最低工资从 182600 马法郎
（28 美元）提高到 200000 马法郎（31 美元）。④ 此后，雇主行业
组织和工会组织经过数轮谈判就各行业最低保证工资达成协议。
从 2004 年 2 月 1 日起，最低工资为 230000 马法郎（约合 28 美
元），从 2005 年 1 月 1 日起，最低工资上调至 250000 马法郎
（约合 30.4 美元）。⑤

2008 年 1 月 10 日，马达加斯加劳动者协商会（Conférence
des travailleurs de Madagascar）、马达加斯加企业组织
（Groupement des entreprises de Madagascar）和马达加斯加企业家
联合会（Union des entrepreneurs de Madagascar）达成一致意见，

① http：//mg. mofcom. gov. cn/aarticle/jmxw/200303/20030300074366. html.
② The World Bank：*World Development Indicators*, *2008*, p. 57.
③ The World Bank：*World Development Indicators*, *2008*, p. 57.
④ http：//mg. mofcom. gov. cn/aarticle/jmxw/200304/20030400083916. html.
⑤ http：//sousuo. mofcom. gov. cn/query/canchuQuerySearch. jsp.

同意从 2008 年 1 月 1 日起，私营企业员工的最低工资从 6.4 万
阿里亚里（约合 35 美元）提高到 7 万阿里亚里（约合 39 美
元），增长 10.16%。[1]

目前，马达加斯加的非农业类劳动力最低工资标准为：新招
工人月薪 38 ~ 77 美元，拥有 1 年以上工龄者月薪 39 ~ 85 美元，
私营企业员工的工资标准大致为 67（技工）~ 890 美元（销售
经理）。[2]

## 四 居民生活状况

### （一）居住条件

马达加斯加政府重视城乡公共卫生设施的建设，2006
年获得卫生饮用水的比例为 47%，其中城市为 76%，
农村为 36%；获得卫生设备的比例为 32%，其中城市为 49%，
农村为 7%。[3] 政府决定在 2007 ~ 2011 年的 5 年间大力发展城市
和农村饮用水工程，使全国获得卫生饮用水的人口比率在 2012
年达到 70% 以上；污水净化处理率由 2004 年的 54% 达到 2012
年的 65%。为此，计划投资 9022 亿阿里亚里（约合 4.3 亿美
元）建设 6816 个供水项目；投资 443 亿阿里亚里（约合 2120 万
美元）建设 26750 个卫生设施（含公共厕所）。[4]

### （二）物价

尽管工人工资逐年有了提高，但通货膨胀率常年居高不下，
生活质量没有显著提高。1980 ~ 1989 年日用消费品价格指数平
均上涨 18.6%，1990 ~ 1999 年又上涨 17.35%。[5] 2004 ~ 2007 年

---

[1] http：//mg. mofcom. gov. cn/aarticle/jmxw/200801/20080105332244. html.
[2] http：//mg. mofcom. gov. cn/aarticle/ddfg/tzzhch/200905/20090506279435. html.
[3] The World Bank：*Africa Development Indicators*，*2008 – 2009*，p. 102.
[4] http：//mg. mofcom. gov. cn/aarticle/jmxw/200612/20061203947029. html.
[5] The World Bank：*Africa Development Indicators*，*2008/2009*，p. 39.

的通货膨胀率仍然保持在两位数，分别是 13.8%、18.5%、10.8% 和 10.3%。[①] 以 2000 年的消费价格指数为 100，2006 年已经达到 183。[②]

虽然通货膨胀和汇率下跌造成的损失超过了储蓄收益，但绝大多数马达加斯加家庭仍然保持了储蓄习惯，1980～1989 年，国内储蓄年均增长 2.9%；1990～1999 年，年均增长 4.2%；2000～2006 年，年均增长 10.2%。[③]

---

[①]　EIU：*Country Profile*，Madagascar，2008，p. 18.

[②]　The World Bank：*Africa Development Indicators*，*2008/2009*，p. 40.

[③]　The World Bank：*Africa Development Indicators*，*2008/2009*，p. 41.

# 第五章

# 教育、文学、艺术、卫生、新闻

## 第一节　教育

### 一　教育发展简史

**马**达加斯加的教育水平在撒哈拉以南非洲是较高的。早在 19 世纪初，西方传教士在塔那那利佛和图阿马西纳建立了马达加斯加的第一批小学。1876 年，王室颁布免费义务教育法令。19 世纪末，塔那那利佛地区的儿童入学率高达 80%。独立前夕的 1959 年，全国有小学 2321 所，学生 369894 人；中学 30 所，学生 8750 人；技术学校 146 所，学生 6174 人；高等学院 3 所，学生 525 人。1960 年独立时，文盲占居民总数的 60%。[①]

独立后，政府一直重视教育，逐步形成了完整教育体制，包括基础教育、职业教育和高等教育。20 世纪 90 年代初，政府又开始发展远程教育。教育管理长期由基础教育部、高等教育部和职业教育部分类管理，现统由国民教育和科研部管理。

---

[①]　世界知识年鉴编委会编《世界知识年鉴》，世界知识出版社，1961，第 540 页。

20 世纪 70 年代中期，为铲除长期殖民主义统治对教育的影响，马达加斯加政府强调民族化教育的主导地位，推行教育"马达加斯加化"，中小学改用马达加斯加语教学。但由于缺乏马达加斯加语教材，公立小学的教学效果不佳，一些法国移民和本国的高级知识分子为使自己的孩子受到更好的教育，就联合开办了私立学校，用法语和法国教材授课。1992 年，中小学恢复使用法语教学。目前，城市地区使用法语教学，农村大部分中小学使用马达加斯加语教学。

马达加斯加政府长期以来坚持鼓励新建各类学校，扩大教育规模，教育事业迅速发展。2000 ~ 2006 年教育支出占政府支出的百分比平均为 25%，教育支出占 GDP 的 3.0%，其中 2006 年教育支出占政府支出的 25.3%，占 GDP 的 3.1%。[1] 2001 ~ 2002 年小学一年级新生入学率为 70.1%，2006 年上升到 97.5%。[2] 1993 ~ 1994 学年，全国有小学 13624 所，学生 1504668 人，教员 39637 人；初中 1153 所，学生 237909 人，教员 11161 人；高中 291 所，学生 60323 人，教员 3957 人。[3] 2004 年，小学增加到 18977 所，其中公立小学 14637 所，私立小学 4340 所；初中学校增加到 1596 所，其中公立 801 所，私立 795 所；高中学校增加到 336 所，其中公立 108 所，私立 228 所。2002 ~ 2003 学年，共有小学生 2856480 名，初中生 356973 名，高中生 79238 名。小学教师 59774 名，初中教师 18641 名，高中教师 6510 名。[4]

2006 年，马达加斯加政府制订《马达加斯加行动计划》（MAP），提出"让所有人都能上学"（Education Pour Tous）的

---

① The World Bank: *Africa Development Indicators 2008/2009*, p. 99; World Development Indicators 2008, p. 77.

② http://mg. mofcom. gov. cn/aarticle/jmxw/200705/20070504636611. html.

③ 《世界知识年鉴》，世界知识出版社，1999，第 401 页。

④ http://www. fmprc. gov. cn/chn/pds/gjhdq/gj/fz/1206_ 31/.

教育目标，教育与科研部努力加强各类学校的教学设备配置，2006 年全国共发放 99.4 万套学习用品（为新生提供，包括书包、笔、橡皮、尺子、铅笔盒、彩笔等成套用具）、370.5 万本教材、11.5 万块大黑板和 6.2 万套教师教学用具。虽然适龄儿童入学率大幅度提高，但进入高一级学校学习的比例不高，根据联合国的报告，2003 年，全国 53% 的男孩和 52% 的女孩能够达到 5 年级的水平，15% 的男孩和 14% 的女孩能够达到初中水平。[1]

1961 年 7 月，马达加斯加成立了第一所综合性大学——马达加斯加大学，后更名为塔那那利佛大学。该校的前身是法国殖民政府建立的塔那那利佛医学院，1956 年扩大为多学科的塔那那利佛高等学院。1975 年政府在全国成立 6 个大学中心，1988 年升格为 5 所综合大学，分别是安齐腊纳纳大学、菲亚纳兰楚阿大学、马哈赞加大学、图阿马西纳大学、图利亚拉大学。此外，还有一些得到国家承认的私立学院。全国现有 6 所综合大学，共有 28900 名大学生，教师 900 余名。其中塔那那利佛大学规模最大，有学生 18500 名，教师 618 名。[2]

马达加斯加政府在推进学校教育的同时，大力开展成年人的扫盲运动。1977 年建立了扫盲机构，并从 1978 年起将一些中学毕业生派往乡村开展扫盲工作，倡导所有有文化的妇女帮助自己的姐妹读书写字。2003 年，政府又开展了大众教育运动（Education pour tous），使全国成人的识字率进一步提高。2000 ~ 2004 年，全国 15 ~ 24 岁青年人识字率为 70%，其中男性为 73%，女性为 68%。同期，15 岁以上成年人识字率为 71%，其中男性为 77%，女性为 65%。[3]

---

① EIU, *Country Profile*, Madagascar, 2006, p. 54.
② http：//www. fmprc. gov. cn/chn/pds/gjhdq/gj/fz/1206_ 31/.
③ The World Bank：*Africa Development Indicators 2006*, p. 76.

## 二 现行教育体制

### （一）基础教育

**马** 达加斯加实行 5 年义务教育。从 1978 年起，基础教育实行小学五年、初中四年、高中三年的体制。学校分公立、私立和教会学校三类。

全国小学毕业生会考合格者获得小学毕业证书（CEPE），凭此升入初中。初中毕业会考合格者获中学第一阶段毕业证书（BEPE）。初中毕业后，有的升入高中，有的接受职业和技术教育。高中毕业生参加全国文理科的全国会考。合格者获中学第二阶段毕业证书（BAC），并可升入大学或进入远程教育学院学习。①

### （二）高等教育

马达加斯加高等教育学制因学科不同而长短不一。各综合大学设学士、硕士、再深造文凭、博士和国家博士等学位。② 塔那那利佛大学共有 7 个学院：农学院、医学院、文学院、师范学院、法学院、自然科学学院、工业学院。2007 年 10 月 17 日，中国驻马达加斯加大使李树立与塔那那利佛大学校长拉杰里松签署协议，在该校文学院设立孔子学院，由中国江西师范大学与塔那那利佛大学合作建设。

由于马达加斯加与法国关系的特殊性，塔那那利佛大学与法国的高等院校和科研机构联系紧密，与数十个大学和科研机构签订了合作协议。

独立初期，塔那那利佛大学的教学质量在非洲居于前列，许

---

① 李安山：《马达加斯加的教育近况——中国教育部考察团访非报告之二》，《西亚非洲》2001 年第 1 期。
② 李安山：《马达加斯加的教育近况——中国教育部考察团访非报告之二》，《西亚非洲》2001 年第 1 期。

多非洲国家在该校派有留学生。但是 20 世纪 70 年代以后，由于政策失误，造成经济困难，导致教育投入严重不足，影响了塔那那利佛大学的教学与科研发展。

**（三）职业教育**

马达加斯加的职业教育分为初级技术职业培训和再深造职业培训（含职业培训资格）两种。各种技术和职业培训学校分布于全国各地，既有全日制的，也有半日制的。近年来，政府为使职业教育正规化，设立了"全国职业培训系统"，改革初级培训制度，深化职业资格水平培训。政府还积极吸引私人资本进入职业教育领域，鼓励私人办学。

**（四）远程教育**

从 20 世纪 90 年代初开始，政府为提高全国的教育水平，开办远程教育，成立远程教育学院，招收对象是没有机会进入大学的高中毕业生和希望进一步深造的成年人。由于远程教育的学费比私立大学的学费低近 3/4，师资主要是大学教师和专业人士，因而受到马达加斯加民众的欢迎。

# 第二节　文学艺术

一　文学戏剧

间口头文学在马达加斯加的文学创作中占有重要地位。海因—泰尼（Hain - Teny）是民间创作的最常见形式，两位诗人即兴表演，一唱一答，充分展示表演者的才华与智慧。表演的题材广泛：从恋人倾心相诉到洽谈生意，市井百态无所不包。海因—泰尼表演中的精辟语言，经世代相传，成为民间谚语。

在法国殖民统治时期，马达加斯加的诗人和作家们以富有激

情的创作，唤醒同胞的民族意识，抒发对祖国传统文化的眷恋。让·约瑟夫·腊伯阿里维洛（1901～1937 年）是 20 世纪 30 年代马达加斯加著名诗人，他为弘扬祖国传统文化做了大量工作，出版了诗集《几乎是幻想》（1934 年）和《译自夜的语言》（1935 年）等。作者用诗的语言向马达加斯加人发出反抗殖民者的号召，他写道：一双双布满老茧的手，坚硬得像太阳晒干了的面包，那无数的火炬，紧握在这些手中，高高举起……这火炬，就是自由和独立。

扎克·腊伯马南扎腊（Jacques Rabemanajara，1913～2005 年）是马达加斯加当代杰出的诗人、剧作家和社会活动家。腊伯马南扎腊生于 1913 年，两次世界大战期间在巴黎求学，经常和文学界人士来往，并开始文学创作，创办《青年评论》杂志。第二次世界大战后回到马达加斯加，投身于民族解放运动，因参加 1947 年武装起义而被捕，先是被殖民当局判处死刑，后改为终身监禁。马达加斯加独立后，担任政府经济部部长。腊伯马南扎腊创作成果丰硕，诗集有《幻想的羽片》、《夜将来临》、《在傍晚的台阶上》、《歌咏集》、《祖国》、《拉姆巴》等。在诗中，作者表现出强烈的爱国主义情怀和鲜明的反殖民主义立场。腊伯马南扎腊还创作了 3 部浪漫主义剧作《马尔加什的神仙》、《黎明的航海家》和《神宴》，剧中塑造的民族英雄人物代表着马达加斯加人民不屈不挠的斗争精神。

## 二 民间艺术

### （一）传统建筑

马达加斯加人的房舍建筑与非洲大陆迥然不同，而与东南亚地区的房舍建筑极其相似。

马达加斯加东部沿岸居民（贝希米扎拉卡人、安泰摩罗人和安泰萨卡人等）的建筑大量使用旅人蕉和竹。为防止潮湿和雨季时被水淹没，房屋都是建在木桩上。除房屋的构架使用木料，其余都是用旅人蕉：天花板用树皮，墙壁用叶柄，房顶用树叶，房顶坡度很大。山脚地带的房屋大都使用竹子来建造。

西部的萨卡拉瓦人和南部的安坦德罗人、马哈法利人的房屋直接建在地面上。房屋结构呈四角形，墙壁用芦苇编成，屋顶铺棕榈叶。萨卡拉瓦人的房屋也有圆形的，墙壁用竹编制，屋顶用一根竖在房中央的木柱支撑，上面铺以稻草。南部的马哈法利人居住区盛行一种被称作"阿洛阿拉"的建筑，这种建筑是用来祭祀祖先的。阿洛阿拉实际上就是经过雕饰的木柱，高 2~5 米，上面刻有许多几何图案和植物图案，以及各种人物禽兽的形象。

居住在中部高原地区的麦利那人和贝希略人用白色和红色黏土筑成房屋。他们的房屋一般只有一个房间，呈长方形，有着高而尖耸的屋顶，用 1~3 根柱子支撑。房间的东墙和南墙不开窗，以免来自东南方向的大风侵袭，门窗开在西墙和北墙。富裕人家的住宅房间很多，屋顶用瓦铺盖，房屋正面有露台。麦利那人的墓地使用未加工的石头竖成高的石柱，贝希略人墓地则用雕饰有图案的石板砌成。

（二）传统工艺

马达加斯加人的编织业历史悠久，十八十九世纪时已具相当水平。东部沿海居民的传统容器是竹制品，餐具有的是木制的，有的则用旅人蕉的叶子制成。西部萨卡拉瓦人的用具多为木质器皿，如木盘、木勺、木盆。雕有精美图案的木质雕刻品，多是用来装饰房间的。中部麦利那人的家居用品多用石头、黏土和金属制成，有石碗、石制和金属制灯盏，以及各种陶器。当地居民还用芦苇和稻草编制筐篮、袋子、草帽、小装饰品以及装饰地面和墙面的席子，花色繁多，结构精巧。

马达加斯加人很早就掌握了纺纱和织布技术，但在欧洲纺织品的冲击下，男人的方形裹巾和女人的裙子都被欧式服装所淘汰，唯有一种叫做"拉姆巴"（lamba）的民族服饰保存下来。拉姆巴是一块长方形的棉麻织布，有纯白色的，也有织成各种图案的。拉姆巴的穿着方式有许多种，农民下地耕作的时候，把它缠在腰间；天冷的时候，把它包在头上；如果上城里，便把它披在肩上。

"瓦里哈"是马达加斯加人的民族乐器。这种乐器是一根长约 1 米的竹筒，把它表面的一层纤维沿着筒身一根根地绷起来变成了弦。这些纤维做成的弦长短不一，所以能够得到各种不同的音节。马达加斯加人的另一种民族乐器是脚踏木琴，由两名妇女面对面同时演奏。此外，马达加斯加人还有各种形式的横笛、竖笛和小鼓等。

## 第三节　医疗卫生

**独**立以后，马达加斯加的医疗卫生水平逐步得到提高。1970～1975 年，全国人口平均预期寿命 44.9 岁[1]，2006 年提高到 59.0 岁，其中女性 60.8 岁，男性 57.3 岁，均高于撒哈拉以南非洲的平均水平。[2] 2005 年，全部医疗卫生支出占 GDP 的 3.2%，其中公共卫生支出占 GDP 的 2.0%，占全部卫生支出的 62.5%，占政府支出的 9.6%，人均卫生支出 19.0 美元。[3] 全国有 16 名教授级医师，282 名专科医师，1580 名普通医师，3239 名助理医师。全国有 105 家医院，其中 18 家在首

[1] EIU: *Country Profile*, Madagascar, 2008, p. 11.
[2] The World Bank: *Africa Development Indicators*, *2008/2009*, p. 100.
[3] The World Bank: *World Development Indicators*, 2008, p. 95.

都；2681 家公立和私立医疗中心，其中 529 家在首都。由于独立后全国人口增长速度过快，医疗服务的供需矛盾仍然十分突出，1959 年平均每 10700 人有一名医生[1]，现在医生与人口比例依旧高达 1∶10000，人口与病床位比为 1∶2000。[2]

疟疾、霍乱、结核病以及艾滋病是马达加斯加人的主要健康威胁。2006 年每 10 万人中有 248 人患结核病。2000～2006 年，平均每 10 万人中有 184 人死于疟疾。艾滋病感染者和病毒携带者的比例在东非和南非地区是较低的。2007 年，15～49 岁艾滋病病毒感染率为 0.1%。[3]

15～54 岁的人群是马达加斯加患肺结核病的高危人群。从 1979 年起，政府开始实行防治肺结核政策，截至 2007 年，马达加斯加共有 230 个肺结核监测治疗中心（Centre de Dépistage et de Traitement）。从 2007 年开始，政府计划再建立 1000 多个肺结核治疗中心（Centre de Traitement）。治疗中心对马达加斯加所有肺结核病人开放且为患者提供免费治疗。政府计划到 2009 年将肺结核治愈率提高至 85%，并且对肺结核患者的收治率保持每年 8% 的增长水平。[4]

从 20 世纪 70 年代开始，马达加斯加政府就非常重视儿童接种疫苗的工作，一些保健中心免费给儿童注射防病疫苗，政府号召家长给孩子注射防病疫苗，尤其是接种结核、白喉和百日咳等疫苗。2006 年，12～23 个月的婴儿麻疹免疫率为 59%，白百破免疫率为 61%。2000～2006 年，5 岁以下儿童平均死亡率为 115‰，其中女性为 117‰，男性为 128‰；婴儿死亡率逐步降

① 世界知识年鉴编委会编《世界知识年鉴》，世界知识出版社，1961，第 541 页。
② http：//www. fmprc. gov. cn/chn/pds/gjhdq/gj/fz/1206_ 31/.
③ The World Bank：Africa Development Indicators，2008/2009，p. 100.
④ http：//mg. mofcom. gov. cn/aarticle/jmxw/200703/20070304468343. html.

低，从 1992 年的 93‰降至 2006 年的 72‰；熟练专业接生率为 51.3%，15~49 岁妇女避孕率为 27.1%。[1] 目前，马达加斯加儿童营养指数仍然偏低，根据联合国儿童基金组织的数据，马达加斯加 42% 的儿童体重低于标准水平，高于撒哈拉以南地区的平均 28% 的水平。[2] 2007 年 5 月 22 日，联合国人口基金与马达加斯加政府签署协议，联合国人口基金向马达加斯加政府提供 334.4 亿阿里亚里（约合美元 1800 万）资金援助，用于 2008~2012 年马达加斯加家庭优生优育计划，希望能够降低马达加斯加的婴儿死亡率，提高女性的健康水平。[3]

## 第四节　新闻出版

18 35 年，塔那那利佛有了第一家印刷厂，并印刷出版了译为马达加斯加文的《圣经》，这是马达加斯加第一本印刷出版的书。同年又出版了《英马辞典》和《马英辞典》。此后，马达加斯加知识分子开始出版定期刊物。1883 年，政府发行周报《马尔加什报》，并出版学校教科书。

欧洲传教士来到马达加斯加后，一方面出版教会团体的机关刊物，同时与马达加斯加人合作出版登载文艺作品的定期刊物，如《青年之友》，登载的作品绝大部分是由教会出身的马达加斯加知识分子写的。1931 年 4 月，殖民政府建立了广播电台。

第二次世界大战后，马达加斯加的新闻出版事业有了较大发展，报刊种类繁多。在自治共和国时期，以齐腊纳纳为首的自治政府出于防范共产主义思想的传播，限制与社会主义国家关系密

---

① The World Bank：*Africa Development Indicators*，2008－2009，pp. 100－101.

② http：//mg. mofcom. gov. cn/aarticle/jmxw/200808/20080805703110. html.

③ http：//mg. mofcom. gov. cn/aarticle/jmxw/200705/20070504728979. html.

切的政治竞争对手的影响，实行严格的新闻检查制度，国民议会于 1959 年 2 月 21 日通过《新闻法》，对违法者判处 3 年刑期和处以 1200 万马法郎的罚金。尽管一些报社在 2 月 28 日举行了罢工和群众集会，并发表社论表示抗议，但有些报纸被迫停刊，或者合并。

独立后，马达加斯加政府在 1961 年 1 月没收了 15 家报纸，其中包括独立大会党的机关报，有些记者被捕。官方新闻媒体主要是法文版的《法国—马达加斯加报》，在首都出版，发行量为 25000 份。官方广播电台用法语和马达加斯加语广播。1967 年建立马达加斯加国家电视台。

目前，马达加斯加的主要报纸有：《马达加斯加午报》（日报，法文，发行量 3.5 万份）、《论坛报》（日报，发行量 1.5 万份，马达加斯加文和法文）、《快报》（日报，法文）等。全国通讯社为国家通讯社。广播电台包括马达加斯加国家广播电台和私人电台，国家广播电台有两套节目，第一套节目用马达加斯加语播音，第二套节目用法语和英语播音，每天均播出 24 小时。法国国际广播电台自 1994 年起在全国的 6 个省会城市以调频方式全天播音。全国共有 13 家电视台，包括马达加斯加国家电视台和私人电视台，国家电视台用马达加斯加语和法语每天播出约 9 小时（周末 15 小时）。

# 外　交

在独立后的各个历史时期，马达加斯加的外交政策呈现出不同的特点，齐腊纳纳时期执行的是倾向西方，尤其是与法国保持紧密关系的外交政策；马达加斯加民主共和国的大部分时间内奉行反帝反殖、与社会主义国家建立友好关系的外交政策；进入第三共和国后，实行的是全方位外交。

## 第一节　外交政策的演变

### 一　第一共和国时期

#### （一）齐腊纳纳政府的外交政策

第一共和国时期，齐腊纳纳政府虽然宣称实施多元化的外交政策，但实际执行的是亲西方的外交政策。1960年9月大选后，齐腊纳纳声称马达加斯加属于西方世界，将继续留在法兰西共同体内，"不能离开法国而生存"。① 齐腊纳纳执行亲西方外交政策的原因有三：一是世界分裂为两个对抗集团的

---

① 《各国概况》（上），人民出版社，1972，第545页。

理念成为齐腊纳纳政府外交政策的基石，反对 20 世纪 60 年代初大多数新独立国家奉行的不结盟政策，认为两个集团之间没有不结盟运动存在的空间。二是以齐腊纳纳为代表的社会民主党认为发展与西方国家的关系，特别是保持与法国在经济和安全事务上的紧密合作，有利于本国的经济发展。三是在冷战思维指导下，齐腊纳纳政府惧怕共产主义思想的传播，尤其是当国内的主要政治对手独立大会党与苏联关系密切时，齐腊纳纳视社会主义国家为主要威胁。

独立后，齐腊纳纳政府很快与西方国家建立了关系，但拒绝与苏联、中国及东欧社会主义国家建立关系（直到 1968 年和 1969 年先后与罗马尼亚和南斯拉夫建立外交关系）。对共产主义的担心使齐腊纳纳政府严格控制进口印刷品，取缔被怀疑与共产主义活动有关系的组织，这种担心因苏联势力进入印度洋而更加强烈。依靠与法国达成的防卫安排和西方的支持，是齐腊纳纳政府防范共产主义思想和组织进入马达加斯加的重要手段。在非洲大陆，马达加斯加主要发展与法语国家关系，同时与南非签署旅游和经贸协议，发展经贸关系。在亚洲，齐腊纳纳坚持针对中华人民共和国的反对共产主义的立场，与亚洲反对共产主义的国家和地区建立关系。在中东，马达加斯加官方称坚持中立立场，实际上偏向以色列，在仅有的 3 个与马达加斯加建立外交关系的中东国家中，以色列是其中一个，另两个是原法国殖民地阿尔及利亚和法国保护领地突尼斯。

20 世纪 60 年代末，齐腊纳纳政府与西方国家建立紧密关系的外交政策在国内遭到越来越多的反对，主要原因是以法国资本为代表的外国资本控制了马达加斯加经济命脉，广大的马达加斯加人民从中获益甚少。自 20 世纪 60 年代中期开始，齐腊纳纳政府加强与南非的关系，更是引起国内的普遍反对。齐腊纳纳亲西方的外交政策成为 20 世纪 70 年代初国内反政府活动攻击的主要

目标，是导致齐腊纳纳政府垮台的重要原因。

**（二）"五月革命"后的外交政策**

1972 年"五月革命"后，马达加斯加成立了以拉马南佐阿将军为首的新政府。新政府彻底改变了齐腊纳纳的亲西方外交政策，转而奉行反帝反殖的外交政策，坚持独立自主的外交方针，支持非洲民族解放运动和不结盟运动。拉马南佐阿政府宣布退出法郎区，废除《马尔加什—法国合作协定》，签订两国新的合作协定。拒绝美国在印度洋航行的舰只在马达加斯加的安齐拉纳纳港①停泊和加油②，关闭美国在马达加斯加设立的人造卫星追踪站。③ 先后同中华人民共和国、苏联等社会主义国家建立外交关系。向非洲统一组织解放委员会捐款，积极支持安哥拉、几内亚（比绍）、莫桑比克、津巴布韦、纳米比亚和非洲其他殖民地人民争取独立的民族解放斗争，断绝同南非种族主义政权的关系。1973 年 10 月断绝同以色列的外交关系，以示支持阿拉伯人民收复失地和恢复民族权利的正义斗争。

## 二 第二共和国时期

**（一）《马达加斯加社会主义革命宪章》指导下的外交政策④**

《马达加斯加社会主义革命宪章》（以下简称《革命宪章》）指出，马达加斯加"坚决支持世界公认的领土完整、国家统一和不干涉其他国家内部事务的原则"，实行与马达加斯加的民族独立政策相符合的"全向和全面的开放政策"，"实现国际关系多样化"。在实践中，实施全面和全向外

---

① 原译为迭戈—苏亚雷斯港。
② 1973 年 12 月 29 日《人民日报》。
③ 1975 年 7 月 23 日《人民日报》。
④ 参见中共中央对外联络部四局：《马达加斯加革命先锋文件选编》，第 9 ~ 13 页。

交政策不仅仅是修正齐腊纳纳时期仅与西方发展关系的外交政策，而是要在福科诺洛纳社会主义理论指导下，与社会主义国家建立密切关系，大量接受社会主义国家的经济和技术援助。外交政策的转变，使马达加斯加与西方国家的关系趋于冷淡，但由于马达加斯加在经济、技术等方面仍有求于西方国家，尤其是法国，拉齐拉卡继续维系与西方国家的关系，西方国家仍是马达加斯加重要的贸易对象和主要的外汇来源。

《革命宪章》指导下的马达加斯加外交政策可归结为：

第一，马达加斯加的外交重点是维护印度洋地区的和平与安全。《革命宪章》认为，"超级大国之间对抗区域的中心正在向印度洋转移"，为了马达加斯加的安全，应使"印度洋成为和平、非军事和非核区域"。

第二，全向和全面的对外政策将"引导马达加斯加主要依靠自力更生来求得发展"。拉齐拉卡强调，为了行使主权，首先必须保证经济独立，外援只能是一种补充。因此，向社会主义国家开放，与之建立全面的关系，既可扩大马达加斯加产品的市场和所需商品的供应来源，也可减轻外国对马达加斯加经济、财政、贸易、社会和文化政策的压力。

第三，马达加斯加站在非洲和阿拉伯人民一边，支持民族解放运动，支持那些努力摆脱新老殖民主义、帝国主义、种族主义的压迫和离间的正义事业和斗争。拉齐拉卡特别强调非洲和阿拉伯的团结，指出"不应提出任何破坏非洲和阿拉伯团结的东西来"。

第四，"完全赞同不结盟和积极的中立主义原则"。当然，"这种不结盟不意味着不介入，因为在反对帝国主义、霸权主义和种族主义的斗争中"，马达加斯加是"介入的"，"过去和今后都把支援非洲、亚洲、拉丁美洲和中东的解放运动作为自己的义务"。

第五，呼吁建立国际经济新秩序。《革命宪章》认为，"只要基础产品的售价得不到合理和公正的保证，只要不能在民主的基础上产生新的国际金融机制，只要国家对本国自然财富的行使权得不到充分的承认，世界和平将永远面临威胁"，因此，马达加斯加坚决支持建立国际经济新秩序的主张。

## （二）20 世纪 80 年代外交政策的调整

20 世纪 80 年代初，马达加斯加陷入严重的经济危机中，为寻求国际援助，在席卷非洲大陆的自由化浪潮冲击下，拉齐拉卡政府开始调整外交政策，强调在坚持独立自主的前提下，实行"全向开放政策"，改善与西方国家的关系，以期得到更多的援助，挽救濒临崩溃的经济。

第一，恢复并加强与西方国家的关系。首先是积极恢复和发展与法国的关系。密特朗于 1981 年就任法国总统后，马达加斯加与法国的关系明显改善，法国成为向马达加斯加提供双边援助最多的国家。其次，马达加斯加与美国的关系逐步改善，两国重新互派了大使。英国、日本、意大利等各国也先后与马达加斯加签订援助协议，建设项目涉及通讯、矿业、农田水利、渔业、公路等各个方面。马达加斯加与美、法等西方国家的关系能够迅速改善，一方面是马达加斯加急于得到经济援助，另一方面是西方国家看中了马达加斯加重要的战略地位，称之为"非洲和亚洲之间的一艘最好的航空母舰"。扼守莫桑比克海峡咽喉通道上的马达加斯加岛关系到"西方经济生命线"的安全，当时从中东运往欧洲的石油有 85% 要经过这里。因此，西方国家认为，若要在与苏联的对抗中维护西方在印度洋的利益，就应当帮助马达加斯加，并与之保持特殊的关系。与此同时，马达加斯加与国际金融机构的关系也得到改善，得到大量援助。1982 年 6 月，在国际货币基金组织的赞助下，在巴黎召开援助国会议，决定向马达加斯加提供 6900 万美元的长期低息贷款，使其免于经济破产。以巴黎俱乐部为主的马达加斯加债权国也同意重新安排超过

10.5 亿美元的外债。[①]

第二，维持东西方平衡。在与西方发展关系的同时，拉齐拉卡仍然同苏联保持友好关系。苏联出于同美国在印度洋地区争霸的需要，不惜以大量的经济和军事援助争取和利用马达加斯加。拉齐拉卡在苏、美之间搞"全向外交"，从东西方都可得到实惠，既可以争取苏联的援助，也可以获得西方的资金。

第三，继续强调印度洋的安全。针对超级大国在印度洋的争夺，拉齐拉卡呼吁召开印度洋国际会议，反对两个超级大国在印度洋地区建立军事基地和部署军事设施，主张在印度洋建立和平区和无核区。[②]

第四，接受援助，拒绝出让主权。尽管全向外交对马达加斯加克服经济困难作用巨大，但拉齐拉卡一再强调马达加斯加决不以主权为代价换取经济援助。安齐拉纳纳港位于马达加斯加西海岸，莫桑比克海峡北端，战略地位十分重要，殖民地时期是法国海军的基地。法国军队撤出后，两个超级大国都试图让马达加斯加出让主权，以达到占据或使用该港口的目的。拉齐拉卡多次明确表示决不拿主权做交易，称"永远不会同意苏联或美国的军舰使用迭戈—苏亚雷斯港"。[③]

## 三　第三共和国时期

**20** 世纪 90 年代前后，马达加斯加政府根据冷战结束后的国际现实，提出继续坚持全方位外交政策，但是由于苏联解体和东欧剧变，马达加斯加的外交更多的是面向西方国家。

---

① 《面向西方》，1982 年 9 月 23 日法国《费加罗报》。
② 《新华每日电讯》1984 年 1 月 9 日。
③ 新华社塔那那利佛 1986 年 3 月 23 日电。迭戈—苏亚雷斯港现译为安齐拉纳纳港，引文仍用旧译。

　　扎菲就任总统后，提出坚持奉行不结盟政策和睦邻友好政策，主张在尊重主权和非意识形态的基础上发展与世界各国的友好关系，强调外交为经济发展服务，寻求合作伙伴多样化。扎菲认为冷战结束后，霸权主义仍然存在，呼吁发展中国家加强团结与合作，共同对付发达国家对世界政治、经济的主宰，逐步摆脱对发达国家的依赖。强调非洲各国之间加强互助与团结，依靠自己的力量解决非洲问题。支持非统组织建立预防、处理非洲国家冲突的安全机制，主张建立一支非洲干预部队，主张在印度洋建立一个非军事的、无核的和平区。

　　拉齐拉卡重新当选总统后，提出务实、进取、开放和灵活的外交基本原则，积极推行全方位外交。在发展同法国、美国等西方国家关系的同时，更加重视与非洲国家的关系，注重参与非洲大陆事务，热心于地区和平与发展，积极参与调解科摩罗危机，推动西南印度洋地区合作，提出非洲人依靠自己的力量解决非洲问题，反对将非洲"巴尔干化"。全面发展与世界银行、国际货币基金组织及非洲开发银行的关系，加快国家经济发展，是马达加斯加的外交重点。

　　拉瓦卢马纳纳上台初期，由于国际社会特别是非洲联盟质疑其政权合法性，争取国际承认成为其外交重点。2003 年 7 月非盟恢复马达加斯加合法席位后，马达加斯加的外交重点调整为：以减贫战略为指导，与国际社会建立新型伙伴关系，实现合作领域和伙伴多样化，提高马达加斯加国际地位，为社会经济快速、持续发展服务。在务实外交原则指导下，马达加斯加对重大国际问题态度比较超脱。

　　目前，马达加斯加同 118 个国家建有外交关系，是联合国、不结盟运动、非洲联盟、东南非共同市场、环印度洋地区合作联盟、印度洋委员会、南部非洲发展共同体等国际组织的成员。

# 第二节  与法国的关系

法国作为马达加斯加的前宗主国，长期以来在马达加斯加拥有重要影响。马达加斯加独立后，以齐腊纳纳为首的政府和执政党认为马尔加什共和国的经济发展有赖于法国的管理和技术、财政援助，有必要与法国保持紧密合作关系，遂与法国签署《马尔加什—法国合作协定》等五项协议，涉及防务、矿产资源、战略产品、民航、商船、司法、高等教育、邮政和电信等。同时，齐腊纳纳总统在 20 世纪 60 年代数次访问法国，与法国总统戴高乐建立起密切的私人关系。

法国在马达加斯加拥有经济和军事特权，法国资本垄断了各个经济部门，法国是马达加斯加的第一大贸易伙伴。20 世纪 70 年代初，在马达加斯加大约有 2000 名外国技术援助人员，其中 90% 是法国人。在马达加斯加的法国人中，70% 是教师，14% 是安全防务人员。法国人直接参与马达加斯加政府的管理，许多政府职位，包括大约 1/5 的总统顾问，由法国人担任；大约 2/3 的高级公务员，私营部门很大比例的管理人员均由法国人担任。法国在马达加斯加驻有军队。①

齐腊纳纳政府亲西方的外交政策，尤其是与法国的密切关系，受到反对派的强烈批评，指其损害了马达加斯加的主权。在 20 世纪 70 年代初爆发的反对齐腊纳纳政府的抗议活动中，其外交政策成为抗议群众攻击的靶子，抗议群众喊出了"马达加斯加化"的口号，强烈要求废除与法国签署的协议，清除法国人在马达加斯加的影响。

---

① Harold D. Nelson: *Area Handbook for the Malagasy Republic*, U. S. Government Printing Office, Washington, D. C. 1973, p. 173.

第六章 外 交 **M**adagascar

齐腊纳纳下台后，拉马南佐阿政府改变了亲西方的外交政策，宣布退出法郎区，废除《马尔加什—法国合作协定》，取消法国在马达加斯加的特权，1973 年 9 月 1 日，法国撤走驻在马达加斯加岛的陆军和空军，1975 年 5 月 29 日，撤走海军。① 拉齐拉卡上台后，提出走社会主义道路，实施国有化，外交政策转向东方，法国在马达加斯加的经济利益受到严重冲击。在银行、保险公司被马达加斯加政府无偿收回国有后，法国拒绝就赔偿问题与马达加斯加进行谈判，双边关系在 1975 年后一度陷入冷淡。但是，由于双方都有求于对方，一方面，马达加斯加在经济、技术等方面有求于法国，法国仍是其最大贸易伙伴；另一方面，法国为维护其在马达加斯加乃至印度洋的利益，抵御苏联势力的扩张，需要同马达加斯加保持和发展关系，因此，双边关系在 20 世纪 70 年代末又渐趋恢复，拉齐拉卡频繁出访法国，1976 年和 1978 年，拉齐拉卡两度访问法国，与法方就法资公司国有化的赔偿达成谅解。1980 年，拉齐拉卡总统对法国进行私人访问；1981 年再次访问法国，争取法国加大对马达加斯加的援助，减免债务。从 1981～1986 年，法国给马达加斯加的援助达 24.9 亿法郎。1985～1989 年，拉齐拉卡访问法国达 10 次之多。20 世纪 90 年代后，在国际局势剧变的大背景下，马达加斯加进一步加强了与法国的关系，法国总统密特朗 1990 年访问马达加斯加，这是马达加斯加独立后法国国家元首首次来访，法国宣布免除马达加斯加 40 亿法郎的债务，马达加斯加同意法国军舰可在安齐拉纳纳军港停泊。

扎菲上台后，马法关系继续发展，1994～1996 年，扎菲 7 次访问法国。法国对马达加斯加的援助大量增加，是马达加斯加的最大援助国，1995 年和 1996 年，法国分别向马达加斯加提供 9100 万美元、1.02 亿美元的官方发展援助，约占各国和国际金

① 《各国概况·1979》，世界知识出版社，1979，第 633 页。

215

融机构向马达加斯加提供的官方发展援助总额的 1/3。[①] 但由于扎菲政府与世界银行和国际货币基金组织就经济结构调整方案迟迟达不成协议，法国发展银行冻结了向马达加斯加的贷款。

1997 年，拉齐拉卡再度执掌政权后，发展与法国的关系成为其外交政策的重点，表示与法国建立"平等的伙伴关系"，双边关系进一步发展，1997 年，法国对马达加斯加的官方援助为 3.11 亿美元。1998 年，双方就马达加斯加向收归国有的法国企业进行赔偿的问题达成框架协议。

法国增加对马达加斯加的援助的同时，其在马达加斯加的影响日益加深。1991 年，马达加斯加反对派组织大规模抗议活动，要求修改宪法、拉齐拉卡下台，引发全国政治危机。危机期间，法国呼吁拉齐拉卡政府与反对派对话，要求政府停止逮捕反对派领导人并释放被捕者。在发生流血事件后，法国宣布中断与拉齐拉卡政府的军事合作。反对派领导人扎菲在危机期间访问了法国，法国向马达加斯加各派提出限定一个过渡期进行全民公决的解决方案。其后，马达加斯加的政局变化，正是按照成立过渡政府、全民公决新宪法的步骤实现了政权的更迭。2001 年底总统大选，马达加斯加再度陷入政治危机，法国在调停双方冲突中再次发挥重要作用，最后以拉齐拉卡流亡法国结束了政治危机。在拉瓦卢马纳纳就任总统后，法国很快就给予了承认。

目前，马达加斯加与法国保持着稳定而密切的关系。法国是马达加斯加的最大贸易伙伴、最大双边援助国和最大直接投资国。马达加斯加 65% 的直接投资来自法国，法国在马达加斯加有 500 余家企业。2007 年，法国与马达加斯加的贸易占马达加斯加出口的 34.7% 和进口的 19.4%。[②] 法国在马达加斯加的文

---

① 《世界知识年鉴》，世界知识出版社，2001，第 438 页。
② EIU：*Country Profile*，Madagascar，2008，p. 22.

化、教育、卫生等领域具有较大影响，法国在马达加斯加设有文
化中心，每年向马达加斯加提供大量的赴法学习、进修或培训奖
学金。法国国际广播电台在马达加斯加设有调频转播台。法国在
马达加斯加有侨民约 2.6 万人。两国高层互访频繁，2005 年 7
月，法国总统希拉克访问马达加斯加，两国签署了航空协定和总
额为 310 万欧元的援助协议。2006 年 1 月，马达加斯加参议长
拉库图马哈鲁访问法国。5 月，马达加斯加政府总理西拉访问法
国，法国参议长蓬斯莱访问马达加斯加，法国负责合作、法语国
家和发展的部长级代表吉拉尔丹访问马达加斯加，双方签署合作
伙伴关系框架文件，规定在 2006 ~ 2010 年期间，法国向马达加
斯加提供总值 2.49 亿 ~ 2.78 亿欧元的项目援助。① 2007 年 2 月，
拉瓦卢马纳纳总统出席了在法国举行的 24 届法非首脑会议。

　　法国与马达加斯加目前存有领土争议。19 世纪末，在马达加
斯加沦为法国殖民地的同时，法国占领了莫桑比克海峡内的新胡
安岛、巴萨斯礁、欧罗巴岛和马达加斯加岛北面的格洛里厄斯群
岛，在岛上设立气象站和修建机场。马达加斯加独立后，认为这些
岛屿属马达加斯加的领土，要求法国归还。20 世纪 70 年代，马达加
斯加政府多次声明这些岛屿无论从地理上，还是历史上，都属于马
达加斯加的领土。1979 年，马达加斯加驻联合国代表要求将上述岛
屿归属问题列入联合国大会议程，但遭到法国反对。1990 年，双方
同意成立一个工作组研究上述岛屿问题，但迄今无进展。

# 第三节　与美国的关系

马达加斯加与美国的外交关系始于 19 世纪的马达加斯
加王国时期，1866 年美国在塔那那利佛设立领事馆。

---

　　① 《世界知识年鉴》，世界知识出版社，2003，第 446 页。

马达加斯加沦为法国殖民地后，美国领事馆仍然保留。马达加斯加独立后，双方在 1960 年 6 月建立外交关系。齐腊纳纳政府认为，美国是马达加斯加重要的援助和投资来源，是其抵御共产主义思想影响的有力支持者，希望与美国发展良好关系。于是，在允许法国驻军的同时，马达加斯加政府在 1963 年 10 月允许美国国家航空航天局在马达加斯加岛设立"人造卫星追踪站"。美国则鼓励私人资本向马达加斯加投资，并尽可能多地向马达加斯加学生提供教育奖学金。但是，美国的援助和投资规模远没有齐腊纳纳政府期望的那样多，为此，齐腊纳纳总统 1964 年访问华盛顿，希望得到更多的美国援助，由于美国政府当时坚持最低限度卷入印度洋地区的政策，齐腊纳纳未能如愿。

进入 20 世纪 70 年代，马达加斯加国内政治动荡，齐腊纳纳与雷桑帕的矛盾公开化。1971 年 6 月，雷桑帕被捕，罪名是企图推翻政府。齐腊纳纳指责美国参与了雷桑帕推翻政府的阴谋，美国召回驻马达加斯加大使，以示抗议，并称只有在马达加斯加政府向美国道歉后，美国大使才能回到塔那那利佛。

1972 年 3 月，马达加斯加遭飓风袭击，受灾严重。美国政府批准向飓风灾害受害者提供紧急援助。此后，双边关系有所缓和。5 月，在将权力交给拉马南佐阿将军前不久，齐腊纳纳政府就雷桑帕事件向美国正式道歉，美国任命了新大使。[①] 但齐腊纳纳很快就下台了，新政府调整了外交政策，特别是拉齐拉卡掌权后宣称走社会主义道路，外交政策转向东方，与美国虽然保持了经贸关系，但政治关系未恢复到 1971 年之前的水平。马达加斯加政府先是拒绝美国在印度洋航行的舰只在迭戈—苏亚雷斯港停泊和加油[②]，后

---

① Harold D. Nelson：*Area Handbook for the Malagasy Republic*，U. S. Government Printing Office，Washington，D. C. 1973，p. 176.

② 1973 年 12 月 29 日《人民日报》。迭戈—苏亚雷斯港现译为安齐拉纳纳港，引文仍用旧译。

又关闭了美国在马达加斯加岛设立的人造卫星追踪站①, 1976 年，马达加斯加政府以两名美国外交官支持技术学校的学生罢课，将其驱逐出境；美国随后驱逐马达加斯加驻华盛顿的外交官以示报复。② 两国关系降至最低点。

20 世纪 80 年代，拉齐拉卡调整外交政策，实施"全向开放政策"。美国出于遏制苏联在印度洋地区扩张的战略考虑，对马达加斯加的政策调整做出了积极回应。1981 年，两国互派大使。1983 年 1 月，美国负责非洲事务的助理国务卿克罗克访问马达加斯加。从 1981~1986 年，美国向马达加斯加提供 6 笔贷款，共 4500 万美元，用于购买 13 万吨大米、食用油 8700 吨等。此外还赠送救灾物资，提供财政补贴，帮助勘探石油和恢复农业生产，建设小型水电站，成立水稻研究所等。随着美国援助不断增加，拉齐拉卡不再公开指名批评美帝国主义了。③

20 世纪 90 年代以后，马达加斯加与美国的关系有了较大发展。美国增加了对马达加斯加的官方援助，从 1989 年的 500 万美元增加到 1999 年的 3000 万美元。2000 年，美国将马达加斯加列入"非洲贸易增长与机遇法案"的首批受益国，马达加斯加向美国的出口总额大幅度增加，由 1999 年的 0.8 亿美元增至 2001 年的 2.5 亿美元。2002 年 6 月 26 日，美国总统布什致函拉瓦卢马纳纳，率先承认其政权合法性。2004 年 3 月，两国签署旨在开放民事航空领域的双边协定。2004 年 5 月，美国将马达加斯加列为第一批有资格从美国设立的"千年挑战账户"计划中申请资金援助的国家。2005 年 2 月和 4 月，拉瓦卢马纳纳总统两度访美，从"千年挑战账户"获得 1.1 亿美元的援助资金。

① 1975 年 7 月 23 日《人民日报》。
② Maureen Covell: *History Dictionary of Madagascar*, Scarerow Press, Inc., Lanham, Md., & London, 1995, p. 247.
③ 新华社塔那那利佛 1986 年 12 月 10 日讯。

目前，美国是马达加斯加的第二大商品输出目的地，2007 年马达加斯加出口商品的 29.1% 输往美国。①

美国从 1993 年起向马达加斯加派遣和平队员，目前共有100 名和平队员在马达加斯加从事基层卫生、教育和环境保护等工作。

## 第四节　与苏联和俄罗斯的关系

**马**达加斯加 1960 年独立时，苏联有意与其发展关系，提出有兴趣交换外交代表，并于 1961 年派遣商业代表团访问塔那那利佛，但因齐腊纳纳政府坚持反共和防共政策，两国关系发展缓慢。1964 年初，两国关系稍有改善，苏联的一个科学家代表团和一个旅游团访问了塔那那利佛，马达加斯加的一个学生代表团出席了在莫斯科举行的世界青年节。1967 年，马达加斯加首次同意考虑与苏联互派商业代表。1968 年，马达加斯加派代表出席了在莫斯科举行的电影节，两国同意签署商业协议。但是，1968 年苏联入侵捷克斯洛伐克使双边关系重新陷入停顿。

1972 年齐腊纳纳下台后，拉马南佐阿政府于当年 10 月与苏联建立外交关系，重新协商两国的商业协议。拉齐拉卡执政后，马达加斯加与苏联的关系迅速发展，苏联通过经济援助和军事援助扩大在马达加斯加的影响，巩固其在印度洋的扩张势头。

首先，向拉齐拉卡政权提供大量军事援助，在马达加斯加军队中扩大影响，培植亲苏势力。1978 年，拉齐拉卡访问苏联，苏联允诺援助马达加斯加 12 架米格 - 21 战斗机，其中 3 架为赠送，3 架优惠价，6 架平价；赠送一架雅克 - 40 座机，免费借给马达加斯加一架安 - 12 运输机。拉齐拉卡访问苏联前，苏联已

---

① EIU：*Country Profile*，Madagascar，2008，p. 22.

经赠送给马达加斯加一批轻武器。拉齐拉卡结束访问后，苏联又向马达加斯加提供了 30 辆 T－72 坦克、20 辆装甲车，并派 50 多名军事顾问帮助马达加斯加培训飞行员和坦克驾驶员等，马达加斯加每年派军事人员到苏联受训。①

其次，加强对马达加斯加的经济援助和贸易往来。苏联利用马达加斯加寻求政治和经济完全独立的迫切心情，大力鼓吹只有通过与苏联的"友好合作"，才能"真正实现社会主义"。1974 年 12 月，两国签订经济技术合作协定；1975 年 10 月，苏联派经济代表团访问马达加斯加，双方签订贸易协定和关于苏联在马达加斯加设立商务代表处的协议；1976 年 7 月，两国签订 5 项经济合作协定。② 马达加斯加在 20 世纪 80 年代改善与西方国家关系后，苏联给马达加斯加的援助仍是仅次于法国居第二位。③ 苏联对马达加斯加的援助项目包括中波广播发射台、小麦试种站、兽医站、航空测绘马达加斯加岛金属矿藏分布图、面粉厂、公路、农田灌溉、捕鱼等。

再次，加强两国民间团体往来和文化科技交流，扩大苏联在马达加斯加的社会影响。1977 年 1 月，两国签订文化和科学合作计划，并决定今后每年签订文化科学计划；1978 年 11 月，苏联—马达加斯加友好协会成立；1980 年 4 月，苏联—马达加斯加友谊宫在塔那那利佛落成，内设图书馆和电影俱乐部，开办俄语学习班。20 世纪 80 年代，马达加斯加的苏联专家有 100 多名，在苏联留学的马达加斯加学生达到 1500 多名，苏联在马达加斯加的大学、中学派有教员。拉齐拉卡 1986 年 9 月访问苏联时，双方签订了一揽子长期合作协定（从 1986～2000 年），涉

---

① 新华社塔那那利佛 1983 年 3 月 4 日讯。
② 新华社塔那那利佛 1983 年 3 月 4 日讯。
③ 新华社塔那那利佛 1986 年 12 月 10 日讯。

及经济、贸易、科学、技术等方面的广泛合作。

马达加斯加在接受苏联的援助的同时，对苏联的扩张企图也保持了高度的警惕，同时也为了平衡与东西方国家的关系，一直没有同意苏联军舰在安齐拉纳纳港停泊。

苏联解体以后，马达加斯加与俄罗斯的关系基本处于停顿状态。近两年，随着经济状况的好转，俄罗斯对马达加斯加的矿产资源产生了兴趣。2006年，俄罗斯一地质考察团对马达加斯加北部三角地带和中部山区的矿产资源进行了考察，这些地区的铝土矿、重晶石矿、铅矿以及绿柱石和伟晶岩对俄罗斯人吸引力很大，有意进行大规模开发。[①]

# 第五节 与非洲和印度洋岛国的关系

立初期，齐腊纳纳政府主要是与法语非洲国家发展关系。尽管加入了非洲统一组织，但与非洲大陆在地理上和人种、文化上的差异，使马达加斯加没有融入非洲大陆的泛非运动。

20世纪60年代，齐腊纳纳政府与南非种族主义政权发展关系引发国内外的激烈批评，许多非洲国家谴责齐腊纳纳政府的南非政策。20世纪70年代初，马达加斯加和南非签署了便于南非人向马达加斯加旅游业投资的协议，成立联合技术委员会推动双方贸易，给予南非公司在马达加斯加的采矿特许，媒体甚至出现两国可能建立外交关系的报道。齐腊纳纳的南非政策最终成为其在1972年倒台的原因之一。

齐腊纳纳政府倒台后，拉马南佐阿政府宣布重新考虑与南非的关系。1972年6月23日，马达加斯加政府宣布断绝与南非的

---

① http：//mg. mofcom. gov. cn/aarticle/jmxw/200607/20060702616929. html.

一切官方联系，废除以前签署的协议。① 拉齐拉卡执政后，在《马达加斯加社会主义革命宪章》的指导下，马达加斯加对非洲大陆的民族解放运动给予了大力支持。20 世纪 80 年代末至 90 年代初，随着南非国内形势的变化，马达加斯加开始发展和南非的经贸关系。1990 年 8 月，南非总统德克勒克对马达加斯加进行了短暂工作访问，双方决定互设经济、贸易联络处，并签订通航协定。同年 9 月，马达加斯加与南非正式恢复通航。

冷战结束以后，奉行全方位务实外交的马达加斯加，强调非洲各国之间加强互助和团结，依靠自己的力量解决非洲问题，支持非洲统一组织建立预防、处理非洲国家冲突的安全机制，主张建立一支非洲干预部队。

马达加斯加是非洲联盟成员国。拉瓦卢马纳纳上台后，非洲联盟认为其政权不合法，一度中止了马达加斯加在非洲联盟的席位。经马达加斯加多方做工作，非洲联盟 2003 年 7 月马普托会议决定恢复马达加斯加在非洲联盟的合法席位。此后，马达加斯加积极参与非洲联盟活动，影响逐渐扩大。2004 年 9 月，马达加斯加参议长在泛非议会第二次例会中当选东非地区主席；2005 年 1 月，拉瓦卢马纳纳总统出席在尼日利亚阿布贾举行的第四届非洲联盟国家元首和政府首脑会议，大会决定支持马达加斯加参选联合国社会经济理事会成员；2005 年 8 月，拉瓦卢马纳纳总统出席在亚的斯亚贝巴举行的非洲联盟特别首脑会议；2007 年 6 月，马达加斯加加入"非洲发展新伙伴计划"；2007 年 7 月，拉瓦卢马纳纳总统出席非洲联盟首脑会议，马达加斯加获得 2009 年非洲联盟首脑会议的承办权。②

---

① Harold D. Nelson: *Area Handbook for the Malagasy Republic*, U. S. Government Printing Office, 1973, p. 178.

② 第 13 届非洲首脑会议原定 2009 年 7 月 1 日至 3 日在马达加斯加首都塔那那利佛举行，因马达加斯加爆发政治危机，改由利比亚的苏尔特承办。

　　马达加斯加系印度洋委员会成员国，积极参与地区事务，调解地区争端和冲突，努力推动各成员国间的经济合作。马达加斯加向周围岛国供应农产品和海产品，贸易有出超。2004 年 4 月，毛里求斯总理贝朗热访问马达加斯加，双方签署了双边合作总体构架协定、促进和互相保护投资协定及旅游技术合作协定等三个原则文件，并签订了糖业管理合作协议。2005 年 1 月，拉瓦卢马纳纳总统赴毛里求斯出席小岛屿发展中国家可持续发展会议。同年 7 月，印度洋委员会第三届国家元首和政府首脑会议在塔那那利佛举行。11 月，拉瓦卢马纳纳总统访问毛里求斯。2006 年 3 月印度洋委员会第 22 届部长理事会在马达加斯加举行。同年 5 月，马达加斯加总理西拉出席科摩罗总统桑比就职仪式。2007 年 3 月，拉瓦卢马纳纳总统出席毛里求斯独立 39 周年庆典，会见了贾格纳特总统和拉姆古兰总理。

# 第六节　与中国的关系

　　**中**国与马达加斯加的友好交往源远流长。成书于 12 世纪和 13 世纪的中国宋代的两部地理书《岭外代答》和《诸蕃志》分别提到了"昆仑层期国"，有学者认为"昆仑层期国"指的就是马达加斯加岛及附近的东非沿岸。[1] 到元代，中国与非洲的海上交通已有三条航线，其中包括中国至马达加斯加的航线。[2] 在马达加斯加发现了龙泉青瓷贴花双鱼洗、景德镇褐斑青白瓷葫芦形小壶等中国元代瓷器。[3]

　　有资料显示，最迟于 19 世纪 50 年代已有华人在马达加斯加

---

　　[1]　沈福伟：《中国与非洲——中非关系二千年》，中华书局，1990，第 280 ~ 282 页。

　　[2]　李安山：《非洲华侨华人史》，中国华侨出版社，2000，第 63 页。

　　[3]　李安山：《非洲华侨华人史》，中国华侨出版社，2000，第 62 页。

经营杂货铺等产业。马达加斯加的华人最早是从毛里求斯和留尼旺迁移去的。第一批契约华工在马达加斯加沦为法国殖民地后的1896年抵达该岛。马达加斯加的华人绝大部分来自中国广东的南海、顺德一带，他们在19世纪末成立了华人自己的组织，如图阿马西纳的华人在1896年成立了华侨协会，1906年成立南顺会馆。1904年全马达加斯加有452名华人，1929年增至2225人，1951年达4900人。[①]

马达加斯加的华侨虽远离故土，但始终与祖国保持着紧密联系。辛亥革命爆发后的1911年11月9日至1912年5月31日，马达加斯加华侨捐款共计1274.33银元。中国国民党在马达加斯加设有支部，抗日战争时期，马达加斯加的华人中已有1700余名国民党党员。在当地侨领的带领下，马达加斯加华侨积极开展揭露日本侵略中国的暴行的宣传活动，展开抵制日货的活动，通过各种方式捐款汇往国内。

马达加斯加的华侨以经商为主，为当地的经济发展作出了重要贡献。20世纪50年代，仅5000余人的华侨共拥有各类商店1500余家，在全岛5省58县中，华侨商店遍及48个县。[②] 马达加斯加独立时有华侨8000余人。[③]

齐腊纳纳执政时期，坚持亲西方和反共防共的外交政策，发展与台湾当局的关系。1962年，齐腊纳纳访问台湾。1964年初，与台湾建立所谓"外交关系"并互派"大使"。在法国等欧洲国家与中国建立外交关系后，齐腊纳纳政府仍坚持与台湾当局保持关系，1971年投票反对恢复中华人民共和国在联合国的合法席位。[④]

---

① 李安山：《非洲华侨华人史》，中国华侨出版社，2000，第245页。
② 李安山：《非洲华侨华人史》，中国华侨出版社，2000，第487页。
③ 《世界知识年鉴》，世界知识出版社，1961，第536页。
④ Harold D. Nelson：*Area Handbook for the Malagasy Republic*，U. S. Government Printing Office，Washington，D. C. 1973，p. 169.

1972 年 11 月 6 日，马达加斯加外交部长迪迪埃·拉齐拉卡和中华人民共和国外交部长姬鹏飞在北京签署《中华人民共和国和马尔加什共和国建立外交关系的联合公报》，决定自 1972 年 11 月 6 日起两国建立大使级外交关系。建交后，中马两国友好合作关系持续、稳定发展，在各个领域的交流与合作富有成果。两国领导人和各部门之间接触和互访频繁，民间交流不断，经贸合作发展顺利，合作领域不断扩大。

**（一）双边高层互访频繁，在国际事务中相互支持，政治关系稳定发展**

自 1972 年建交以来，中国大力支持马达加斯加政府和人民维护民族独立的正义事业，支持其建立新的国际经济秩序和建立印度洋和平区的主张，高度赞赏马达加斯加政府奉行的不结盟政策及其坚持反帝、反殖、反种族主义和支持民族解放运动的斗争，中国政府和人民尊重马达加斯加人民的政治选择。马达加斯加历届政府都非常重视发展与中国的友好关系，拉齐拉卡、扎菲和拉瓦卢马纳纳在任总统期间均到中国访问。马达加斯加政府坚定奉行一个中国的政策，在 1999 年和 2000 年的联合国人权委员会第 55 届、第 56 届会议上，马达加斯加投票支持中国就美国反华提案提出的"不采取行动动议"。1997 年，中马两国外交部决定建立双边定期磋商机制。

中马建交以来，访问马达加斯加的中国领导人有：1980 年 9 月，国务院副总理姬鹏飞；1985 年 6 月，国务委员兼国家计划委员会主任宋平；1986 年 3 月，国家主席李先念；1990 年 6 月，全国人大副委员长陈慕华；1994 年 1 月，国务院副总理兼外交部长钱其琛；1997 年 3 月，国务院副总理姜春云；1999 年 1 月，中共中央政治局常委、国家副主席胡锦涛；1999 年 5 月，全国人大副委员长许嘉璐；2000 年 1 月，国务委员吴仪；2001 年 3 月，国务委员兼秘书长王忠禹；2005 年 1 月，外交部长李肇星；

2005 年 11 月，中共中央政治局常委、国务院副总理黄菊；2006年 8 月，中共中央政治局常委、中央纪律检查委员会书记吴官正；2008 年 11 月，中共中央政治局常委、全国人大委员长吴邦国。

建交以来访问中国的马达加斯加领导人有：1972 年 11 月和1974 年 1 月，外交部长迪迪埃·拉齐拉卡；1975 年 7 月，最高革命委员会委员若埃尔·拉科托马拉拉中校和费迪南·乔通博少校；1976 年 6 月，总统拉齐拉卡；1977 年 9 月，外交部长里夏尔·克里斯蒂安·雷米；1978 年 5 月，最高革命委员会委员马鲁·雷蒙和马南达菲·拉科托尼里纳；1980 年 10 月，马达加斯加革命先锋中央政治局委员、内政部长安皮·奥古斯坦·波尔托斯；1981 年 9 月，马达加斯加革命先锋中央政治局委员、农村发展和土改部长西蒙·皮埃尔；1984 年 4 月，马达加斯加革命先锋中央政治局委员、最高革命委员会委员拉科托艾尼纳·朱斯坦；1984 年 7 月，马达加斯加革命先锋中央政治局委员、最高革命委员会委员西蒙·皮埃尔；1985 年 8 月，马达加斯加革命先锋中央政治局委员、革命工人工会全国协调员泰奥菲尔；1985年 10 月，总统拉齐拉卡；1986 年 10 月，全国人民议会议长吕西安·安德里亚纳拉欣贾卡；1987 年 10 月，马达加斯加革命先锋中央政治局委员因德里安贾菲·乔治·托马斯；1992 年 4 月，第一副总理弗朗西斯克·拉武尼；1994 年 7 月，总统阿尔贝·扎菲；1996 年 4 月，国民议会议长理查德·安德里亚曼雅托；1997 年 11 月，副总理兼外交部长海里祖·拉扎菲马哈莱乌；1999 年 5 月，外交部长拉齐凡德里亚马纳纳；2000 年 4 月，马达加斯加复兴行动党全国书记兼政府副总理皮埃罗·拉佐纳里韦卢；2004 年 5 月，总统拉瓦卢马纳纳；2005 年 3 月，国民议会议长拉依尼里库；2006 年 6 月，参议长拉杰米松；2006 年 4 月，拉瓦卢马纳纳总统到中国香港、深圳考察资本市场运作并学习中国建设经济特区的经验；2006 年 11 月，拉瓦卢马纳纳总统来华出席中非合作论坛北京峰会；2007 年 5 月，拉瓦卢马纳纳总统出席在上海举行的非洲开发银行理事会年会；2007 年 10 月，高等宪法法院院长拉乔纳里武尼；2008 年 10 月，"我爱马达加斯加党"主席、参议长伊万等。

**（二）两国经贸合作顺利发展，合作领域不断扩大**

建交以来，中国和马达加斯加的经贸关系和经济技术合作进展顺利，两国签有经济技术合作协定、促进和相互保护投资协定、关于成立经济贸易混合委员会协定、航空运输协定等。为帮助马达加斯加克服经济困难，两国于 2001 年签署《中华人民共和国和马达加斯加共和国关于免除马达加斯加政府部分债务的议定书》。

**1. 中国对马达加斯加的经济援助**

为支持马达加斯加发展民族经济，中国给予了力所能及的支援，帮助马达加斯加建设一些生产和生活急需的项目，迄今主要援建项目有：1984 年 6 月，木仑达瓦—阿纳累瓦糖厂建成投产；1985 年 6 月 7 日，马达加斯加全国制药中心落成；1985 年 12 月 30 日，马达加斯加 2 号公路从木腊芒加至昂德拉努南邦古全长 223 公里的路段竣工，该工程建设历时 7 年；1997 年，塔那那利佛体育馆竣工；2008 年 6 月，马达加斯加国际会议中心举行落成交接仪式，马达加斯加杂交水稻示范中心项目落成。2007 年，中国援助马达加斯加的 3 所农村小学校和 1 座医院的前期准备工作进展顺利。

此外，中国还在技术、设备等方面对马达加斯加提供大量帮助。1975 年 4 月，中国手扶拖拉机技术服务小组赴马达加斯加进行为期 3 个月的技术培训工作；1977 年，中国提供设备的马达加斯加"特利"国营农机修造厂落成；1979 年，中国向马达加斯加移交拉尼黑水稻、蔬菜试种站，该试种站是根据两国的经

济和技术协定于 1976 年建立的，目的是为了向马达加斯加人传授水稻种植技术，培育良种和一些蔬菜种子以及训练有关技术人员；1982 年，由中国提供设备的马达加斯加农机厂落成。

2. 中马经贸互利合作

从 20 世纪 80 年代中期开始，在中国继续向马达加斯加提供粮食和食品、农用物资、建筑材料、医药和医疗器械、体育器材及人道主义援助的同时，两国展开了工程承包、劳务合作和咨询设计等形式的互利合作。目前在马达加斯加开展工程承包的中国公司主要有中马公共工程公司、安徽华安建筑贸易有限公司、中国成套设备公司等。2000～2007 年中国在马达加斯加完成的经济合作营业额从 1996 万美元增加到 4949 万美元。[①]

随着中国实施企业走出去的战略，在马达加斯加投资的中国企业不断增加，2004 年 7 月 16 日，马达加斯加中资企业协会召开第一次会员大会，同时宣布马达加斯加中资企业协会正式成立。协会由九家创始会员组成，它们是飞马特公司、光明制衣有限公司、安徽华安建筑贸易有限公司、鹿王羊绒纺织有限公司、中成糖业股份有限公司、中国地质工程公司、中马公共工程公司、中马华达工程公司和中煤深圳公司。截至 2007 年底，中国对马达加斯加的非金融类直接投资的净额为 7601 万美元。[②] 近年的主要投资项目有：2005 年 2 月，中国长春建工集团投资建设的水泥厂项目奠基。2008 年 6 月 25 日，由中国唐山曙光集团投资兴建的马达加斯加龙牌水泥厂项目一期投产。该水泥厂项目总投资 8277 万美元，分两期进行建设。其中，一期建设一座年

---

① 中华人民共和国国家统计局编《中国统计年鉴》，相关年份数据；中华人民共和国国家统计局外经统计司编《中国贸易外经统计年鉴》，相关年份数据。

② 中华人民共和国国家统计局编《2008 年中国统计年鉴》，中国统计出版社，2008。

产 30 万吨水泥粉磨站（所需熟料从国内进口）；二期建设一条新型干法水泥熟料生产线，年产水泥熟料 80 万吨（所需原料全部从当地开采）。根据规划，二期工程于 2008 年底启动，2009 年底前建成。① 在龙牌水泥厂投产后，将在一定程度上抑制和降低当地水泥市场价格，对促进该国基础设施建设和发展将产生重要影响。2008 年 6 月，由安徽外经建设集团在马达加斯加投资建设的接待 2009 年非盟首脑会议重要设施之一的 54 栋总统别墅项目奠基，该项目由安徽外经建设集团投资，马达加斯加政府给予一定的土地补偿。非洲联盟首脑会议结束后，所建设施归安徽外经建设集团所有。这种由马达加斯加政府与中国企业间的直接合作模式，不仅较好地解决了马达加斯加基础设施短缺问题，也为我国企业获得必要的经济回报提供了法律保证，是一种双赢的合作模式，对巩固和扩大双边友好合作具有积极影响。此外，中国海外工程公司在 2005 年成功收购马达加斯加 1 家制药厂，中国成套设备进出口总公司在 2007 年成功租赁马达加斯加昂比卢贝和纳马吉亚糖厂。为减轻马达加斯加的债务负担，2001 年和 2007 年两次签署中国政府减免马达加斯加部分债务的议定书。

### 3. 中马贸易增长迅速

1974 年中马签订贸易协定。20 世纪 90 年代以后，双边贸易逐步扩大。进入 21 世纪，两国贸易迅速增长，2006 年，中国成为马达加斯加的第二大贸易伙伴。2009 年双边贸易额为 5.0245 亿美元，其中中国出口 4.5160 亿美元，进口 0.5085 亿美元。②

### （三）中马合作领域不断拓展，合作形式多样化

随着两国关系的稳步发展，中马合作领域逐步扩展，覆盖了文化、卫生、体育、旅游、人事、司法、军事等领域。

---

① http：//mg. mofcom. gov. cn/aarticle/jmxw/200806/20080605626288. html.
② http：//mg. mofcom. gov. cn/aarticle/ztdy/201006/20100606991775. html.

中国自 1973 年起向马达加斯加提供奖学金名额，每年都有数十名马达加斯加留学生来华学习。1980 年两国签订《中华人民共和国政府和马达加斯加民主共和国政府文化合作协定》。相互介绍各自的民族文化是中马两国文化交流的重要内容。1977 年 6 月 1 ~ 7 日，中国艺术照片展览会在塔那那利佛举行；1981 年 9 月 9 ~ 16 日，中国剪纸艺术展览会在图阿马西纳举行。1982 年 10 月，马达加斯加革命文化艺术部第一顾问拉马蒙吉苏阿·克莱芒率领马达加斯加文化工作者代表团访华。2004 年，中国上海艺术团赴马达加斯加演出。2008 年 11 月，孔子学院在塔那那利佛大学举行揭牌仪式。2004 年，中国中央电视台英语、西班牙语和法语频道节目在马达加斯加落地。

为帮助马达加斯加提高竞技体育水平，中国不仅向马达加斯加提供体育器材，援建体育设施，而且派遣教练员，指导马达加斯加运动员的训练。1990 年，中国向马达加斯加派遣 1 名羽毛球教练；2007 年，派遣 5 名教练员。

1974 年两国签署《关于中华人民共和国政府派遣医疗队赴马达加斯加工作的议定书》。1975 年 8 月，中国开始向马达加斯加派遣医疗队，现有 4 个医疗点，每年有医疗队员 30 名左右。2005 年，两国举办中国医疗队赴马达加斯加 30 周年纪念活动。2003 年，在中非合作论坛框架下，中马两国在塔那那利佛联合举办中非疟疾预防与治疗研讨班。

2005 年，中国宣布马达加斯加为中国公民自费出境旅游目的地国。2006 年签署《关于中国公民组团赴马达加斯加旅游实施方案的谅解备忘录》。2007 年 3 月 15 日，由中国商业网（China Business Network）和马达加斯加国家旅游局（Office National du Tourisme de Madagascar）共同合作开发的马达加斯加中文旅游网站（http：//www. lvyou168. cn/travel/madagascar/）

正式开通使用。①

　　中马两国在人力资源培训上的合作逐年扩大，近几年，几乎每年都有马达加斯加官员来华参加各类培训班和研讨会。2007年，中国共为马达加斯加培训各类人才96名。

　　近年，中马两国加快了在司法领域的交流。2006年，江苏省高级人民检察院检察长周振华、中国警察协会会长田期玉访问马达加斯加。马达加斯加司法、掌玺部长拉拉·拉齐哈胡瓦拉出席在北京举行的国际反贪联合会第一次年会暨会员代表大会。2007年4月，最高人民检察院检察长贾春旺访马；10月，马达加斯加高等法院院长让·米歇尔·拉乔纳里武尼率团访华。

　　中国和马达加斯加的军事交流与合作始于1975年。1983年，马达加斯加国防部秘书长拉索洛马拉上校访问朝鲜回国途中，在北京停留并与中国人民解放军副总参谋长何正文会晤。1993年，马达加斯加人民军总参谋长保罗准将访华。1998年，沈阳军区司令员梁光烈中将访问马达加斯加，马达加斯加副总参谋长来华学习。1999年，马达加斯加武装力量部长兰杰瓦少将访华。2005年，马达加斯加国防部长贝哈贾纳少将访华。2007年，北京军区政委符廷贵上将访问马达加斯加。

　　（四）地方和民间交往日趋活跃

　　随着中马两国经济文化交往的日益增加，两国地方交流日趋活跃。1999年，安徽省省长王太华率安徽省经贸代表团访马；2001年，内蒙古自治区代主席乌云其木格率团访马；2005年，甘肃省副省长李膺、苏州市委书记王荣先后访马，并代表甘肃省和苏州市与图阿马西纳省和塔那那利佛市签署建立友好省（市）的协议；2006年，湖北省政协副主席翁行德、吉林省政协副主席孙耀庭访马，2007年，陕西省副省长吴登昌、湖南省人大副

---

① http：//mg. mofcom. gov. cn/aarticle/jmxw/200703/20070304468337. html.

主任谢春生、甘肃省人大副主任程有清访马。地方交往的增加，拓宽了两国经贸互利合作的领域和深度。

　　两国民间组织和团体为加强两国人民的了解、发展两国的友好关系进行了积极的工作。1997 年 10 月，马达加斯加总理特别顾问、马达加斯加妇女组织协调委员会主席劳拉·兰德里亚曼皮奥诺娜率领马达加斯加知名妇女代表团访华；1998 年 5 月，中华全国妇女联合会书记处书记田淑兰率领中国妇女代表团访马；8 月，马达加斯加—中国友好协会代表团访华；2000 年 9 月，中国人民对外友好协会代表团访马；10 月，中华全国归国华侨联合会副主席李祖沛率中国侨联代表团访马；2001 年 4 月，中国国务院侨务办公室主任郭东坡率团访马；2003 年，中国人民对外友好协会副会长王运泽访问马达加斯加。

# 附　录

# 主要地名新旧译法对照表

　　独立之初，马达加斯加的地名基本使用的是法文（少部分用英文），中文译名依照法文翻译。随着"马达加斯加化"的不断推进，地名逐步改用马达加斯加文，中文译名随之改变。为便于读者阅读本书，将主要地名的新旧译法列表如下：

| 旧　译 | 新　译 |
| --- | --- |
| 马任加省、市 | 马哈赞加省、市 |
| 塔马塔夫省、市 | 图阿马西纳省、市 |
| 迭戈—苏亚雷斯省、市 | 安齐拉纳纳省、市 |
| 图莱亚尔省、市 | 图利亚拉省、市 |
| 多凡堡市 | 陶拉尼亚鲁市 |

# 主要参考文献

## 中文专著

李安山:《非洲华侨华人史》,中国华侨出版社,2000。

陈宗德等主编《非洲各国农业概况(2)》,中国财政经济出版社,2000。

《非洲教育概况》编写组编《非洲教育概况》,中国旅游出版社,1997。

何芳川、宁骚主编《非洲通史·古代卷》,华东师范大学出版社,1995。

艾周昌、郑家馨主编《非洲通史·近代卷》,华东师范大学出版社,1995。

陆庭恩、彭坤元主编《非洲通史·现代卷》,华东师范大学出版社,1995。

吴秉真、高晋元主编《非洲民族独立简史》,世界知识出版社,1993。

沈福伟:《中国与非洲——中非关系二千年》,中华书局,1990。

唐大盾等:《非洲社会主义:历史·理论·实践》,世界知

识出版社，1988。

中国社会科学院西亚非洲经济研究所：《非洲经济（二）》，人民出版社，1987。

杨人楩：《非洲通史简编·从远古至 1918 年》，人民出版社，1984。

中国非洲史学会编《非洲通史》，北京师范大学出版社，1984。

## 译　　著

联合国教科文组织：《非洲通史》各卷中译本，中国对外翻译出版公司。

G. 巴斯蒂昂：《马达加斯加——地理及经济研究》，商务印书馆，1978。

赖·腊伯马南扎腊：《马尔加什民族史》，三联书店，1972。

## 英文专著

Maureen Covell, Madagascar: Politics, Economics and Society, Frances Pinter (Publishers), London and New York, 1987.

## 中文论文

程汉：《马达加斯加纺织业一瞥》，《外贸调研》2000 年第 18 期。

李安山：《马达加斯加的教育近况——中国教育部考察团访非报告之二》，《西亚非洲》2001 年第 1 期。

# 中文工具书

世界银行：《2009 年世界发展报告》，清华大学出版社，2009。

世界银行：《2003 年世界发展报告》，中国财政经济出版社，2003。

联合国开发计划署：《2003 年人类发展报告》，中国财政经济出版社，2003。

王晓民主编《世界各国议会全书》，世界知识出版社，2000。

沪东编著《世界各国知识丛书》，军事谊文出版社，1997。

中共中央对外联络部四局：《马达加斯加革命先锋文件选编》（内部资料），1983。

朱庭光主编《外国历史名人传》近代部分下册，中国社会科学出版社、重庆出版社，1982。

《各国概况·1979》，世界知识出版社，1979。

《各国概况·1972》（上），人民出版社，1972。

对外文化联络委员会二司编写《非洲文化资料》，对外文化联络委员会研究室编印，1962。

世界知识年鉴编委会编《世界知识年鉴》。

中华人民共和国国家统计局编《中国统计年鉴》。

中华人民共和国国家统计局外经统计司编《中国贸易外经统计年鉴》。

# 英文工具书

Europa Regional Surveys of the world： *Africa*，*South of the*

*Sahara*, 2010.

The World Bank: *Africa Development Indicators 2008/2009*, Washington, D. C. , 2009.

The World Bank: *World Development Indicators 2008*, Washington, D. C. , 2008.

The World Bank: *Africa Development Indicators 2006*, Washington, D. C. , 2006.

The World Bank: *Education and Training in Madagascar*, Washington, D. C. , 2002.

Maureen Covell: *Historical Dictionary of Madagascar*, Scarecrow Press, Inc. Lanham, MD. , & London, 1995.

Harold D. Nelson: *Area Handbook for the Malagasy Republic*, U. S. Government Printing Office, 1973.

# 中文报刊

《人民日报》。
《经济参考报》。
《新华社每日电讯》。
《瞭望》。

# 英文杂志

EIU: *Country Profile*, Madagascar, 1996 – 2008.

# 网　　站

中华人民共和国外交部：www. fmprc. gov. cn

中华人民共和国商务部：www. mofcom. gov. cn

新华网：www. xinhuanet. com

新浪网：www. sina. com. cn

国际货币基金组织：www. imf. org

世界银行：www. worldbank. org

联合国粮农组织：www. fao. org

联合国教科文组织：www. unesco. org

联合国开发计划署：www. undp. org

维基百科：en. wikipedia. org

# 《列国志》已出书书目

## 2003 年度

《法国》，吴国庆编著

《荷兰》，张健雄编著

《印度》，孙士海、葛维钧主编

《突尼斯》，杨鲁萍、林庆春编著

《英国》，王振华编著

《阿拉伯联合酋长国》，黄振编著

《澳大利亚》，沈永兴、张秋生、高国荣编著

《波罗的海三国》，李兴汉编著

《古巴》，徐世澄编著

《乌克兰》，马贵友主编

《国际刑警组织》，卢国学编著

## 2004 年度

《摩尔多瓦》，顾志红编著

《哈萨克斯坦》，赵常庆编著

《科特迪瓦》，张林初、于平安、王瑞华编著

《新加坡》，鲁虎编著

《尼泊尔》，王宏纬主编

《斯里兰卡》，王兰编著

《乌兹别克斯坦》，孙壮志、苏畅、吴宏伟编著

《哥伦比亚》，徐宝华编著

《肯尼亚》，高晋元编著

《智利》，王晓燕编著

《科威特》，王景祺编著

《巴西》，吕银春、周俊南编著

《贝宁》，张宏明编著

《美国》，杨会军编著

《国际货币基金组织》，王德迅、张金杰编著

《世界银行集团》，何曼青、马仁真编著

《阿尔巴尼亚》，马细谱、郑恩波编著

《马尔代夫》，朱在明主编

《老挝》，马树洪、方芸编著

《比利时》，马胜利编著

《不丹》，朱在明、唐明超、宋旭如编著

《刚果民主共和国》，李智彪编著

《巴基斯坦》，杨翠柏、刘成琼编著

《土库曼斯坦》，施玉宇编著

《捷克》，陈广嗣、姜琍编著

## 2005 年度

《泰国》，田禾、周方冶编著

《波兰》，高德平编著

《加拿大》，刘军编著

《刚果》，张象、车效梅编著

《越南》，徐绍丽、利国、张训常编著

《吉尔吉斯斯坦》，刘庚岑、徐小云编著

《文莱》，刘新生、潘正秀编著

《阿塞拜疆》，孙壮志、赵会荣、包毅、靳芳编著

《日本》，孙叔林、韩铁英主编

《几内亚》，吴清和编著

《白俄罗斯》，李允华、农雪梅编著

《俄罗斯》，潘德礼主编

《独联体（1991~2002）》，郑羽主编

《加蓬》，安春英编著

《格鲁吉亚》，苏畅主编

《玻利维亚》，曾昭耀编著

《巴拉圭》，杨建民编著

《乌拉圭》，贺双荣编著

《柬埔寨》，李晨阳、瞿健文、卢光盛、韦德星编著

《委内瑞拉》，焦震衡编著

《卢森堡》，彭姝祎编著

《阿根廷》，宋晓平编著

《伊朗》，张铁伟编著

《缅甸》，贺圣达、李晨阳编著

《亚美尼亚》，施玉宇、高歌、王鸣野编著

《韩国》，董向荣编著

## 2006 年度

《联合国》，李东燕编著

《塞尔维亚和黑山》，章永勇编著

《埃及》，杨灏城、许林根编著

《利比里亚》，李文刚编著

《罗马尼亚》，李秀环编著

《瑞士》，任丁秋、杨解朴等编著

《印度尼西亚》，王受业、梁敏和、刘新生编著

《葡萄牙》，李靖堃编著

《埃塞俄比亚　厄立特里亚》，钟伟云编著

《阿尔及利亚》，赵慧杰编著

《新西兰》，王章辉编著

《保加利亚》，张颖编著

《塔吉克斯坦》，刘启芸编著

《莱索托　斯威士兰》，陈晓红编著

《斯洛文尼亚》，汪丽敏编著

《欧洲联盟》，张健雄编著

《丹麦》，王鹤编著

《索马里　吉布提》，顾章义、付吉军、周海泓编著

《尼日尔》，彭坤元编著

《马里》，张忠祥编著

《斯洛伐克》，姜琍编著

《马拉维》，夏新华、顾荣新编著

《约旦》，唐志超编著

《安哥拉》，刘海方编著

《匈牙利》，李丹琳编著

《秘鲁》，白凤森编著

**2007 年度**

《利比亚》，潘蓓英编著

《博茨瓦纳》，徐人龙编著

《塞内加尔　冈比亚》，张象、贾锡萍、邢富华编著

《瑞典》，梁光严编著

《冰岛》，刘立群编著

《德国》，顾俊礼编著

《阿富汗》，王凤编著

《菲律宾》，马燕冰、黄莺编著

《赤道几内亚　几内亚比绍　圣多美和普林西比
　　佛得角》，李广一主编

《黎巴嫩》，徐心辉编著

《爱尔兰》，王振华、陈志瑞、李靖堃编著

《伊拉克》，刘月琴编著

《克罗地亚》，左娅编著

《西班牙》，张敏编著

《圭亚那》，吴德明编著

《厄瓜多尔》，张颖、宋晓平编著

《挪威》，田德文编著

《蒙古》，郝时远、杜世伟编著

**2008 年度**

《希腊》，宋晓敏编著

《芬兰》，王平贞、赵俊杰编著

《摩洛哥》，肖克编著

《毛里塔尼亚　西撒哈拉》，李广一主编

《苏里南》，吴德明编著

《苏丹》，刘鸿武、姜恒昆编著

《马耳他》，蔡雅洁编著

《坦桑尼亚》，裴善勤编著

《奥地利》，孙莹炜编著

《叙利亚》，高光福、马学清编著

**2009 年度**

《中非　乍得》，汪勤梅编著

《尼加拉瓜　巴拿马》，汤小棣、张凡编著

《海地　多米尼加》，赵重阳、范蕾编著

《巴林》，韩志斌编著

《卡塔尔》，孙培德、史菊琴编著

《也门》，林庆春、杨鲁萍编著

**2010 年度**

《阿曼》，仝菲、韩志斌编著

《华沙条约组织与经济互助委员会》，李锐、吴伟、
　金哲编著

## 泰国（第二版）

田禾　周方冶　编著
2009 年 1 月出版　　39.00 元
ISBN 978-7-5097-0545-2/K·0051

　　泰国全称泰王国，地处东南亚的中心，在地理上具有重要的战略位置，是东南亚与南亚、东方与西方文化的交汇点，泰国沃野千里，物产丰富，美丽的自然风光伴以温和友善的人民，是世界著名旅游目的地。该书全面、系统和深入地介绍和描述泰国的政治、经济、文化、历史和人民。

## 越南（第二版）

徐绍丽　利国　张训常　编著
2009 年 1 月出版　　39.00 元
ISBN 978-7-5097-0546-9/K·0052

　　越南社会主义共和国，简称"越南"，位于中南半岛东部，是与中国有悠久关系的邻邦。狭长的国土 3/4 是山地和高原，红河和湄公河河流域人口密集、农业发达。近年来工业发展较快。1976 年越南南北统一后，特别是 1986 年实行经济改革后，历经沧桑的越南的社会和经济取得了长跑般的进步。

图书在版编目（CIP）数据

马达加斯加／王建编著. —北京：社会科学文献出
版社，2011.1
（列国志）
ISBN 978 - 7 - 5097 - 1942 - 8

Ⅰ.①马…　Ⅱ.①王…　Ⅲ.①马达加斯加 - 概况
Ⅳ.①K948.2

中国版本图书馆 CIP 数据核字（2010）第 224322 号

# 马达加斯加（Madagascar）　　　·列国志·

编 著 者／王　建
审 订 人／陈公元　温伯友

出 版 人／谢寿光
总 编 辑／邹东涛
出 版 者／社会科学文献出版社
地　　址／北京市西城区北三环中路甲 29 号院 3 号楼华龙大厦
邮政编码／100029　网址／http：//www. ssap. com. cn
网站支持／（010）59367077
责任部门／人文科学图书事业部（010）59367215
项目经理／宋月华
责任编辑／刘　丹
责任校对／李　敏
责任印制／郭　妍　岳　阳　吴　波

总 经 销／社会科学文献出版社发行部
　　　　　（010）59367081　59367089
经　　销／各地书店
读者服务／读者服务中心（010）59367028
排　　版／北京中文天地文化艺术有限公司
印　　刷／三河市尚艺印装有限公司

开　　本／880mm×1230mm　1/32
印　　张／8.25　插图印张／0.25
字　　数／207 千字
版　　次／2011 年 1 月第 1 版　印次／2011 年 1 月第 1 次印刷

书　　号／ISBN 978 - 7 - 5097 - 1942 - 8
定　　价／38.00 元

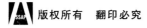

# 《列国志》主要编辑出版发行人

出　版　人　　谢寿光

总　编　辑　　邹东涛

项目负责人　　杨　群

发　行　人　　王　菲

编 辑 主 任　　宋月华

编　　　辑　　（按姓名笔画排序）

　　　　　　　孙以年　　朱希淦　　宋月华

　　　　　　　宋培军　　周志宽　　范　迎

　　　　　　　范明礼　　袁卫华　　黄　丹

　　　　　　　魏小薇

封 面 设 计　　孙元明

内 文 设 计　　熠　菲

责 任 印 制　　岳　阳　郭　妍　吴　波

编　　　务　　杨春花

责 任 部 门　　人文科学图书事业部

电　　　话　　（010）59367215

网　　　址　　ssdphzh_cn@sohu.com